世界国别
与
区域地理
研究丛书

国家出版基金项目
NATIONAL PUBLICATION FOUNDATION

秦大河　杜德斌　主编

阿富汗地理

林涛　著

商务印书馆
The Commercial Press
创于1897

图书在版编目（CIP）数据

阿富汗地理 / 林涛著. --北京：商务印书馆，
2024. --（世界国别与区域地理研究丛书）. -- ISBN
978 - 7 - 100 - 24376 - 6

I. K937.2

中国国家版本馆 CIP 数据核字第 2024B4S520 号

世界国别与区域地理研究丛书

阿富汗地理

林　涛　著

商　务　印　书　馆　出　版
（北京王府井大街36号　邮政编码100710）
商　务　印　书　馆　发　行
北京启航东方印刷有限公司印刷
ISBN　978 - 7 - 100 - 24376 - 6
审　图　号：GS京（2024）0555 号

2024 年 10 月第 1 版　　　　开本　787×1092　1/16
2024 年 10 月北京第 1 次印刷　印张　14½
定价：108.00 元

"世界国别与区域地理研究丛书"总序

地理学作为一门古老的学科，是伴随着人类文明的滥觞一并出现，并随着生产力的进步、社会需求的提高和人类对不同尺度人地系统认识的深化而逐步发展起来的。15—17世纪，欧洲封建社会走向衰落，资本主义生产方式开始兴起，经济发展对原料地和销售市场提出了新的要求，驱动着哥伦布等一批航海家开始向外冒险，从而在人类历史上开启了一段可歌可泣的伟大历程——地理大发现。地理大发现极大地拓展了人类的认知空间，第一次凸显了地理知识的强大威力。有了日益丰富的地理知识的武装，欧洲一些规模较大的大学开始开设专业地理学课程并开展相关的研究，包括地图绘制、航海术和制图学，地理学逐渐走出推测与假说，逐步摆脱对其他学科的依附而成为一门显学。

到了19世纪末，欧洲殖民主义的扩张达到了高潮，地理学被称为"所有宗主国科学中无可争议的皇后"，成为西方国家知识领域中不可或缺的部分。在西方殖民扩张过程中，涌现出大批杰出的地理学家，其中包括德国地理学家亚历山大·冯·洪堡（Alexander von Humboldt，1769—1859）。洪堡是19世纪最杰出的科学家之一，他的科学考察足迹遍及西欧、北亚、中亚、南美洲和北美洲，所到之处，高山大川无不登临，奇花异草无不采集。正是源于对世界各地的深入考察，他科学揭示了自然界各种事物间的因果关系，把包括人在内的自然界视为一个统一的、充满内在联系的、永恒运动的整体。洪堡的科学考察活动和学术思想，推动了千百年来纯经验性的地理现象和事实描述向科学规律探索的转变，使得地理学成为一门真正的科学，洪堡也因此被誉为近代地理学的奠基人。

20世纪初，随着各领域科学技术的进步，特别是横贯大陆铁路的出现，以俄国和德国为代表的陆地力量迅速崛起，给以英国为代表的海洋霸权带来巨大冲击和挑战。为警示英国政府，英国地理学家哈尔福德·麦金德（Halford Mackinder，1861—1947）于1904年在英国皇家地理学会宣读了题为"历史的地理枢纽"的论文。在该文中，麦金德首次将世界视为一个整体，从全球海陆结构的视角来考察人类数千年的发展历史，发现亚欧大陆内陆的大片区域构成了人类战争和经济史上最重要的"枢纽地区"（后称"心脏地带"）。麦金德认为：谁统治了东欧，谁就能控制"心脏地带"；谁统治了"心脏地带"，谁就能控制"世界岛"；谁统治了"世界岛"，谁就能控制全世界。

麦金德的"历史的地理枢纽"一文发表10年后，第一次世界大战爆发。大战中，所有参战国较大的地理机构均被各国情报部门利用起来，为军队提供最新的地理信息和地图。大战结束后的巴黎凡尔赛和平会议上，美国地理学家艾赛亚·鲍曼（Isaiah Bowman，1878—1950）、威廉·莫里斯·戴维斯（William Morris Davis，1850—1934）和埃伦·丘吉尔·森普尔（Ellen Churchill Semple，1863—1932），法国地理学家埃马纽埃尔·德·马东（Emmanual de Martonne，1873—1955）及其他主要国家一些地理学家都被邀请作为和谈代表团顾问，参与重绘战后世界政治地图的工作。20年后，第二次世界大战爆发，再次验证了麦金德的预言，也进一步凸显了地理学理论和思想的强大威力。

进入21世纪，新一轮科技革命深入发展，新的全球问题不断涌现，国际力量格局深刻调整，大国博弈持续加剧，世界又一次站在历史的十字路口。面对世界之变、时代之变、历史之变，中国政府提出构建"人类命运共同体"理念和共建"一带一路"倡议，为促进世界和平发展和完善全球治理体系积极贡献中国智慧、提供中国方案。这对新时代中国地理学的发展提出了新的要求，也带来了前所未有的历史机遇，尤其赋予区域国别地理（世界地理）学科新的重大使命。

中国地理学家对于区域国别地理的研究具有悠久的历史。早在20世纪30—40年代，中国人文地理学的奠基人之一胡焕庸先生就曾编写出版了中国第一套区域国别地理（志）著作，包括《法国地志》《俄国地志》《英国地志》《德国地志》《南欧地志》《日本地志》《美国经济地理》等。50—60年代，百废待兴的中华人民共和国，出于了解外部世界的迫切需求，区域国别地理受到高度重视。

1956 年，中国科学院外国地理研究组（后更名为世界地理研究室）作为我国第一个区域国别地理研究机构的成立，对推动学科发展具有重要意义。1963 年中国地理学会世界地理专业委员会的成立，标志着中国的区域国别地理研究的发展由自发阶段进入有组织化阶段。此后，一批世界区域国别地理研究机构在各高校相继成立，并在研究区域上形成明确的分工，如华东师范大学的西欧北美地理研究室、南京大学的非洲经济地理研究室、暨南大学的东南亚经济地理研究室等。70 年代，又陆续成立了北京师范大学的北美地理研究室、东北师范大学的日本和苏联经济地理研究室、华中师范学院的拉丁美洲地理研究室、福建师范大学的东南亚地理研究室等，全国 14 家出版社还联合翻译、出版了 72 部（套）区域国别地理著作。80 年代，在中国地理学会世界地理专业委员会的组织和协调下，中国地理学家先后完成大型工具书《中国大百科全书·世界地理卷》和《辞海·世界地理分册》、大型专业丛书"世界农业地理丛书"、《世界钢铁工业地理》《世界石油地理》等重大科研项目，为深入了解世界发展、普及世界地理知识做出了重要贡献。但令人遗憾的是，由于种种原因，中国的区域国别地理研究工作并没有随着改革开放的深入发展而持续繁荣，相反自 90 年代起就日渐衰落，相关研究机构几乎全部关闭或处于名存实亡的状态。直至今天，区域国别地理研究依然面临研究力量薄弱、研究经费不足、研究质量亟待提高的问题。

在此百年未有之大变局下，中国地理学人肩负新的历史使命，应树立更加宽广的世界眼光，赶上时代，引领时代，充分发挥学科优势，在世界文明发展中阐释人与自然生命系统和谐演进的科学机理，为人类命运共同体建设贡献专业智慧、提供专业方案。特别是，要加强对世界区域国别地理研究，让国人读懂世界，同时对外讲好中国故事，让世界读懂中国。

从学科发展的角度看，区域国别地理是地理学的基础性学科。区域是地理要素的集合体，地理学的任何理论成果和规律，只有通过世界性的综合研究和区域性的比较分析才能得以证实；普遍规律和特殊规律，只有放在全球的尺度上，方能理清脉络，分清层次。忽视区域国别地理研究，就会有"只见树木、不见森林"之虞。正如胡焕庸先生所说，地理学研究既要用"显微镜"，横察中国现世；更须用"望远镜"，纵观世界大势。

一直以来，我就倡导中国学者要牢固树立"世界眼光、家国情怀、战略思维、服务社会"的治学价值观。2020 年 2 月，我受邀担任华东师范大学世界地理与地缘战略研究中心主任。四年来，我和杜德斌教授等同人一同发起举办了世界地理大会，启动了"世界国别与区域地理研究丛书"，还分别主编了《中国大百科全书》（第三版）冰冻圈科学卷和世界地理学科卷，围绕共建"一带一路"倡议共同完成了多项研究课题。我们力图通过这些学术活动和项目研究来推动自然地理学与人文地理学的深度融合，促进中国区域国别地理研究的繁荣，使中国地理学更好地服务国家战略，造福世界人民。

"世界国别与区域地理研究丛书"是推进区域国别地理研究发展的一项实质性重大举措，符合时代之需、民族之需和学术之需。此套丛书由华东师范大学世界地理与地缘战略研究中心和商务印书馆共同策划，初步规划对世界主要国家和区域开展地理研究，分期分批出版。丛书以国家为主，区域为辅，力求向读者呈现一个真实立体的世界地理全貌。愿此套丛书的出版能吸引更多有志青年投身到世界区域国别地理的学习和研究中，与国家同频共振！

中国科学院院士

华东师范大学世界地理与地缘战略研究中心主任

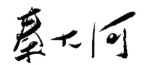

2024 年 5 月 30 日

前　言

　　阿富汗地理位置独特，它沟通东西方，连接中亚、西亚和南亚，在历史上被称为通向南亚大陆的"锁钥"，自 19 世纪后期以来，阿富汗这片土地上的大国博弈与地缘竞争从未停止。

　　作为亚洲中西部的内陆国家，阿富汗远离海洋、海拔较高，其气候干燥少雨，夏季炎热、冬季寒冷，四季分明。兴都库什山脉斜贯阿富汗中部，占据其大部分土地，山地和高原占全国面积的 80%。阿富汗拥有铁、铜、煤、锂、油、气等丰富的矿产资源，但因各种原因，这些矿产基本未被开发。

　　阿富汗是一个多民族的国家，其主体民族普什图族自 1747 年阿富汗国家成立起就在政治上占据了支配性地位。长期以来，阿富汗境内的塔吉克族、哈扎拉族、乌兹别克族、艾马克族、土库曼族、俾路支族等不满普什图人对国家的控制。同时，阿富汗民族部落、宗教、文化格局复杂，各民族之间、各民族内部、各教派之间分歧严重、矛盾重重，导致阿富汗的政治格局呈高度碎片化状态。

　　阿富汗大部分土地不适合耕种，但农业却又是其经济支柱。多年的战乱致使阿富汗的工业基础十分薄弱，基础设施遭受严重破坏，生产生活物资短缺。目前，阿富汗是世界上最不发达的国家之一。

　　国别地理研究是了解世界和研究世界的重要学术工作。阿富汗是中国西部的重要邻国之一。中国与阿富汗具有相关的地缘环境和密切的地缘关系，开展阿富汗的国别地理研究具有重要学术意义和现实意义。

　　由于阿富汗地理位置和地缘战略的重要性，关于阿富汗各个领域的研究文献浩如烟海。然而迄今为止，关于阿富汗的系统化地理研究著作仍然匮乏。当然，这些已有的研究文献，特别是已有的区域国别地理相关书籍成为我们研究国别地理和撰写书稿的重要参考。

目前，在世界范围内，已有且较为新近的区域国别地理相关丛书有三套。第一是 1991—1992 年英国剑桥大学出版社（Cambridge University Press）出版的"世界经济地理丛书"（*Geography of the World-Economy*），包括《世界经济中的东南亚》（*South East Asia in the World-Economy：A Regional Geography*）、《广阔世界中的加勒比》（*The Caribbean in the Wider World，1492—1992：A Regional Geography*）、《巴西，世界经济中新的区域实体》（*Brazil：A New Reginal Power in the World Economy*）、《世界经济中的美国》（*The United States in the World-Economy：A Regional Geography*），仅有 4 本，涵盖区域国别数量有限。第二是美国吉尔福德出版社（Guilford Press）的"吉尔福德系列区域地理教科书"（*Texts in Regional Geography：A Guilford Series*），包括 1997 年出版的《区域世界：全球经中的地域发展》（*The Regional World：Territorial Development in a Global Economy*）、2009 年出版的《古巴的景观：遗产、记忆与地方》（*Cuban Landscape：Heritage，Memory and Place*）、2011 年出版的《欧洲人：民众、文化与环境地理（第二版）》（*The Europeans：A Geography of People，Culture，and Environment*，Second Edition）、2012 年出版的《撒哈拉南部非洲：地理解释（第三版）》（*Africa South of the Sahara：A Geography Interpretation*，Third Edition）、2016 年出版的《拉丁美洲：区域与民众（第二版）》（*Latin America：Regions and People*，Second Edition）、2018 年出版的《中国：地理透视》（*China：A Geographical Perspective*）、2021 年出版的《俄罗斯及其邻国地理（第二版）》（*A Geography of Russia and Its Neighbors*，Second Edition）。第三是德国施普林格出版社（Springer）出版的"世界区域地理丛书"（*World Regional Geography Book Series*），目前已经出版十本：2022 年出版的《德国：复杂性的地理问题》（*Germany：Geographies of Complexity*）、2021 年出版的《阿尔巴尼亚地理：问题与透视》（*The Geography of Albania：Problems and Perspectives*）、2022 年出版的《塞尔维亚地理：自然、人与经济》（*The Geography of Serbia：Nature，People，Economy*）、2020 年出版的《中亚地理：人类适应、自然过程与后苏维埃转型》

（*The Geography of Central Asia：Human Adaptations，Natural Processes and Post-Soviet Transition*）、2020 年出版的《西班牙地理：一个完整的综合体》（*The Geography of Spain：A Complete Synthesis*）、2020 年出版的《斯洛文尼亚：小国的多样性》（*The Geography of Slovenia：Small But Diverse*）、2019 年出版的《荷兰与荷兰人：自然和人文地理》（*The Netherlands and the Dutch：A Physical and Human Geography*）、2019 年出版的《南非地理：当代变化与新方向》（*The Geography of South Africa：Contemporary Changes and New Directions*）、2018 年出版的《热带太平洋及其岛屿的地理、自然和历史》（*The Geography，Nature and History of the Tropical Pacific and its Islands*）、2015 年出版的《格鲁吉亚地理：问题与透视》（*The Geography of Georgia：Problems and Perspectives*）。另外还有其他零星出版的区域国别地理著作，例如劳特里奇出版社（Routledge）2017 年出版的《印度和巴基斯坦：普通区域地理》（*India and Pakistan：A General and Regional Geography*）、罗曼和利特尔菲尔德出版公司（Rowman and Littlefield）2013 年出版的《美国与加拿大区域地理：迈向可持续的未来》（*A Regional Geography of the United States and Canada：Toward a Sustainable Future*）、约翰霍普金斯大学出版社（Johns Hopkins University Press）2002 年出版的《穿越这片土地：美国与加拿大区域地理》（*Across This Land：A Regional Geography of the United States and Canada*）等。20 世纪 70 年代，我国曾翻译出版了数十种国别地理著作。截至 1978 年，共出版 72 个品种，由多家出版社出版，其中商务印书馆出版了 15 种。遗憾的是，在这些区域国别地理著作中，没有一本是关于阿富汗的。因此本书的撰写工作十分艰巨和繁重，但是毫无疑问，这个工作的意义十分重大。

自 2020 年承担本书的编撰工作起，本人与其他国别地理作者组成的"世界国别与区域地理研究"团队，全身心投入相应的国别地理研究，就国别地理研究共同议题展开充分的学术讨论。在本人的会议记录中，2020 年、2021 年分别召开了 4 次研讨会，2023 年、2024 年分别举行了 1 次研讨会，工作群的线上交流从未停止。因此，2023 年底向出版社提交书稿时，我与其他作者一样，十分感慨书稿的来之不易，尽管它可能还有很多问题，还需要更加深入的研究。

自然地理要素及其组合是形成一个区域、一个国家自然条件和资源潜力的基础，由此也基本决定了或影响了这个区域或国家的人口、民族、宗教等人文社会的空间格局。区域或国家内部不同地区的长期发展、演化，势必以区域内相似性和区际差异性在空间上产生差异，进而形成不同的地理区域。

本书立足区域国别地理学，首先阐释阿富汗国家的基本地理国情，在分析阿富汗地理位置与疆域变迁的基础上，简要讨论了 19 世纪后期以来在阿富汗这片土地上发生的大国博弈与地缘竞争，以及阿富汗的疆域变迁过程，以充分说明阿富汗地缘战略位置的重要性和独特性；之后，分别从自然地理、人文地理、经济地理、政治地理、区域地理五个方面全面分析和探讨阿富汗国别地理问题。全书由七章构成：第一章绪论、第二章地缘战略位置、第三章自然条件与资源潜力、第四章人文社会的空间格局、第五章经济发展的时空动态、第六章国内政治地理格局、第七章区域分异与区域划分。

目　　录

第一章 绪论

第一节 基本国情

一、地理特征与资源条件

阿富汗，全称为阿富汗伊斯兰共和国，是亚洲中西部的内陆国家，北邻土库曼斯坦、乌兹别克斯坦、塔吉克斯坦，西接伊朗，南部和东部连接巴基斯坦，东北部凸出的狭长地带与中国接壤。它既是沟通东西方的枢纽，也是进入南亚、西亚的跳板，是真正的亚洲心脏。

阿富汗远离海洋，海拔高，属于典型的大陆性干旱与半干旱气候。四季分明，全年干燥少雨，夏季炎热，冬季寒冷，气温年较差、日较差都比较大。阿富汗的河水补给主要来源于雨雪，有"不怕无黄金，只怕无白雪"的民谚。境内大部分地区属兴都库什山脉，地势自东北向西南倾斜，山地和高原占全国面积80％。兴都库什山脉斜贯阿富汗中部，境内最高峰诺沙克峰海拔7 485米。河流主要有阿姆河、赫尔曼德河、哈里河和喀布尔河等。

阿富汗矿产资源丰富。据阿富汗政府估测，阿富汗的矿产资源价值超过3万亿美元。阿富汗已发现1 400多处矿产，其中煤炭储量超过4亿吨，铁矿储量约为100亿吨，铜金钼矿3 000万吨、铜2 000万吨、大理石300亿立方、天然气1.18万—19.15万亿立方米，石油3.91亿—35.6亿桶，凝析油气1.26亿—

13.3亿桶①，这些储量有待进一步勘探确认。著名矿藏包括哈吉贾克铁矿、埃纳克铜矿、巴米扬煤矿、赫拉特锂矿、阿姆达利亚油气田、阿富汗-塔吉克盆地油气田等。但由于种种原因，基本处于未开发的状态，因此阿富汗人往往被称为"躺在金矿上的穷人"。

二、行政区划、人口与民族

阿富汗国土面积65.29万平方千米，全国划分为34个省，共设368个行政区（IDLG，2010；NSIA，2021）（图1-1）。阿富汗人口约3 290万人，年增长率约3.3%，有难民及联合国难民署关切的其他人员253.71万人②。但是，多

图1-1　阿富汗行政区划

① 中华人民共和国商务部，中华人民共和国驻阿富汗大使馆：《对外投资合作国别（地区）指南：阿富汗》（2018年版）。
② https://data.un.org/en/iso/af.html.

年战争给阿富汗社会带来了深重灾难，导致其难民数据实际并不十分清楚。根据联合国难民署和阿富汗难民与遣返事务部 2018 年公布的数据，全球共有 79 个国家（地区）接收了 700 多万名阿富汗难民。

阿富汗首都喀布尔人口 400 多万人，是阿富汗第一大城市，全国的政治、经济、文化中心。它位于阿富汗东部、兴都库什山南麓，四面环山，海拔 1 800 米。其他主要城市有坎大哈、赫拉特、马扎里沙里夫、贾拉拉巴德、昆都士等。

在阿富汗这片土地，历史上雅利安人、塞种人、安息人、希腊人、大月氏人、突厥人、阿拉伯人和蒙古人等都曾先后进入，并留下了各自的历史痕迹。这些种族融合后成为阿富汗的先民。

目前，阿富汗有 20 多个民族。其中，主体民族普什图族约占总人口的 42%，塔吉克族约占 27%，哈扎拉族占 9%，乌兹别克族占 9%，艾马克族占 4%，土库曼族占 3%，俾路支族占 2%，其他民族合占 4%。

1747 年阿富汗杜兰尼王朝建立，标志着阿富汗国家的形成。自此，普什图人就占据了支配性地位，由于其他民族不满普什图人对国家的控制，故而各族裔间的矛盾长期存在。普什图人大多分布在阿富汗南部地区，其他少数民族大多分布在北部地区。阿富汗的民族、宗教、文化格局复杂，政治格局高度碎片化。各族裔内部、各教派之间、少数族裔之间分歧严重，矛盾重重，形成了阿富汗最主要的社会矛盾。

三、经济与社会发展

阿富汗大部分土地不适合耕种，耕地面积不到全国土地的 10%，农牧业却是其国民经济的主要支柱，农牧业人口占全国总人口的 75%。同时，阿富汗还是世界第一大毒源地"金新月"的中心。由于多年战乱，当地以轻工业和手工业为主的工业基础变得十分薄弱。阿富汗的交通运输主要依靠公路和航空，境内有通往伊朗和塔吉克斯坦的铁路，同 60 多个国家和地区保持贸易往来。2001 年成立的阿富汗政府，在联合国及国际社会帮助下，大力恢复基本民生设施，加大医务人员培训，并在教育事业上取得了很大进步。

阿富汗曾是丝绸之路上重要的贸易点和游牧民族的迁居点，历史上充满战争和社会动荡。如今被称为阿富汗的地区，处在各个历史时期主要帝国的边缘，如亚历山大帝国、波斯帝国、孔雀王朝、贵霜王朝、大唐帝国、蒙古帝国、大清帝国、大英帝国、沙俄帝国。1747 年建立的阿富汗王国曾一度强盛，然而 19 世纪后国力日衰，成为英俄两大国的角逐场。1919 年，阿富汗摆脱了英国殖民统治获得独立，并定 8 月 19 日为独立日，自此至 20 世纪 70 年代中期，阿富汗的经济社会发展相对比较稳定。

从 20 世纪 70 年代末迄今，阿富汗经历了四十多年的战乱，其交通、通讯、农业、工业和教育基础设施遭到了最为严重的破坏，生产生活物资短缺。目前，阿富汗经济水平在全球 190 个经济体中排名第 183 位，失业率超过 40％，2020/2021 财年，阿富汗 GDP 为 178 亿美元，人均国内生产总值 470 美元，同比增长 4％[①]。阿富汗被联合国列为世界最不发达国家（LDC）之一[②]。

2001—2021 年，阿富汗的重建主要依赖西方国家支持和援助，其外交以寻求援助为中心，积极发展同美国、德国、日本和欧盟等的关系。阿富汗重视发展与周边国家关系并参与区域合作，希望发挥地缘优势，成为本地区的贸易和交通枢纽。2005 年 10 月阿富汗成为中亚区域经济合作组织成员，2005 年 11 月阿富汗与上海合作组织建立联络组，同月成为南亚区域合作联盟成员，2012 年 6 月阿富汗成为上合组织观察员国。

2021 年 8 月，美军撤离阿富汗，阿富汗塔利班重新掌握政权，阿富汗与世界各国关系正处于新的变化之中。重新执掌政权对塔利班面临着更大挑战，包括稳定政治局面、改善经济民生、争取国际认可、国内粮食安全等，阿富汗的发展前景难以预料。

---

① 中国商务部，中国驻阿富汗大使馆：《对外投资合作国别（地区）指南：阿富汗》（2018 年版）。
② 参见联合国最不发达国家（LDC）、内陆发展中国家和小岛屿发展中国家高级代表办公室网站，https://www.un.org/ohrlls/content/list-ldcs 。LDC 的评价主要参考三个标准：收入、人力资产、经济和环境脆弱性。

第二节 发展简史

一、1747 年以前的阿富汗地区

在 1747 年艾哈迈德·沙阿·杜兰尼建立杜兰尼帝国以前，除了作为更大外来帝国的组成部分以外，阿富汗从未被作为单一的国家加以统治。事实上，在数千年时间里，阿富汗作为中亚的十字路口和丝绸之路的重要通道，在各个历史时期一直遇到来自各方的侵略和殖民，长期被异族统治（表 1-1）。

表 1-1 1747 年统一的阿富汗国家形成前大事年表

时间	大事件
公元前 3000—前 2000 年	城邦文明开始
公元前 2000—前 1000 年	印度-伊朗人定居，阿富汗成为亚洲的十字路口
公元前 550—前 331 年	阿契美尼德帝国统治阿富汗
公元前 331—前 150 年	希腊和希腊-巴克特里亚人统治阿富汗北部地区，孔雀王朝统治着阿富汗南部地区
公元前 135 年—224 年	贵霜帝国统治阿富汗大部分地区
224—651 年	萨珊帝国统治阿富汗大部分地区
650 年	阿拉伯人征服阿富汗
700—961 年	穆斯林王朝时期：阿拔斯王朝（阿拉伯人），萨法尔王朝（波斯人）及萨曼王朝（波斯人）
961—1151 年	伽色尼王朝（阿富汗突厥人）于 988 年形成第一个阿富汗帝国
1151—1215 年	廓尔王朝时期（阿富汗突厥人）
1215—1221 年	花剌子模王朝（突厥人）
1221—1282 年	蒙古人侵略阿富汗，阿富汗西部被划分给伊朗和伊拉克的伊尔汗国，被塔吉克库尔特王朝统治，于 1232 年获得独立，阿富汗其余地区成为察合台汗国的一部分
1364—1506 年	帖木儿王朝，阿富汗经历了一次黄金时期（帖木儿中兴）
1451 年	阿富汗东南部的吉尔查依普什图人在德里建立了洛提王朝
1504—1530 年	莫卧儿王朝，征服了阿富汗大部分地区和印度北部地区
1506—1747 年	莫卧儿帝国统治着喀布尔和普什图尼斯坦地区，撒马尔罕的乌兹别克人统治巴尔赫地区，波斯萨非王朝统治阿富汗西部地区
1736 年	纳迪尔·沙成为波斯王

资料来源：瓦哈卜、杨格曼，2016。由作者整理编制。

二、1747年以后的阿富汗国家

1747年，阿富汗地区的阿布达利酋长艾哈迈德·沙阿·杜兰尼乘波斯帝国衰落之际宣布独立，建立阿富汗王国，统一的阿富汗国家正式形成。自这个历史性的时刻开始，阿富汗人民就长期生活在本国人统治的统一国家中，尽管内部各个地方还存在着很大程度的地方自治。270多年来，阿富汗的统治者们设法免于沙俄帝国和大英帝国的控制，阿富汗人民为此付出了沉痛的代价。在与大国、强国的对抗过程中，阿富汗人追求独立，为建立超越种族和部落忠诚的阿富汗国家认同奠定了基础。

近代的阿富汗作为一个独立国家，因其地理位置的战略意义，自19世纪起成为大英帝国和沙皇俄国角逐的场所。在英、俄帝国胁迫下，阿富汗的疆域不断发生变化。

1837年，英国虽然已经牢牢控制了印度，但也同时担心俄国从开伯尔山口和波伦山口入侵印度，扩张其帝国。1838年，俄国与阿富汗谈判破裂，随即与波斯结盟围攻阿富汗西部城市赫拉特。英国随后扶植亲英阿富汗君主，发表《西姆拉宣言》，并不否认入侵阿富汗的计划，明确宣称英国要在印度西部有一个可靠的盟友，使印度免受俄国威胁。1839年，英军（包括英国人和印度人）进攻喀布尔，随后控制阿富汗。但是，在阿富汗爱国力量持续抗击下，驻阿英军于1842年覆灭。这就是发生在1839—1842年的第一次阿富汗抗英战争，以英国失败而告终。

当英属印度向北方扩张的时候，俄国向南推进并进入中亚地区。1868年，撒马尔罕地区被并入俄国。自此，沙俄帝国的控制范围延伸到了阿姆河流域，开始与阿富汗领土相邻。1872年，英国与俄国签署协议，承认阿富汗是两大力量的共同中间地带，并以阿姆河作为阿富汗的北部边界（瓦哈卜、杨格曼，2016）。1873年，阿富汗与英国间的相互信任破裂，两国关系恶化。

1876年，英国占领了阿富汗南部坎大哈的门户圭达。阿富汗在1878年与俄国结盟，拒绝英国使节进入阿富汗。1878年底，英军穿过开伯尔、古勒姆、博兰山口，分三路入侵阿富汗，其间沙皇拒绝给予阿富汗援助。阿富汗被迫于

1879年5月与英签订不平等的《冈达马克条约》，沦为英国的附属国。

1879年9月，阿富汗人在喀布尔起义。当年12月，10万阿富汗起义大军在谢尔布尔包围英军，次年又在迈万德击溃英军。阿富汗人民的英勇抗击，迫使英国殖民者放弃霸占阿富汗的企图。1880年9月，英国与阿富汗缔结协定，准许阿富汗内政自由，外交则由英控制，是为1878—1880年的第二次阿富汗抗英战争。阿卜杜·拉赫曼汗自此成为埃米尔（阿拉伯国家的元首称号），掌控喀布尔政权并开始他长达21年的统治。1881年，英国军队撤出阿富汗。

1893年，英属印度政府外务大臣莫蒂默·杜兰在喀布尔就英属印度与阿富汗之间的大致边界与阿卜杜·拉赫曼汗达成共识，签署协议并确定了分界线。这条分界线被称为"杜兰线"，即今巴基斯坦与阿富汗长约2 640千米的边界线。杜兰所确定的边界线没有任何民族或地理上的依据，很多村庄被一分为二，很多游牧民族古老的季节性迁徙道路被堵截。

1901—1919年，阿富汗处于哈比布拉汗的统治之下。

三、1919年以后的独立阿富汗国家

1919年，哈比布拉汗遇刺，其子阿曼努拉汗继位，是年发生第三次阿富汗抗英战争，阿富汗宣布独立。同年，阿富汗与苏联签署《友好协定》。1933—1973年，阿富汗经历了稳定发展的40年（表1-2）。

1973—2021年是阿富汗共和制与短暂酋长制交替的时期。1979年，苏联入侵阿富汗，历经十年，最终于1989年黯然撤出阿富汗。两年后苏联解体，其所扶植的傀儡政权随即于1992年倒台。

1989年苏军撤出后，阿富汗各派武装争权夺势，国家陷入内战。1994年塔利班兴起，1996年9月攻占喀布尔并建立政权，1997年10月改国名为阿富汗伊斯兰酋长国。

2001年美国发生"9·11"事件，美国与其盟友采取军事行动在阿富汗实施反恐战争，支持反对塔利班的阿富汗地方势力，迫使塔利班政权迅速土崩瓦解。

表 1-2 阿富汗近现代历史年表

王朝/权力/国家体制更迭	执政者在位时期	国王/实际统治者/总统	上台原因	下台因果	稳定时长
杜兰尼王朝	1747—1772	阿赫马德沙	首长会议推举	死亡	46 年
	1772—1793	帖木儿	继位		
	1793—1799	查曼沙			
	1799—1803	马穆德沙			
	1803—1809	舒加沙			
	1809—1819	马穆德沙			
	1819—1842	巴拉克查伊部落穆罕默德氏族的法特什汗及其 20 个兄弟实际统治			
巴拉克查伊王朝	1837—1838	道斯特·穆罕默德			
	1838—1842	舒加沙	复辟, 英国扶持	死亡	25 年
	1842—1863	道斯特·穆罕默德 (复位)			
	1863—1867	希尔·阿里汗	继位		
	1867—1868	阿佛扎尔尔汗			
	1868—1869	阿兹姆汗			
	1869—1879	希尔·阿里汗 (复位)			
	1879—1880	亚布隼汗			
	1880—1901	阿卜杜·拉赫曼			
	1901—1919	哈比布拉汗		被刺杀	28 年
	1919—1929	阿曼努拉汗	继位		

独立前的君主制时期

续表

王朝/权力/国家体制更迭	执政者任位时期	国王/实际统治者/总统	上台原因	下台因果	稳定时长
独立后君主制时期 穆沙希班王朝	1930—1933	穆罕默德·纳第尔国王		政变、被杀	
	1933—1973	穆罕默德·查希尔国王		政变、被流放	40年
	1933—1946	穆罕默德·哈希姆施政			
	1946—1953	沙阿·马哈茂德施政			
	1953—1963	达乌德第一次施政			
	1963—1973	查希尔沙亲政			
共和国与短暂的酋长国交替时期 阿富汗共和国	1973—1978	达乌德 (1973—1978)	政变	政变、被杀	
阿富汗民主共和国	1978—1987	塔拉基 (1978)		政变、被暗杀	
		阿明 (1979)		政变、被杀	
		卡尔迈勒 (1979—1986)	被任命	被苏联废黜	
阿富汗共和国	1987—1992	穆罕默德·纳吉布拉 (1986—1992)	替换	辞职、避难	
阿富汗伊斯兰国	1992—1996	布尔汗丁·拉巴尼	穆斯林游击队占领喀布尔		
阿富汗伊斯兰酋长国 (塔利班政权)	1996—2001	塔利班政权	政变	美国发动反恐战争	
阿富汗伊斯兰国 (过渡政府)	2001—2004	哈米德·卡尔扎伊	被任命		
阿富汗伊斯兰共和国	2004—2021	哈米德·卡尔扎伊 (2004—2014)	选举	连任两届、正常卸任	
		穆罕默德·阿什拉夫·加尼 (2015—2021)	选举	辞职、逃离避难	
阿富汗伊斯兰酋长国 (塔利班政权)	2021—	塔利班政权，拟建12人国家管理委员会	政变、美国撤军		

资料来源：王凤：《阿富汗》，社会科学文献出版社，2007年；沙伊斯塔·瓦哈卜、巴里·杨格曼：《阿富汗历史》，东方出版中心，2016年；部分君主资料缺失。

2001 年 12 月阿富汗临时政府成立，2002 年 6 月过渡政府成立。2004 年 10 月，哈米德·卡尔扎伊当选阿富汗首任民选总统。2009 年 8 月阿富汗举行第二次总统选举，卡尔扎伊获胜并连任总统。2014 年 9 月，阿富汗举行第三次总统选举，穆罕默德·阿什拉夫·加尼获胜并当选总统，阿卜杜拉被任命为首席执行官。同年，奥巴马就任美国总统后，忌惮于英国、苏联在阿富汗的前车之鉴，急于摆脱旷日持久的阿富汗战争，于 2014 年 12 月 29 日正式宣布结束阿富汗战争。

2020 年 2 月 18 日，阿富汗独立选举委员会宣布第四次总统选举的最终结果，加尼连任新一届总统。2020 年 2 月 29 日，美国和阿富汗塔利班在卡塔尔首都多哈签署和平协议，旨在结束阿富汗战争①。

2021 年 4 月 13 日，美国总统拜登宣布，美军将于当年 9 月 11 日前撤出阿富汗，以结束美国历史上最长的战争。4 月 29 日，美军开始从阿富汗撤离。8 月 6 日，阿富汗塔利班宣布攻占第 1 个省会——西南部尼姆鲁兹省首府扎兰季市。8 月 15 日，塔利班进入喀布尔接管阿富汗政权，加尼总统辞职出走。8 月 19 日，在阿富汗脱离英国统治、独立 102 周年的阿富汗的国庆节当日，阿富汗塔利班宣布建立"阿富汗伊斯兰酋长国"。8 月 30 日，美国宣布完成撤军行动。9 月 7 日，阿富汗塔利班宣布组建临时政府。9 月 11 日，在美国"9·11"恐袭事件 20 周年纪念日之际，阿富汗塔利班在首都喀布尔总统府升起了自己的旗帜。长期以来，阿富汗被媒体和民间称为"帝国坟场"。

第三节　研究意义

一、阿富汗国家地理研究述评

国家作为一个政治地理单元，表现为领土、主权和治理等政治空间结构；同时，国家又是一个功能文化区，是一个具有明确边界的自然资源、生态环境、

---

① 新华网："美国和塔利班签署旨在结束阿富汗战争的和平协议"，2020 年。https://xhpfmapi.zhongguowangshi.com/vh512/share/8921686。

经济活动、社会发展等地理要素与地理景观组织和管理的重要空间（李同昇、黄晓军，2020）。在地理学学科体系中，以国家为基本单元揭示其区域分异现象、开展国别地理研究是世界地理研究的重要内容和组成部分（杜德斌等，2009）。

阿富汗的地理位置重要，战略价值巨大，历来为横亘在大国之间的缓冲带。自 18 世纪中叶大英帝国与沙皇俄国在阿富汗开展大博弈以来，阿富汗一直都是大国之间竞相角逐的场所。这些大国为了自身利益和博弈需要，开展了大量阿富汗研究，特别是苏联于 1979—1989 年入侵阿富汗的 10 年，美国于 2001 年发动阿富汗反恐战争至 2021 年完全撤军的 20 年，有关阿富汗的自然要素、自然资源、自然灾害以及政治经济、社会生活、种族民族等各个领域的研究文献可谓浩如烟海。遗憾的是，迄今为止，关于阿富汗国家空间单元的系统化国别地理研究仍然匮乏。

最早一篇刊载在地理学杂志上有关"阿富汗地理"的文章可能是"阿富汗比较地理"（Rawlinson，1842）。实际上它并不是一篇学术研究论文，而是英国皇家地理学会杂志摘取罗林森上校 1841 年寄自阿富汗坎大哈，介绍阿富汗地理情况的一封信。最早一部阿富汗地理著作可能是胡鲁姆 1954 年出版的《阿富汗地理：干旱国家研究》（Humlum，1954）。1959 年，胡鲁姆又出版了《阿富汗地理》（Humlum，1959），这两本著作均为法文版。1976 年，美国出版了《阿富汗地理》（Amin and Schiltz，1976）。遗憾的是，自 1976 年至今，未见系统化的阿富汗国家地理专门著作出版，但有一篇关于阿富汗地理的文章（Arez，1970）发表。2001 年，美国陆军学院编印了《阿富汗：区域地理》（Palka，2001），但在时间上，可以认为这是西点军校为美国发动阿富汗反恐战争训练学员编制的讲义，并不是阿富汗国别地理研究。

其他学科关于阿富汗的研究著作或多或少涉及了阿富汗国家尺度的地理问题。1973 年，专于阿富汗研究的美国人类学家杜普瑞（Dupree，1973）出版专著《阿富汗》。其第一部分"土地"从地理区域及其划分、四大水系、农业、牧业、动物群落五个方面介绍了阿富汗的地理国情。这部分虽然是全书四个组成部分之一，但篇幅仅占全书 800 页的 50 页。1980 年，印度出版《阿富汗地理与政治》（Gopalakrishnan，1980）。全书虽然以地理视角切入，深入地分析了阿富汗的地理结构、阿富汗的国家演化、阿富汗国界变迁、经济发展格局与问题、外部行为方式与问题、行政重组的地理问题等六部分主要内容，但是它不是建立在地理学思维框架下的国别地理研究。

当然，一些地理要素的研究是在阿富汗国家空间尺度上展开的。例如 20 世纪 40 年代后期阿富汗的河流研究（Reshtya，1947）、20 世纪 60 年代早期的阿富汗经济地理的研究（Saleh，1963，1964）、20 世纪 60 年代末的阿富汗地表水资源调查（Westfall，1969），以及新世纪以来的阿富汗政治军事地理（王国梁，2002）、阿富汗自然资源（Shroder，2014）、阿富汗跨界水资源（Shroder and Ahmadzai，2016）的专门研究等。所有这些，包括 1973 年美国政府印刷物《阿富汗地区手册》，以及国内外有关阿富汗的志说著作（鲍契卡列夫，1954；叶伏列莫夫等，1959；朱克，1959；王凤，2007；胡娟，2014；缪敏等，2016）对于开展阿富汗国家地理的系统研究都具有十分重要的参考价值。

二、本书的研究目的和意义

国别地理研究是了解世界和研究世界的重要学术工作，我国目前所处的发展阶段正前所未有地对国别地理研究产生了重大需求（李同昇、黄晓军，2020）。服务国家战略需求，是地理学的责任和使命，从地理学产生之初到地理大发现，再到世界政治格局动荡变化制定，地理学对国家开疆拓土、贸易体系形成、对外交通通道构建、国家外交政策制定等都曾发挥重要作用（赫费南，2008）

阿富汗是中国西部的重要邻国之一，尽管两国边界仅有 92 千米长，但是阿富汗境内的第二大民族塔吉克族，与中国境内的塔吉克族（人口约 5 万），连同分布在巴基斯坦控制的克什米尔地区、塔吉克斯坦东部地区的塔吉克族同属"高原塔吉克人"。因此，中国与阿富汗具有密切的地缘关系。开展阿富汗国别地理研究，不仅有助于积累阿富汗国家空间尺度的系统化地理学研究成果，也有利于增进中国与阿富汗的相互交往，为中国与相关国际性或区域性组织的交往、合作、博弈等提供决策支持。因此，开展阿富汗国别地理研究具有重要的学术意义和现实意义。

第四节　本书框架

一、研究思路

传统的国别地理研究主要是通过对一个国家自然、人口、经济、文化、社会和政治等方面资料的系统化，综合分析和研究这个国家和它所在的区域。其基本方法，是在对一个国家地形、气候、植被、土壤、人口、农业、工业、交通等组成要素的分析描述的基础上，形成专题地图，通过制图综合、抽象概括，形成一组形式（功能）区域，然后对各区域进行描述和分析。新时代的国别地理研究应突出问题导向，研究全球化背景下一个国家的地缘环境、资源保障、经济社会发展等方面的重大问题及其解决途径（李同昇、黄晓军，2020）。

不同国家和地区的自然和人文地理要素迥异，社会经济发展水平差异显著。许多国家和地区的综合实力或许并不突出，在世界范围内也不具有代表性，但其某一地理要素可能具备显著优势，乃至全球战略价值（李同昇、黄晓军，2020）。

阿富汗地理位置独特，战略意义重大。本书将以此为出发点，以地理科学问题为导向开展阿富汗国别地理研究。由于自然地理要素及其组合是形成一个区域、一个国家自然条件和资源潜力的基础，由此也基本决定或影响了这个区域或国家的人口、民族、宗教等带来的人文社会的空间格局，对本区域或国家的经济发展产生重大影响，进而引发不同民族、社会阶层、群体的政治诉求及其空间变化。区域或国家内部不同地区的长期发展、演化，势必以地区内部的相似性以及区际的差异性在空间上产生分化，进而形成不同的地理区域。本书基于此逻辑，将重点关注阿富汗的地理位置、地缘政治经济环境与地缘关系，阿富汗的自然条件和资源潜力，阿富汗的人文社会空间格局，阿富汗经济发展的时空动态，阿富汗国内的政治地理格局，阿富汗区域分异与区域划分等几个主要方面。

二、框架设计

在上述研究思路的指引下，本书秉承"世界国别与区域地理研究丛书"的编撰宗旨，立足区域地理学研究思路，首先从地理位置、大国地缘战略角斗场、疆域变迁等三方面阐明阿富汗的地缘战略区位；其次，从自然地理要素、土地利用与土地覆盖、矿产资源、自然灾害、生态环境等方面论述阿富汗的自然条件与资源潜力；第三，以人口分布、民族构成与分布、宗教格局、城市与乡村讨论阿富汗的人文社会空间格局；第四，从经济发展、农业生产、工业基础、对外贸易与外国直接投资、交通网络与通讯业等方面阐述阿富汗经济发展的时空动态；第五，从国家民族、民族及部落矛盾和冲突的地理格局、行政区划三个方面分析阿富汗国内的政治地理格局；最后，本书将回归区域地理学的核心议题——区域分异与区域划分，参照杜普瑞（1969）、胡鲁姆（1959）的地理区划方案，将阿富汗分为东中部高山区域、中央山脉区域、北缘突厥斯坦区域、东部山谷及山麓丘陵区域、西北河谷低地区域、西南平原区域六大区域分而述之。由此，结合第一章绪论，形成全书七章内容，试图比较全面和深入地探索和分析阿富汗国家层面的地理问题。

参 考 文 献

[1]〔苏〕Л. 鲍契卡列夫著，朱毓秀译：《阿富汗》，中国青年出版社，1954年。

[2] 杜德斌、冯春萍、李同昇等：《世界经济地理》，高等教育出版社，2009年。

[3] 胡娟：《阿富汗：战火不休之地》，香港城市大学出版社，2014年。

[4] 李春芬："地理学的传统与近今发展"，《地理学报》，1982年第1期。

[5] 李春芬、曾尊固、汤建中："世界地理研究的概要回顾与持续发展"，《地理学报》，1994年第49卷增刊。

[6] 李同昇、黄晓军："新时代国别地理研究的若干思考"，《世界地理》，2020年第5期。

[7] 缪敏、王静、何杰：《阿富汗概论》，世界图书出版有限公司，2016年。

[8]〔英〕迈克·赫费南：《地理学史》，载：〔英〕萨拉·霍洛韦，斯蒂芬·赖斯，吉尔·瓦伦丁著，黄润华、孙颖、刘清华等译：《当代地理学要义：概念、思维与方法》，商务印书馆，2008年。

[9]〔美〕沙伊斯塔·瓦哈卜、〔美〕巴里·杨格曼著，杨军、马旭俊译：《阿富汗历史》，东方出版中心，2016年。

[10] 王国梁："阿富汗政治军事地理透视"，《世界地理研究》，2002年第1期。

[11] 王凤：《阿富汗》，社会科学文献出版社，2007年。

［12］〔苏〕Л. 鲍契卡列夫著，中国人民大学经济地理教研室译：《伊朗、阿富汗》，生活·读书·新知三联书店，1957 年。

［13］朱克：《阿富汗》，世界知识出版社，1959 年。。.

［14］Amin，H.，Schiltz，G. B.，1976. *A Geography of Afghanistan*. University of Nebraska.

［15］Arez，G. J.，1970. Geography of Afghanistan. *Kabul Times Annual*.

［16］Humlum，J.，1954. *La géographie de l'Afghanistan*. Étude d'un pays aride. Scandinavian University Books. Cyldendal，

［17］Dupree，L.，1973. *Afghanistan*. Princeton University Press.

［18］Gopalakrishnan，R.，1980. *The Geography and Politics of Afghanistan*. Concept Publishing.

［19］Humlum，J.，1959. *La Geographie de I'Afghanistan*. Scandinavian University Books. Cyldendal.

［20］IDLG，2010. *Sub-national Governance Policy*. Afghanistan IDLG Working Report in Spring.

［21］NSIA，2021. *Afghanistan Statistical Yearbook 2020*. Afghanistan NSIA Working Report in April，1st-Version.

［22］Palka，E. J.，2001. *Afghanistan*：*A Regional Geography*. United States Military Acadmy.

［23］Rawlinson，1842. Comparative Geography of Afghanistan. *The Journal of the Royal Geographical Society of London*，Vol12.

［24］Reshtya，S. Q.，1947. The Rivers of Afghanistan. *Afghanistan* 2，No. 2.

［25］Saleh，G. O.，1963. The Economical Geography of Afghanistan. *Afghanistan* 19：3，in July-September.

［26］Saleh，G. O.，1964. The Economical Geography of Afghanistan. ［part 2］. *Afghanistan* 19：1，in January-March.

［27］Saleh，G. O.，1964. The Economical Geography of Afghanistan. ［part 3］. *Afghanistan* 19：2，in April-June.

［28］Shroder，J. F.，Ahmadzai，S. J.，2016. *Transboundary Water Resources in Afghanistan*. Elsevier.

［29］Shroder，J. F.，2014. *Natural Resources in Afghanistan*. Elsevier.

［30］Smith，H. H.，David，E. S.，*et al*，1973. *Area Handbook for Afghanistan*. U. S. Government Printing Office.

［31］Westfall，A. O.，1969. *Surface Water Investigation in Afghanistan*：*A Summary of Activities from 1952 to 1969*. U. S. Geological Survey.

第二章　地理位置与疆域变迁

第一节　地理位置

一、绝对地理位置

地理位置是了解阿富汗的重要性和复杂性的关键要素之一。阿富汗地理中心位于北纬 33 度，东经 65 度。阿富汗最北端位于北纬 38 度 29 分的东北角，最南端达北纬 29 度 21 分的南部边界，其国土东部狭长的突出部分深入兴都库什山脉。如此，阿富汗东西从东经 60 度 30 分到东经 74 度 53 分 25.3 秒，跨越 1 300 千米。在北纬 33 度上，东距北京约 4 800 千米，直飞需至少 5.32 小时（图 2-1）。

阿富汗全境属于东 4：30 时区，比北京时间晚 3 小时 30 分钟，没有实行夏令时。

二、相对地理位置

一个国家的相对地理位置是人们了解其历史、文化、政治和经济地理的关键要素，相对位置在更大的地理空间范围内，会受到距离其他国家的远近、资源和势力范围的可进入性等影响。

阿富汗是亚洲中西部的山地高原内陆国家，大部分国土处于距离帕米尔高原向西南延展的兴都库什山脉，位于西亚、东亚、中亚和南亚四大地理区域交

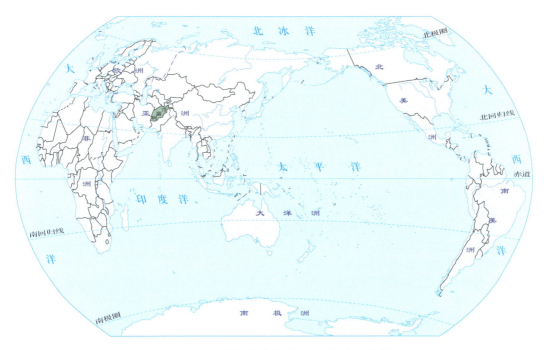

图 2-1　阿富汗在世界版图中的地理位置

汇处。它的地理位置重要，战略价值巨大，历来是横亘在大国之间的缓冲地带，是大国之间竞相角逐的场所（王国梁，2002）。谁控制了这里，谁就能打破战略平衡，抢占地缘优势，控制亚洲中枢。

三、阿富汗的国界

阿富汗东南部与巴基斯坦接壤，西靠伊朗，北部与土库曼斯坦、乌兹别克斯坦、塔吉克斯坦为邻，东北部狭长地带瓦罕走廊的东端与中国交界（表 2-1）。阿富汗沟通东西方，连接中亚、西亚和南亚。无论在历史上还是当下，就陆路交通而言，阿富汗是东西方的枢纽，也是进入南亚、西亚的跳板，是真正的亚洲心脏。

表 2-1   阿富汗邻国及其边界线长度

邻国	边界方位	边界线长度/千米
巴基斯坦	东与东南	2 640[①]
伊朗	西	936[②]
土库曼斯坦	西北	744[②]
乌兹别克斯坦	北	143[③]
塔吉克斯坦	东北	1 332.9[④]
中国	东	92[⑤]

注：
1. 各种文献关于阿富汗与巴基斯坦边界（杜兰线）长度莫衷一是，以 2 600—2 640 千米居多。
2. 来源为 IDLG. *Sub-national Governance Policy*. Spring 2010，缺失伊朗国家政府关于伊阿边界长度数据，缺失土库曼斯坦国家政府关于土阿边界长度数据；
3. 来源为乌兹别克斯坦政府网站；
4. 来源为塔吉克斯坦外交部网站；
5. 来源为中国与阿富汗两国政府于 1963 年 11 月 22 日在北京签订的《中阿边界条约》。

巴基斯坦与阿富汗宗教相同，民族相融，两国边界线长达 2 640 千米，阿富汗的最大民族普什图族也是巴基斯坦四大民族之一。两国都是伊斯兰国家，绝大部分穆斯林为逊尼派。两国本应成为唇齿相依、守望互助、友好相处的邻邦，然而由于历史原因，以及沙俄与大英帝国、苏联与美国等大国的渗透、角逐，自 1947 年 8 月巴基斯坦独立以来的 70 多年里，两国关系错综复杂、跌宕起伏，龃龉不断（胡仕胜，2002；任炳卿、冯怀信，2018）。

巴基斯坦与阿富汗的边界是在 1893 年由阿富汗国王阿卜杜·拉赫曼汗与英属印度政府外务大臣莫蒂默·杜兰在喀布尔签订的英属印度与阿富汗新边界线协定中划定的。这条新的边界线史称"杜兰线"，以此作为阿富汗和英属印度的分界线（图 2-2）。杜兰线基本沿开伯尔山口—托巴—卡卡尔山脉划定，它将世世代代生活在高山峻岭两侧的普什图族人为地划入两个不同的国度。其中，大部分的普什图族的领土被划归英属印度的西北省，即现在的巴基斯坦西北边境省。杜兰线是英国人强加给阿富汗当局的，从当年的阿富汗国王到现在，即便是塔利班统治时期，阿富汗从未正式承认。

目前，普什图人口估算约 4 500 万—6 000 万，其中约三分之一居住在阿富汗，占阿富汗斯坦总人口的 42%—45%，共 1 900 万—2 020 万人（2019 年阿富汗总人口 3 222.557 万，2020 年 3 289.017 万；世界银行数据则为 3 892.834

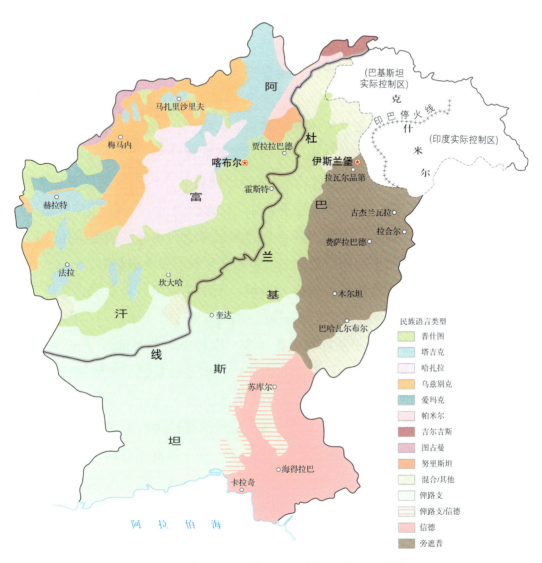

图 2-2　杜兰线及阿富汗与巴基斯坦的民族分布

资料来源：https://www.xataka.com/magnet/rehaciendo-los-desastres-de-la-colonizacion-
pakistan-y-afganistan-definiran-su-frontera-con-google-maps.

万，2021 年预估 3 356.961 万)①，为阿富汗主体民族；约三分之二居住在巴基斯坦，占巴基斯坦总人口的 18.27%，约 3 900 万人（2017 年巴基斯坦总人口

---

①　2019 年阿富汗国家统计局估算人口为 3220 万，见：NSIA，2020。2019、2020 年为世界银行数据，见：https://data.worldbank.org/indicator/SP.POP.TOTL? locations=AF 。

2.077 亿，以普什图语为母语的人口为 3 788.544 万；2019 年总人口为 2.166 亿）①，为巴基斯坦第二大民族。

伊朗和阿富汗是拥有密切地缘政治、历史、经济、文化、宗教和语言等联系的邻国。伊朗是以什叶派为主的伊斯兰国家，阿富汗是以逊尼派为主的伊斯兰国家，但两国在宗教上依然紧密联系和相互影响。伊朗的波斯语是阿富汗的主要语言之一，是塔吉克、艾马克、哈萨克等族居民使用的语言。两国的经济联系由来已久，阿富汗许多进出口货物都经伊朗转运。作为伊朗的重要邻国，阿富汗独特的地理位置所带来的地缘重要性，使得伊朗自 19 世纪起坚持反对其他大国控制阿富汗。同时，伊朗为其自身的国家安全和地缘政治考量始终反对塔利班掌权，因为塔利班与什叶派为主的伊朗在宗教思想上极端对立。

中亚国家是阿富汗的近邻，塔吉克斯坦、土库曼斯坦、乌兹别克斯坦三国与阿富汗有着漫长的共同边界，边界长度分别为 1 322.9 千米、744 千米和 143 千米。1884 年，沙俄占领了阿什哈巴德（今土库曼斯坦的首都），虽然其从 18 世纪下半叶开始对中亚地区的吞并已接近尾声，但是沙俄仍意欲继续南进向阿富汗渗透。此时印度成为大英帝国的殖民统治区已近 30 年。由于阿富汗是中亚地区通往印度的必经之地，英国认为控制阿富汗就能抵挡沙俄继续南进。两个帝国旗鼓相当，针锋相对地在阿富汗相遇。1887 年，英俄经过谈判划定了"李奇维线"——阿富汗西北部与沙俄中亚总督区的分界线，即今土库曼斯坦与阿富汗边界。1893 年，英俄又划定了阿富汗与俄国在帕米尔地区的分界线，即今塔吉克斯坦与阿富汗边界。自此，中亚主要民族塔吉克族、乌兹别克族被分割在沙俄与阿富汗两地。从古到今，这种复杂、跨界的民族关系使阿富汗在历史发展中，无论社会文化和经济生活上都无法与中亚分开。

1979—1989 年苏联入侵阿富汗，其中亚的两个加盟共和国乌兹别克和塔吉克成为苏军的前敌大本营。2001—2021 年，在美国为首的北约发动阿富汗反恐战争初期，乌兹别克斯坦、吉尔吉斯斯坦和塔吉克斯坦分别为美国、德国、法国等北约军队提供了空军基地、物资转运中心、技术保障服务中心等设施。2002 年，国际社会开始援助阿富汗战后的和平重建，中亚各国也是积极参与

---

① 2017 年数据为巴基斯坦人口普查数据，https://www.pbs.gov.pk/node/3374 ；2019 年为世界银行数据，https://data.worldbank.org/country/pakistan 。

者，各自扮演着自己适合的角色。极端主义、恐怖主义、毒品走私等的安全威胁，长期困扰着阿富汗和中亚各国；但同时，逐渐形成的安全共同体和利益共同体意识，正在把中亚地区的不同国家与阿富汗更紧密地结合在一起（许涛，2015）。

阿富汗地处西亚、东亚、中亚和南亚四大地理区之间，其列入哪个地理区，不同机构、文献各有表述。例如，阿富汗外交部、阿富汗驻中国大使馆将其本国的位置表述为"南亚和中亚的枢纽地区"；世界银行、联合国将其列为南亚地区，美国中央情报局亦然[①]；而美国国会图书馆[②]、美国西点军校将其列为中亚地区（Palka，2001）。2005 年，第 13 届南亚区域合作联盟峰会吸纳了阿富汗为其第八个成员国，使阿富汗在区域合作层面正式拥有了南亚国家的身份。事实上，将阿富汗纳入南亚国家范畴开展研究，已逐渐成为学界的普遍认知。

第二节　大国地缘战略的角斗场

一、阿富汗与"心脏地带"

参照麦金德的学说，阿富汗处在世界的"心脏地带（枢纽地区）"（欧亚大陆中心区域）与"内新月形地带"（欧亚大陆边缘的国家和地区）的过渡地区（图 2-3）。历史上，除了波斯和一些草原部落外，其他征服者都太过遥远，阿富汗已接近它们力量投射的极限。因此，众多帝国为了控制阿富汗前赴后继，却只能空耗国力。

纵观历史，阿富汗是一个被反复统治、争夺、侵扰的国家，政权频繁更迭。干旱、贫瘠的土地，培育出阿富汗人独特的群体意识。阿富汗东中部地势高耸、山峦起伏，北部和西南部是干旱的平原，这种地形地貌为这片土地上的不同宗教群体提供了宗教活动的缓冲场所。然而，不同宗教之间的相互冲突，导致阿

---

① 参见美国中央情报局关于阿富汗的国家简介，https://www.cia.gov/library/publications/the-world-fact-book/geos/af.html。

② Library of Congress-Federal Research Division，2008. Country Profile Afghanistan.

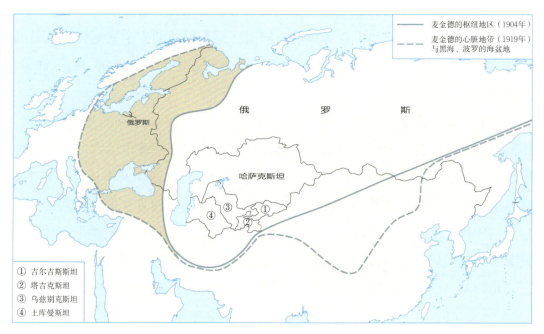

图 2-3　麦金德历史的地理枢纽（1904 年）和心脏地带（1919 年）示意

资料来源：Bendecs，2014.

富汗社会长期动荡。永无休止的争夺、频繁的政权更迭，造就了阿富汗人民不屈不挠的精神。

在历史的长河中，众多的外来征服者们都成为了兴都库什山的匆匆过客。从亚历山大大帝到成吉思汗，从大英帝国、苏联到 21 世纪的美国，阿富汗经历了许多大国的入侵，但都屹立不倒。这些列强未能实现其政治或军事目标，并在入侵过程中遭受巨大损失，而且最终入侵阿富汗的外国军队在冲突结束时都进行了全面的军事撤离，典型的代表就是英国、苏联和美国。因此，阿富汗被称为"帝国坟场"（graveyard of empires）。事实上，阿富汗并非直接"埋葬"了各个帝国。只不过在历史上，各个帝国在攻打阿富汗之后，不约而同踏上衰落之路。目前尚不清楚是谁创造了这个说法，其历史准确性也存在争议。

美籍阿富汗裔作家塔米姆·安萨利（2012）通过阿富汗人的视角解读其祖国的历史。他驳斥了"帝国坟场"的论断，讲述了长期以来外部世界从未完全了解的阿富汗内部斗争，剖析了现代入侵者屡战屡败的致命原因。他认为在阿富汗，外国的干涉和入侵不是主旋律，它们只是扰乱了阿富汗的发展，阿富汗的国情有自己的特点：高高在上的私权力、根深蒂固的部落文化、长期存在的极端思想、错综复杂的地缘政治……安萨利认为，阿富汗根本不是什么帝国坟场。

二、英俄大博弈

18 世纪中期到 19 世纪，阿富汗成为大英帝国和沙俄帝国博弈的缓冲区域。

英国自从 1755 年奠定殖民印度的根基后，逐渐占领印度全境。但是，毗邻英属印度西北边境的今阿富汗地区生活着骁勇善战的游牧部落。这些部落经常沿着数千年来外来征服者进入南亚次大陆的固定路径侵袭印度，使英国殖民者头疼不已。

19 世纪，沙俄帝国不断向东、向南扩张。历代沙皇均梦想能有朝一日"用印度洋温暖的海水冲洗俄国士兵的靴子"。这样的背景下，处心积虑南下的沙俄与试图从印度次大陆北上的大英帝国，在中亚各地开展了长达一个世纪的明争暗斗，史称"大博弈"，博弈的中心正是现今的阿富汗。

19 世纪 30 年代，随着沙皇俄国势力深入中亚，英俄两大帝国在阿富汗地区迎头碰撞，英国一直对沙俄图谋印度的野心忧心忡忡。1839 年，英国发动了第一次英阿战争（第一次阿富汗抗英战争），派兵入侵并扶植亲英傀儡，同时对抗亲俄势力。但是，阿富汗全国性的抗英活动使英军难以立足。1842 年，英军不得不撤出喀布尔，在向今阿富汗-巴基斯坦边境开伯尔山口撤退的灾难性战役中，英军全军覆没。这是英军 19 世纪遭受的最惨重损失。

在英属印度向北方扩张的时候，俄国继续向南推进到中亚地区。1864 年，俄国吞并了里海、咸海之间的所有土地，占领了咸海东部地区，并把边界推进至锡尔河。次年，俄国夺取了塔什干地区。1868 年，撒马尔罕地区被并入俄国，同年俄国的控制范围延伸到阿姆河流域，与阿富汗相邻。1872 年英国与俄国签署协议，共同承认阿富汗是英属印度与俄国的中间地带，并以阿姆河作为阿富汗的北部边界。

1878 年，第二次阿富汗抗英战争爆发，英军再次遭受惨重损失。1881 年 4 月，英国不得不放弃侵占阿富汗，全部撤出，但是阿富汗的外交仍受英国控制。

1884 年，面对俄国进一步巩固其在中亚的领土，英国试图与俄国协商，共同瓜分阿富汗北部疆域。但俄国并未止步，军队继续向南推进，试图以兴都库什山作为与印度接壤的天然边界（沙伊斯塔·瓦哈卜、巴里·杨格曼，2016），以走向印度洋，获取暖水港。在此同时（1884 年），俄国逼迫清政府签订不平等的《中俄续勘喀什噶尔界约》，但是不久就撕毁了协议，于 1891 年侵入了属于待议区的叶什勒池。第二年，俄国又侵占了东萨雷阔勒岭以西的中国版图，1894 年的甲午中日战争使得清政府无力应对俄国在西北的侵略。这样，瓦罕走廊以北的帕米尔地区就完全被俄国占领，进一步迫近南亚次大陆。

英俄两国经过长达两年的谈判，于 1887 年在阿富汗西北境问题上达成了一致。在阿富汗的东北部，英俄两国趁中国清政府受困于东部沿海战事，不可能出兵色勒库尔山脉以西的帕米尔地区，约定在双方势力交界处——当时的英属印度（包含今巴基斯坦）与沙俄（包含今塔吉克斯坦）之间狭长的、人口稀少的、海拔很高的土地隔离出一条缓冲地带，迫使阿富汗国王阿卜杜·拉赫曼接受其为阿富汗领土（沙伊斯塔·瓦哈卜、巴里·杨格曼，2016），这就是如今的瓦罕走廊——位于塔吉克斯坦和巴基斯坦之间的阿富汗东部狭长地带，正式约定于 1895 年 3 月英俄签订的《关于帕米尔地区势力范围的协议》。这样的背景，形成了如今瓦罕走廊这段奇异的阿富汗东部边陲国界分隔地带。

在英国干涉阿富汗期间，普什图族领地被杜兰线分成东西两个部分，导致了阿富汗和英属印度，以及后来的巴基斯坦之间关系紧张，即"普什图尼斯坦问题"。1947 年印度独立标志着大英帝国的全球殖民体系开始瓦解，从此英国退出中亚，不再染指阿富汗。而苏联则继承沙皇衣钵，念念不忘印度洋温暖的海水，始终觊觎着阿富汗。1979 年，苏联入侵阿富汗。

三、苏联入侵阿富汗战争

阿富汗是苏联接近印度洋暖水域、包围海湾地区、控制海上战略通道的关键。占领阿富汗，是苏联南下切断西方海上石油运输线和战略交通线，夺取从太平洋、印度洋到大西洋的制海权，实现从海上包围欧亚大陆计划的一个重要环节。

第二次世界大战以后，苏联同美国展开了激烈的全球竞争。1954 年 4 月，巴基斯坦同美国签订了共同防御协定。1955年9月，巴基斯坦又加入了"中央条约组织"①。这些举动使得长期以来与巴基斯坦有领土纠纷的阿富汗深感威胁。为此，时任阿富汗总理达乌德·汗（1953—1963年在任）设法改善同苏联关系，这为苏联势力全面渗入阿富汗并扶持代理人提供了机会。截至20世纪70年代，苏联控制阿富汗的图谋已格外明显。

1973年7月，达乌德·汗通过宫廷政变废黜查希尔国王，建立共和国，得到苏联的立刻承认，苏阿关系全面发展。此时苏联正推行勃列日涅夫的全球战略，不断强调其"积极进攻"战略，加快对阿富汗进行政治、经济、文化和军事渗透。

1978年，阿富汗发生"四月革命"，达乌德·汗被杀。苏联扶植阿富汗人民民主党总书记努尔·穆罕默德·塔拉基出任国家元首（革命委员会主席）兼总理，建立"阿富汗民主共和国"，苏阿随即签署《友好睦邻合作条约》，开始在军事、经济、文化等领域全面合作。然而，新政府的无神论立场及其推行的变革引起民间反对组织的武装反抗，阿富汗执政党内部的派别斗争也十分激烈。1979年9月，政府总理哈菲佐拉·阿明发动政变，处死塔拉基，自己兼任总统。阿明强调国家自主、外交独立，试图摆脱苏联控制、与美国实现关系正常化。在苏联警告无效后，同年12月阿明被苏联除掉，巴布拉克·卡尔迈勒被扶植上台。卡尔迈勒执行亲苏路线，出卖国家主权，为苏联南下战略的实施提供了帮助。

此时的美国虽然在地区的国际环境上取代了英国的霸主地位，但是持续多年的越南战争使其不得不在全世界收缩战线。苏联趁虚而入加强在阿富汗的影响力，同印度、伊拉克签订含有同盟性质的友好互助条约，支持印度武装肢解巴基斯坦，使地区形成有利于自身的局势。恰在此时，伊朗的伊斯兰革命推动

---

① 前身是"巴格达条约"组织。1955年2月，土耳其与伊拉克签订了《伊拉克和土耳其间互助合作公约》，一般称之为《巴格达条约》。1955年4月、9月、11月，英国、巴基斯坦和伊朗先后加入，巴格达条约组织遂于1955年11月正式成立，总部设在巴格达。美国虽为非成员国，但在1959年3月先后与伊朗、土耳其、巴基斯坦签订了双边军事合作协定，在该组织中享有正式成员地位并参加常设理事会。同年3月，伊拉克卡赛姆新政府宣布退出巴格达条约组织。8月该组织改名"中央条约组织"。1979年3月，伊朗和巴基斯坦宣布，因该组织不再能起到保护成员国安全的作用，决定退出，土耳其也宣布退出。同年4月30日，该组织举行会议，与会的英、美、巴、土四国代表决定，该组织于1979年9月28日不复存在。美国实际上对这个组织起控制作用，与北大西洋公约组织、东南亚条约组织一起形成对社会主义国家的包围圈。

了伊斯兰世界反美情绪不断蔓延，中央条约组织迅速解体、土耳其的中立化等沉重打击了美国在本地区的战略地位。这一切为苏联加速南下扩张提供了有利条件，美国又没有及时作出反应，促成苏联出兵阿富汗的决心。

1979年12月，苏军凭借现代化武器和优势兵力，以突袭方式大举出兵阿富汗。一周内，苏军基本完成对阿富汗主要城市和交通要道的占领，控制了阿富汗与巴基斯坦、伊朗的边境要地。

苏联入侵阿富汗震惊了世界。美国警告苏联，要为其侵略行为付出代价，该入侵行为也受到世界大多数国家的强烈谴责。1980年1月，联合国第六届紧急特别会议通过了《要求外国军队无条件和全部撤出阿富汗》的决议，但遭到苏联的拒绝。以后历届联合国大会上，苏联都受到各国的强烈谴责，要求苏军撤出阿富汗，实现政治解决阿富汗问题。

苏联侵略阿富汗违背了人民意愿和历史潮流，既损害了阿富汗人民的利益，也损害了本国人民的利益，激起了国内外的强烈反对。面对遍布阿富汗的抵抗力量，苏联军队陷于顾此失彼、束手无策的状态。苏联无视战争性质，仅从军事力量强弱角度进行判断，是其扩张战略的致命错误。苏联的"速决战"策略在阿富汗完全碰壁。阿富汗成为苏联人力、物力和财力的消耗泥潭。

阿富汗反政府武装组织，特别是"阿富汗圣战者伊斯兰联盟"受到以美国为主一些西方国家的军事援助，包括提供武器弹药及资金，训练武装人员。一些伊斯兰国家的组织号召志愿者到阿富汗参与抵抗苏联部队的作战，其中就包括沙特阿拉伯年轻人奥萨玛·本·拉登。大批美国产武器被转交给反政府武装组织。具有讽刺意味的是，这些援助的武器在2001年美军于阿富汗发动的反恐战争中大量被用来打击美军及北约部队。

这一场旷日持久、边打边谈的战争使苏联在政治、外交、经济、军事上承受了巨大压力。战场上屡屡失利，阿富汗游击队不断壮大，迫使苏联改变政策。1986年，苏联同意政治解决阿富汗问题；1989年2月15日，苏军全部撤出了阿富汗。但是，阿富汗局势很快变得更为复杂，再度陷入了内战之中，宗教极端组织不断壮大。

苏联悍然入侵阿富汗并发动了长达十年的战争，是冷战时期重大的国际事件，为双方带来了严重的后果。十年的阿富汗战争造成苏军官兵大量伤亡，严重拖累了苏联经济，恶化了苏联的国际环境。对苏联来说，这场战争的结局无论在政治上，还是军事上、经济上都得不偿失。十年战争致使阿富汗 1 500 万人口中近半数流离失所，130 多万人丧生，500 多万人流亡国外沦为难民，山河破坏、遍地瓦砾。

在国内方面，政治上，阿富汗战争的结局是对苏联霸权主义思想的否定、对崇尚武力思想的否定、对"世界革命"思想的反省以及对传统政治体制的修正。在经济上，苏联的直接经济损失约 240 亿—300 亿美元（董国政，1989）。战争使苏联消耗了大量物力财力，严重拖累了苏联的国内经济。同时，苏联与美国的经济差距进一步扩大。美国基本实现利用经济因素影响苏联国内政治的目的。

在国际环境方面，苏联入侵阿富汗导致世界安全局势严重恶化，苏联自身国际舆论恶化，造成苏联极大的地缘政治压力：反苏阵线更加壮大并形成联合，对苏联构成了战略包围。苏联在第三世界特别是伊斯兰国家中的声望和影响力大大下降，与东欧社会主义国家关系也出现了裂痕。这场战争被认为是苏联对外政策的重大失败，使政权动摇，是导致苏联解体的原因之一。

四、美国阿富汗反恐战争

1989 年苏联撤军后，阿富汗在连续内战中徘徊。1996 年阿富汗塔利班夺取政权，并于 2001 年建立阿富汗伊斯兰酋长国。

2001 年，美国发生"9·11"事件。"9·11"事件是史上发生在美国本土的最为严重的恐怖袭击，遇难者总数高达 2 996 人（含 19 名恐怖分子）。联合国称此次恐怖袭击造成美国经济损失达 2 000 亿美元，相当于当年美国国内生产总值的 2%。

事件发生后，虽然阿富汗塔利班声明称恐怖袭击事件与本·拉登无关，但美国政府仍然认定本·拉登是恐怖袭击的头号嫌犯。2001 年 10 月 7 日，时任美国总统布什宣布开始对阿富汗发动军事行动，以逮捕本·拉登等基地组织成员，彻底消灭制造"9·11"事件的幕后黑手及其同盟者，并将惩罚塔利班对恐怖分子的支援。这是以美国为首的北约及其联军在阿富汗本土实施反恐战争的标志。

美国的联军包括英国、德国、波兰、捷克、斯洛伐克等北约国家，还包括吉尔吉斯斯坦、日本、韩国、菲律宾等。这些国家为美军提供了后勤支援，并在战后派遣军队驻扎阿富汗。

美国及其联军当日便进入阿富汗境内，与阿富汗主要反对势力北方联盟达成协议，旨在联合推翻阿富汗塔利班政权。由于显而易见的双方军事实力差距，反恐战争使塔利班政权迅速土崩瓦解，2001 年 11 月 12 日喀布尔陷落。

2001 年 12 月，在联合国的组织下，塔利班政权时期的主要反对势力领袖以及流亡分子们最终推举哈米德·卡尔扎伊就任临时政府机构议长、临时政府领袖。2002 年 6 月，卡尔扎伊当选为阿富汗过渡政府总统。2004 年，卡尔扎伊成为阿富汗历史上第一位直选总统，开启了阿富汗新的历史时期——阿富汗伊斯兰共和国。

始料未及的是，人们认为美国及其联军毫无疑问会赢得这场反恐战争，却一次又一次地出现戏剧性变化。塔利班和基地组织武装分子依托有利地形，采取游击战术对抗美军。美国及其联军大小规模清剿行动不但没有从根本上剿灭塔利班和基地武装，反而使其保持了较强的作战能力。

2003 年，美国以伊拉克藏有大规模杀伤性武器并暗中支持恐怖分子为由，绕开联合国安理会，联合英国军队对伊拉克发动军事行动。自此美国的亚太战略重点转移到伊拉克战场，阿富汗安全局势迅速恶化。2004 年，塔利班东山再起、力量不断增强，公开挑战阿富汗当地政治秩序，战争形势日益复杂（钱雪梅，2014），美国的阿富汗反恐战争延伸为"平叛战争"。2008 年起，美国逐渐将本地区的战略重心转移回阿富汗，试图改变阿富汗不断恶化的安全形势。然而，美国的一系列措施和大规模的军事行动并未扭转局面，阿富汗安全形势每况愈下，阿富汗政府一盘散沙，难撑局面。2010 年更是阿富汗反恐战争开始以来恐怖袭击最多的年份，并于当年 9 月达到顶峰。此时，俄罗斯通过支持阿富汗北方联盟，在一定程度上也实现了重返阿富汗的战略意图。

2011 年 5 月 2 日，本·拉登在巴基斯坦首都伊斯兰堡郊外的阿伯塔巴德住所被美军击毙，随后美国开始从阿富汗撤军，并开始与塔利班及其他武装组织谈判。2014 年 10 月，美国和英国正式结束了在阿富汗作战行动。2014 年 12 月，美国总统奥巴马正式宣布阿富汗战争结束。然而，当年却成为 2001 年以来阿富汗发生自杀式袭击最为频繁和惨烈的一年。2015 年美军宣布主要部队撤军完毕，到 2019 年，塔利班已重新控制阿富汗约一半的国土面积。

2020 年 2 月 29 日，美国政府与塔利班签署和平协议；4 月 14 日，美国宣布美军将于当年的 9 月 11 日前全部撤离阿富汗。8 月 6 日，阿富汗塔利班宣布攻占第一个首府——西南部尼姆鲁兹省扎兰季市。8 月 15 日，塔利班进入喀布尔接管阿富汗政权，加尼总统辞职出走。8 月 19 日，在阿富汗脱离英国统治、独立 102 周年纪念日（阿富汗的国庆节）当日，阿富汗塔利班宣布成立"阿富汗伊斯兰酋长国"。8 月 30 日，美国宣布完成撤军行动；9 月 7 日，阿富汗塔利班宣布组建临时政府。9 月 11 日，在美国"9·11"恐袭事件 20 周年纪念日之际，阿富汗塔利班在首都喀布尔总统府升起自己的旗帜。

美国发动的持续 20 年之久的阿富汗反恐战争是美国耗时最长的战争。这场战争造成数万美军死亡，最终不仅未取得胜利，还造成十分惊人的人员和财产损失。美国与塔利班谈判并撤军，说明美国并没有将实现阿富汗的统一、稳定和繁荣作为目标，维护自身在本地区的地缘政治利益才是根本目的。美国 2003 年发动伊拉克战争，2010 年 8 月战斗部队开始撤出伊拉克，2011 年 5 月开始从阿富汗撤军，2011 年 12 月全部撤出伊拉克，又因伊朗扼守波斯湾—霍尔木兹海峡这一国际重要原油运输通道，持续与伊朗强硬对抗。这一切都说明阿富汗战略地位在美国中东、中亚的地缘战略中已经下降。

第三节　疆域变迁

一、北部边界的变化

1747 年，阿富汗地区的阿布达里酋长艾哈迈德·沙阿·杜兰尼宣布独立并建立了阿富汗王国，统一的阿富汗国家正式形成。

阿富汗在国家缔造过程中，因其地理位置重要、战略意义深远，自 19 世纪起就成为大英帝国和沙皇俄国角逐的场所。在英、俄帝国双方面胁迫下，阿富汗的疆域不断发生变化。

虽然 1837 年英国已经牢固控制了印度，但是开始担心俄国从开伯尔山口和波伦山口南侵，扩张其帝国。1839 年，英军进攻喀布尔，进而控制阿富汗。但是，在阿富汗抵抗力量持续抗击下，发生于 1839—1842 年的第一次阿富汗抗英战争，以英国失败而告终。

当英属印度向北方扩展的时候，俄国向南推进并进入中亚地区。1864 年，俄国吞并了里海和咸海之间的所有土地，占领了咸海东部地区，并把边界推进至锡尔河。1865 年，俄国夺取了塔什干地区。1868 年，撒马尔罕地区被并入俄国。至此，沙俄帝国的控制范围延伸到了阿姆河流域，开始与阿富汗领土毗邻。1872 年，英国与俄国签署协议，承认阿富汗是两大力量的共同中间地带，并以阿姆河作为阿富汗的北部边界（沙伊斯塔·瓦哈卜、巴里·杨格曼，2016）。

1878 年，英国发动第二次阿富汗抗英战争。阿富汗被迫于 1879 年与英签订不平等的《冈达马克条约》，阿富汗沦为英国的附属国。但是，阿富汗人不甘屈服。在阿富汗人民的英勇抗击下，英国与阿富汗于 1880 年 9 月缔结协定，准许阿富汗内政自由，外交则由英国控制。阿卜杜·拉赫曼汗成为埃米尔掌控喀布尔政权，开始他长达 21 年的统治。

1884 年，由于俄国对其在中亚的领土进一步巩固，英国与俄国同意共同瓜分阿富汗的北部疆界。但此后俄国仍然向南推进，拟将兴都库什山脉作为与印度的边界。英俄两国经过长达两年的谈判，最终于 1887 年夏就阿富汗西北边境问题达成一致，划定阿富汗西北部与俄国分界的"李奇维线"（阿富汗西北部与沙俄中亚总督区的分界线），即为今土库曼斯坦与阿富汗边界。

二、西部边界的确立

1856 年波斯和英国之间爆发了战争，双方争夺的焦点是阿富汗的赫拉特，以波斯同意退出告终。双方于 1857 年 3 月签署《巴黎条约》，标志着盎格鲁—波斯战争结束。《巴黎条约》约定，波斯和阿富汗同意将他们之间的任何争端提交英国仲裁。此时英国控制着印度的大部分地区，包括今巴基斯坦。19 世纪 60 年代，阿富汗和波斯之间发生了一系列小规模冲突，这促使波斯国王纳赛尔·丁·沙阿·贾尔要求英国将阿富汗与波斯的边界正式化。1872 年，弗雷德里克·约翰·戈尔德米德爵士领导的一个委员会提出了一个粗略的划界方案，即沿着班达经赫尔曼德河到库伊马力克·希亚（现代阿富汗—伊朗—巴基斯坦三角点的一座山丘）的路线进行划分。最终双方都接受了这一提议，但当时并未进一步实施。由于赫尔曼德河的变化，一直到 1888 年，阿富汗与波斯接壤的西部边界才基本确立。

三、东部边界的形成

1893 年，英属印度政府外务大臣莫迪默·杜兰在喀布尔就英属印度与阿富汗之间的大致界线与阿卜杜·拉赫曼汗达成共识，确定了分界线。这条分界线被称为"杜兰线"，也就是现今巴基斯坦与阿富汗长达 2 640 千米的边界线。杜兰所确定的边界线没有任何民族或地理上的依据，很多村庄被一分为二，游牧民族的古老季节性迁徙线路被堵截。

四、瓦罕走廊的形成

1895 年，沙俄为不与英属印度接壤，迫使阿卜杜·拉赫曼汗接受将东北部帕米尔地区人口稀少的狭长地区延伸到中国。同时英俄两国并不理会清政府的意见，于 1895 年签署协定，将东西长约 300 千米，南北最窄处仅 15 千米，最宽处约 75 千米的瓦罕走廊地区作为缓冲地带留给阿富汗，以此将沙俄版图（今塔吉克斯坦）与英属印度领土隔开。瓦罕走廊地区自此形成。这样，中亚主要民族塔吉克族、乌兹别克族被分割在沙俄与阿富汗两地。

1901—1919 年，阿富汗在哈比布拉·汗的统治之下。1919 年，哈比布拉·汗被杀，其子阿曼努拉·汗继位，同年发生第三次阿富汗抗英战争，阿富汗宣布独立。自此阿富汗疆域确定，迄今再无变动。

参 考 文 献

[1] 董国政："寓得于失——阿富汗战争给苏联人的启悟"，《俄罗斯东欧中亚研究》，1989 年第 5 期。
[2] 胡仕胜："巴基斯坦与阿富汗关系轨迹"，《国际资料信息》，2002 年第 3 期。
[3] 任炳卿、冯怀信："巴阿关系的囚徒困境及其治理"，《南亚研究》，2018 年第 2 期。

〔4〕〔美〕沙伊斯塔·瓦哈卜、〔美〕巴里·杨格曼著，杨军 、马旭俊译：《阿富汗历史》，东方出版中心，2016 年。

〔5〕钱雪梅："阿富汗战争改变了什么？"，《中国国际战略评论》，2014 年第 7 期。

〔6〕〔美〕塔米姆·安萨利著，钟鹰翔译：《无规则游戏：阿富汗屡被中断的历史》，浙江人民出版社，2018 年。

〔7〕许涛：" 阿富汗国家进程中的中亚角色"，《世界知识》，2015 年第 1 期。

〔8〕IDLG. 2010. *Sub-national Governance Policy*. Afghanistan IDLG Working Report in Spring.

〔9〕Palka，E. J. 2001. Afghanistan：A Regional Geography. United States Military Academy.

第三章 自然条件与资源潜力

第一节 地貌结构

阿富汗是一个多山的内陆国家，全境五分之四的国土为山地和高原，平原只占五分之一。阿富汗地势自东北向西南倾斜，全境 49％ 的地区位于海拔 2 000 米以上，海拔 1 200 米山地和高原占全国面积 80％。长约 1 600 千米，宽约 320 千米，平均海拔约 3 000—4 000 米的亚洲中部巨大褶皱山系——兴都库什山脉高大雄伟，自东北部的帕米尔高原向西南斜贯阿富汗全境。这个巨大的山区形成的阿富汗东中部高地占据了阿富汗国土面积的 70％，形成了其北部与南方的屏障，划分了阿富汗的基本地形区域：北部为狭长的平原，西南为宽阔的河谷平原，西南平原还有面积不大的沙漠分布（图 3-1）。

一、东中部高地

阿富汗东中部的广大山区主要是兴都库什山脉及其衍生山脉、平行山脉，地形相当复杂，高山、河流以及高原山地相间分布（图 3-1）。

兴都库什山脉绝大部分位于阿富汗境内，呈东北—西南走向，平均海拔约 4 500 米，长约 1 600 千米，宽约 320 千米，是帕米尔高原、喀喇昆仑山、喜马拉雅山向西延伸部分。兴都库什山始于阿富汗东北角的帕米尔山结，穿越巴基斯坦后进入阿富汗，向西逐渐化为低矮的山岭；其东段在帕米尔高原南侧，从卡兰巴卡山口起，沿阿富汗—巴基斯坦边境到多拉山口止，是整个山系中最高

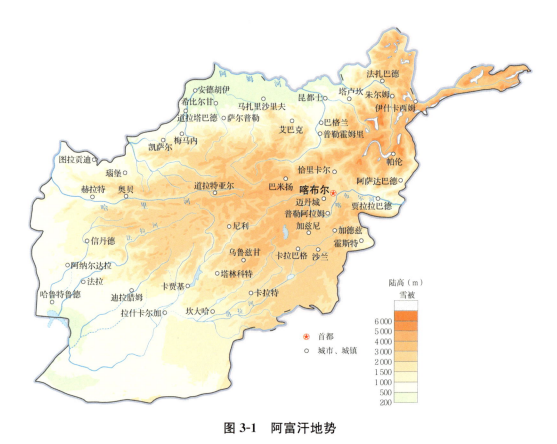

图 3-1　阿富汗地势

资料来源：Physische Landkarte von Afghanistan，https://www.landkartenindex.de/weltatlas/?
attachment_id=2371.

的一段，有 20 多个海拔 7 000 米以上的高峰。其中，海拔 7 690 米的蒂里奇米尔峰是兴都库什山脉的最高峰，紧邻的是次高峰诺沙赫峰海拔 7 470 米（又译诺夏克峰）。中段从多拉山口到哈瓦克山口地势略低于东段，平均海拔 4 500—6 000 米，有若干 6 000 米以上的山峰；西段山脉呈扇形向靠近伊朗的赫拉特城散开，平均海拔降至 3 000—4 000 米，逐渐降低为丘陵。山脉的十几个重要山口沟通南北，最突出的是萨朗山口（3 750 米）、哈瓦克山口（3 500 米）、希巴尔山口（2 900 米）。它们是阿富汗南北通行的重要通道。支脉苏莱曼山位于阿富汗东部和东南部，总长 700 千米，平均海拔 3 200 米，形成与巴基斯坦的分界。在苏莱曼山的众多山口中，开伯尔山口和博兰山口是连接阿富汗和巴基斯坦的重要贸易通道。

阿富汗东中部高地的广大山区分为六个小区域，分别是瓦罕走廊-帕米尔山结、巴达赫尚山区、中部高山区、东部高山区、南部山地和北部山地。

（1）瓦罕走廊-帕米尔山结。位于阿富汗东部的瓦罕走廊东端，与中国接壤，紧临新疆维吾尔自治区，东西长达300多千米，西端最窄处宽仅15千米。其北侧是瓦罕山，南侧是兴都库什山，东端是与中国连接处的山势更高、积雪更厚的喀喇昆仑山北端。其四分之三以上的区域海拔超过3 000米，众多山脉海拔超过6 000米，被冰川和常年积雪覆盖。这些崇山峻岭把瓦罕走廊团团围住，几乎水泄不通。横贯整个走廊的是阿姆河支流——喷赤河。因此，中阿两国虽名为近邻，实际上两国边界从来无法直接通过，必须绕道而行。中国古代旅行大家法显（334—420年）、玄奘（602—664年）等都是经巴基斯坦地区进入阿富汗的。

（2）巴达赫尚山区。高山地带、陡峭险峻，最高峰超过6 000米，大部分山峰在海拔4 000—5 000米。

（3）中部高山地区。从希巴尔山口经巴巴山向西南方向呈扇形延伸，大部分山峰海拔在4 000—5 000米。

（4）东部高山区。地形复杂，既有海拔6 000米左右的高山，也有非常狭窄的山谷，主要有喀布尔山谷、科希斯坦-潘季希尔山谷、戈尔班德山谷和努里斯坦山谷。

（5）南部山地。海拔2 500—3 000米，山脉之间有广阔的冲积平原，季节性河道无处不在，一些内流河冲积平原和盆地上有小片的沙丘地带。

（6）北部山地。由高原和山麓丘陵组成，一些山峰海拔超过3 000米，主要有班德突厥斯坦山、帕罗帕米苏斯山、恰加尔山和菲罗兹山等，从西向东有穆尔加布山谷、班德阿米尔山谷、安达拉卜·赛甘·苏尔赫河山谷和昆都士山谷等主要山谷。

二、北部平原

阿富汗北部平原位于兴都库什山脉北部山麓，及其以北地区与阿富汗北部边界之间，被称为突厥斯坦平原，主要由山麓平原和阿姆河流域冲积平原构成。

这里的海拔从 1 220—1 830 米的北部山麓低山丘陵突然下降到平均海拔 370 米的平原，在 80 千米内甚至下降至 305 米，分布有黄土沉积物和盐碱化荒漠。在距离阿姆河不到 32 千米的安德奎附近分布有沙丘。在东部，靠近基斯特·塔帕、距离塔吉克斯坦边境约 3.2 千米的流动沙丘高达 9 米。阿姆河的河漫滩相对平坦，规模从 3.2—16 千米不等。沼泽、河流阶地高 3—6 米，常将河漫滩和沙漠分开。塔吉克斯坦的特梅兹以西，河流上点缀着许多沙洲或心滩。塔什库尔干北部和安德奎西南部有大片盐滩，冬季成为沼泽，夏季又成了干燥的硬壳区。

本地区地势平缓，水资源丰富，灌溉条件良好，是阿富汗的主要产粮地。行政区划方面，本地区包括塔哈尔省西北部、昆都士省、巴尔赫省北部、萨尔普勒省北部、法里亚布省北部、巴德吉斯省西北部，赫拉特省北部。

三、西北低地

阿富汗西北低地名为赫拉特—法拉低地，是伊朗高原呼罗珊地区的自然延伸，由北面的哈利河、南方的喀什路德河、东侧的中央山脉围合而成，主要包括赫拉特北部山地以南地区、法拉省全境、尼姆鲁兹省查什河以北地区。地势由东向西和西南倾斜，平均海拔约 1 000 米，相对平缓，由宽阔干旱的冲积平原、盐湖盆地（如普拉亚盆地）、低山丘陵和山脉组成。总体上山体浑圆、山谷宽阔平坦，水源充裕的地方耕作状况较好。

赫拉特附近的低山主要由上古生界的结晶岩和未分化的变质岩构成，在哈利河北部有中生代石灰岩和页岩。中生代石灰岩和页岩、第三纪砂岩、碎屑岩以及基性至中等火山侵入和挤压则在南部大量存在。沙漠盆地的砂质黏土覆盖着环绕山丘的松散砾石和鹅卵石。伊朗和阿富汗边界附近有许多盐滩和泥滩，比北部突厥斯坦平原的更为广阔。

四、西南平原

阿富汗西南平原主要是赫尔曼德河谷-锡斯坦盆地。平均海拔约 500—600

米，周围是多石沙漠。从中部山区发源的赫尔曼德河横贯地区中心地带，穿越希斯坦内流盆地，注入赫尔曼德湖。在西部的什特·卡什沙漠、达斯特·马戈地区地表多沙砾，干燥、荒凉、贫瘠，平均海拔700米。雷吉斯坦和达什特·阿尔布地区亦为多石沙漠，沙丘或固定或流动。另外还有一处沙漠地区，由雷吉斯坦沙漠、达什特·普格达尔沙漠和达什特·阿尔布沙漠组成。本地区地貌特征与西部多石沙漠地区相似，但有更多的固定或流动沙丘。这一地区的沙主要来自干涸的赫尔曼德河谷-锡斯坦盆地和西部多石沙漠地区。

总之，在地貌类型上，阿富汗东中部高地以侵蚀、剥蚀地貌为主，河谷与平原等低地则主要为堆积、冲积地貌类型，南部还有沙质风成地貌（图3-2）。图3-3为苏联编制的阿富汗的地貌分区方案。

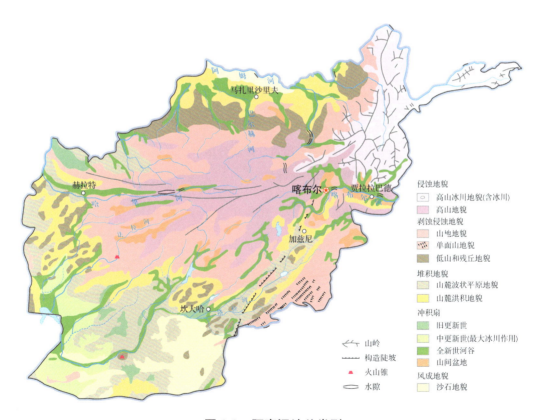

图 3-2　阿富汗地貌类型

资料来源：Uhl，V.W.，2006.

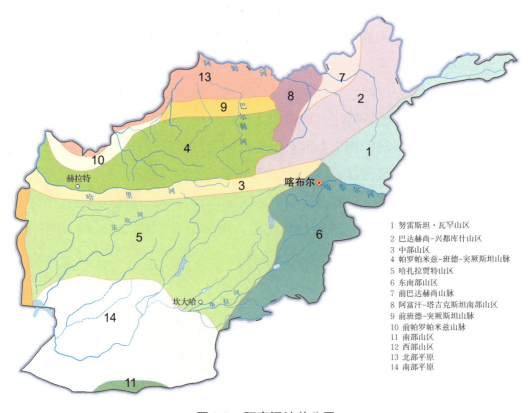

图 3-3   阿富汗地貌分区

资料来源：Dronov V. I., *et al.*, 1973.

1 努雷斯坦·瓦罕山区
2 巴达赫尚-兴都库什山区
3 中部山区
4 帕罗帕米兹-班德-突厥斯坦山脉
5 哈扎拉贾特山区
6 东南部山区
7 前巴达赫尚山脉
8 阿富汗-塔吉克斯坦南部山区
9 前班德-突厥斯坦山脉
10 前帕罗帕米兹山脉
11 南部山区
12 西部山区
13 北部平原
14 南部平原

第二节   水热结构

阿富汗远离海洋、海拔高，属于典型的大陆性干旱与半干旱气候。阿富汗四季分明，全年干燥少雨，夏季炎热、冬季寒冷，气温年、日较差都比较大。夏季日最高气温通常超过 38℃，特别是在西南地区。不过东部城市贾拉拉巴德最高气温达到过 49℃。阿富汗冬季的最低气温可达－25℃以下（Palka，2001），北部和东北部地区最低气温为－30℃以下。大部分地区年日照总时数超过 3 000 小时。大部分地区降水发生在冬季和早春，许多地区（如喀布尔）多云、多雾、多雪，降水期间常会导致山洪暴发。年平均降雨量只有 240 毫米。东部靠近贾拉拉巴德的部分区域受到南亚季风的影响，表现为亚热带季风气候。气温、降水量、风等是影响阿富汗气候的关键因素，此外，纬度位置、内陆区位以及地形也是该国气候的重要变量。

一、气温

阿富汗位于北纬 29°—38°，位于亚热带北侧。夏季太阳直射北半球，其日照量相对较高、日照时间较长，导致阿富汗全国气温普遍升高，日最高气温通常超过 38℃。西南部的锡斯坦盆地温度更高，贾拉拉巴德盆地、阿姆河流域和西南部大部分地区的平均温度在 32℃—35℃。受季风影响，贾拉拉巴德的最高气温可达 49℃。坎大哈、法拉、赫拉特和突厥斯坦平原的大部分地区平均温度在 29℃—32℃。长时间的日照造成土壤水分潜在高蒸散率。

冬季由于太阳直射南半球，导致阿富汗的日照相对较少，白天的日照时间较短，导致气温较低。在冬季，贾拉拉巴德盆地、西南和东南部大部分地区温度比全国平均温度高 6℃。突厥斯坦平原地区平均温度在 0℃—3℃。中部山区、冰雪覆盖的东北部地区以及瓦罕走廊—帕米尔山结地区温度可降到 −15℃ 以下，最低气温可到 −30℃。综合来看，受地形影响，阿富汗大部分地区的气温随海拔增高而降低。

由于深居亚洲大陆内部，阿富汗的气温年较差和日较差都很大。陆地表面的快速升温和降温使得大陆性成为其气候的控制因素。夏季或中午等地表升温期间，气温也迅速升高，而在日照减少的冬季或夜间，气温迅速下降。这种情况造成了从夏季到冬季全天的极端温度的气候。图 3-4 显示了两个台站超过 20℃ 的年较差。阿富汗年均昼夜温差范围在 8℃—25℃ 之间。南部沙漠地区的坎大哈白天气温高达 49℃，晚上比较凉爽，可达 16℃；北部荒漠地区白天温度为 10℃，晚上气温直降到 −23℃（表 3-1）。

地形对阿富汗的气温有很大影响。由于阿富汗大部分地区为兴都库什山区，温度随着海拔的增加而显著降低。一些山峰超过 5 000 米，当地气温在相对较短的水平距离内可能会浮动 10℃—20℃。这种气温变化使得广阔山地地区的气候类型难以准确划分。因此，在柯本气候分类中，有学者使用未划分的高地气候（H型）来描述这些地区的气候类型。

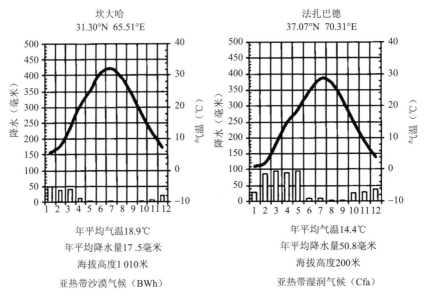

图 3-4　阿富汗坎大哈与法扎巴德的柯本气候

资料来源：OCDS，1995，引自 Palka，2001。

表 3-1　阿富汗主要城市月平均气温（℃）

	喀布尔		坎大哈		赫拉特		马扎里沙里夫	
	最高值	最低值	最高值	最低值	最高值	最低值	最高值	最低值
1 月	5	−7	12	0	9	−3	8	−2
2 月	6	−6	15	2	12	−1	11	0
3 月	13	1	22	7	18	4	16	5
4 月	19	6	28	12	24	9	24	11
5 月	24	9	34	16	30	13	31	17
6 月	30	12	39	20	35	18	37	23
7 月	32	14	40	23	37	21	39	26
8 月	32	14	38	20	35	19	37	24
9 月	29	9	34	14	31	13	32	17
10 月	22	4	28	9	25	7	25	9
11 月	15	−1	21	3	18	1	16	3
12 月	8	−5	15	1	12	−1	11	0

资料来源：缪敏等，2016。

二、降水

　　阿富汗大部分地区处于干旱地带，降水量较少，年平均降水量只有 240 毫米。其降水主要受地表气压变化和地形的影响。冬季受干冷的西伯利亚高压气流控制，盛行风向来自西北或北方。因此，冬季和早春的降水可能性最大，通常以雪的形式出现。

　　阿富汗大部分降水出现在每年 10 月到次年 5 月的冬、春两季。总体上，降水量分布随着海拔升高而增加。年均降水量方面，锡斯坦盆地降水量为 0—50 毫米，南部平原地区为 50—100 毫米，贾拉拉巴德盆地和突厥斯坦平原大部分地区降水量为 100—200 毫米，中部山区、贾拉拉巴德以南（受印度洋季风影响）、巴达赫尚北部降水则超过 400 毫米，部分山地地区超过 1 000 毫米。帕尔万省的萨朗区是阿富汗全国降水量最高的地区。由于山脉阻隔，来自印度和巴基斯坦的西南季风有时会在阿富汗东部造成雷暴天气（Palka，2001）。

　　地形阻隔对阿富汗全国降水有显著影响，潮湿的空气遇到山体会被迫抬升，绝热冷却。因此，山区迎风坡常见降水。在冬季，尤其是低压系统从西北方向

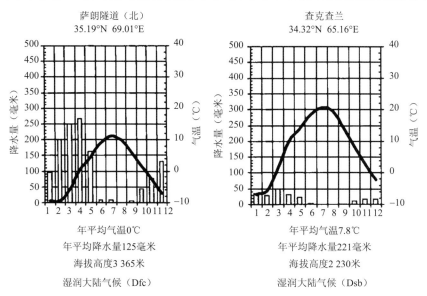

图 3-5　阿富汗萨朗隧道和查克查兰地区的柯本气候

资料来源：OCDS，1995；引自 Palka，2001。

穿过兴都库什山脉时，这种情况更为常见。例如，位于阿富汗最高峰萨朗隧道一带的平均年降水量约 1 300 毫米。相比之下，在山的背风坡，气流下降并以绝热方式增暖，产生"雨影"效应，空气更温暖、更干燥。阿富汗中部的查克查兰市位于帕罗帕米苏斯山脉背风坡，降水量不足 250 毫米（图 3-5）（Pelka，2001）。表 3-2 为阿富汗主要城市每月降水情况。

表 3-2　阿富汗主要城市每月降水情况（毫米）

	喀布尔	坎大哈	赫拉特	马扎里沙里夫
1 月	34	54	52	29
2 月	60	42	45	35
3 月	68	41	55	44
4 月	72	19	29	28
5 月	23	3	10	11
6 月	1	0	0	0
7 月	6	2	0	0
8 月	2	1	0	0
9 月	2	0	0	0
10 月	4	3	2	4
11 月	19	7	11	14
12 月	22	20	36	22
年均降水量	312	191	239	186

资料来源：缪敏等，2016。

三、热带气团和季节性强风

夏季，南亚季风带来的热带气团会对阿富汗东南部地区的气候变化产生影响，这些气团有时会进入阿富汗中部与南部，使得当地温度升高、雨水增多。北部平原和南部低地沙漠之间强烈的温度和气压差异造成的季节性强风也会影响阿富汗西部的气候。这股强北风常常从 6 月一直吹到 9 月，号称"120 日风"，并常伴有高温、干旱和强烈的沙尘暴。冬季阿富汗的气候主要受亚洲高压的北风和中纬度气旋的影响。

四、气候类型

根据柯本气候分类法，阿富汗的气候可以分为干旱气候（B）、地中海气候（Cs）、冷温带气候（D）和极地气候（E）。根据干燥程度和热量条件，阿富汗分布着四种类型的干旱气候，分别是低纬度热荒漠气候（BWh）、温带冷荒漠气候（BWk）、低纬度热草原气候（BSh）和中纬度冷草原气候（BSk）（图 3-6）。

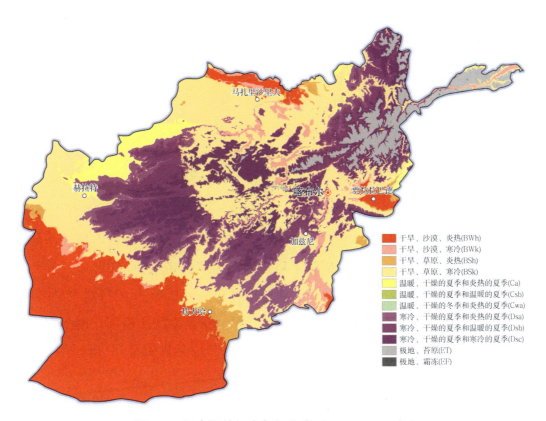

图 3-6 阿富汗的柯本气候分类（1980—2016 年）

资料来源：https://www.actualitix.com/wp-content/uploads/2017/03/carte-climat-afghanistan.jpg.

低纬度热荒漠气候主要分布在贾拉拉巴德盆地和西南部地区。温带冷荒漠气候主要分布在突厥斯坦平原的阿姆河流域和西南部的高山边缘地区。低纬度热草原气候主要分布在贾拉拉巴德盆地周围的高海拔区域。中纬度冷草原气候分布较广，从喀布尔到加兹尼，穿过赫拉特，向北折回马扎里沙里夫和昆都士，在中部山区附近形成了一个巨大的圆环，这种气候在瓦罕走廊地区也有分布。地中海气候主要分布在巴达赫尚、喀布尔以北以及赫拉特与马扎里沙里夫之间的高海拔区域，夏季干燥、冬季多雨湿润。冷温带气候主要分布在中部高山地区，以全年温度较低为其特征。极地气候主要分布在高山冻原和冰川地带。

根据气候的决定性因素，结合阿富汗现有的气象台站观测数据，可以更好地了解气候区分布及其影响因素。很明显，兴都库什山脉在决定局地气候方面发挥了主导作用。根据美国空军战时气象中心对查克查兰、萨朗隧道和法伊扎巴德气象站的资料分析，这些高原地区气候类型各不相同。查克查兰和萨朗隧道地区是潮湿的大陆性（D 型）气候；而法扎巴德则是湿润的亚热带（C 型）气候，因地形抬升而不断增加的降水和较低的气温致使这一地区的气候出现异常。受海拔高度、坡向和盛行风变化的影响，阿富汗中部高地的气候特征并无显著规律。极端气候条件是这里的常态。大雪等严峻的天气常使得大小道路在数周或数月内无法通行，高山垭口通常从 11 月到 3 月下旬保持关闭状态。雪线通常位于海拔 3 655 米以上。

马扎里沙里夫北部地区为亚热带沙漠（BWh）气候，年平均气温高于零度，降水量很少，早春时节出现峰值降水量，且变率很大。这些特征取决于西伯利亚高压的强度。该地区在某些情况下可被划分为亚热带草原（BSh）气候。东部的昆都士是降水较多的地区之一。但是经过 1999—2001 年的持续干旱之后，目前该地区的气候类型可能更偏向于沙漠气候。在该地区西南部，由于低压扰动频率的增加，天气更加湿润。阿富汗中心地带是亚热带草原（BSh）气候，但这里的降水量变化频率较大。

雷吉斯坦南部是阿富汗全国最大的沙漠地区。坎大哈、布拉德和法拉周围地区全年为副热带高压所主导，极为干旱。这些地区冬季尽管气温可能低于冰点，但是北部的山脉大大减弱了东北季风对这些地区带来的干冷影响；夏季炎热，7 月气温常常超过 45℃（Pelka，2001）。

喀布尔和贾拉拉巴德周围的东部草原地区在冬季往往更加潮湿。靠近帕卡斯坦边界的观测数据表明，贾拉拉巴德和霍斯特均属亚热带草原（BSh）气候。然而，随着海拔的增加产生了一个向西的气候梯度。喀布尔和加兹尼的海拔高度相当高，冬季月平均气温低于冰点，因此这些地区的气候类型可归为中纬度草原（BSk）。这些地区在冬季都受到迁移低压系统的影响，偶有阴雨天气。

自1999年1月以来，长期干旱困扰着阿富汗。如此异常的气候可能与冬春降水不足密切相关，而降水不足又与西伯利亚高压的强度有关。西伯利亚高压越强，西风低压系统就越可能被阻止在阿富汗之外。此外，2000年以来阿富汗异常之高的地表温度导致潜在蒸散量增加，加剧了干旱状况。由于长期干旱，大约600万人易受作物歉收和饥荒的影响[①]。

阿富汗气候的复杂性尚未得到充分认识。气象数据的缺乏和大部分地区位于高海拔山脉使得区域性气候描述较为困难。气候的控制因素如海拔高度、大陆性对气温的影响非常显著，而气压系统和地形障碍则对降水产生直接影响。这在总体上导致了阿富汗的极端气候——炎热的夏天和冷酷的冬天，干旱的沙漠和高山地区的冰封大雪，此外还有干旱等异常严重的情况存在。

第三节 河川径流与地下水

一、地表水

阿富汗大部分河流都发源于兴都库什山脉，河水主要来源于雨雪。有阿富汗民谚曰："不怕无黄金，唯恐无白雪"。春夏为阿富汗河流的丰水期，大量冰雪融水顺地势而下，穿过高海拔地区细长陡峭的山谷，水流湍急，裹挟大量淤泥，容易造成较大规模的洪灾。

阿富汗的河流可归为四大水系——阿姆河水系、赫尔曼德河—阿尔甘达布河水系、喀布尔河水系和哈里河水系（图3-7a，图3-8，表3-3）或五大流域（图3-7b）。其中只有喀布尔河水系有河流汇入印度河，最终注入大海。河流中只有作为国界河流的阿姆河和流入巴基斯坦的喀布尔河可以通航，是阿富汗得以运送货物的主要水路。其他如赫尔曼德河、穆尔加布河、哈里河、法拉河水流湍急，沿河多石滩。这些河流夏季冰川融化时河水泛滥，汛期河流经常改道，

———————————

① Sloane，P. 2001.

运输意义低微。

（1）阿姆河水系。阿姆河发源于帕米尔高原上的冰川，源头为瓦罕河，流入帕米尔河后变成喷赤河，科克恰河汇入喷赤河后才被称为阿姆河。阿姆河全长 2 400 千米，喷赤河与阿姆河自东向西构成了阿富汗与北方邻国的界河。阿姆河在阿富汗边境一侧有 1 100 千米，流域面积超过 9 万平方千米，向北流入土库曼斯坦，最后注入咸海。阿姆河上游汛期来临时，河水夹杂大量冰雪、碎石，水流湍急，到了法扎巴德以西 96 千米的科克恰河口后水流趋缓。因河流长、河水蒸发量大，加上沿途两岸大量灌溉，阿姆河中下游水量大为减少。阿姆河的支流主要有科克恰河和昆都士河。科克恰河长 320 千米，水流湍急，难以利用；昆都士河长 480 千米，水流较为平缓，是沿岸各个城市用水和农业灌溉的主要来源。

（2）哈里河水系。哈里河发源于兴都库什山脉中部山区的巴巴山，向西流经阿富汗约 650 千米，然后向北流去，构成阿富汗与伊朗的北部边界，最后消失在土库曼斯坦境内的卡拉库姆沙漠（里海附近）。哈里河全长约 850 千米，流经富饶

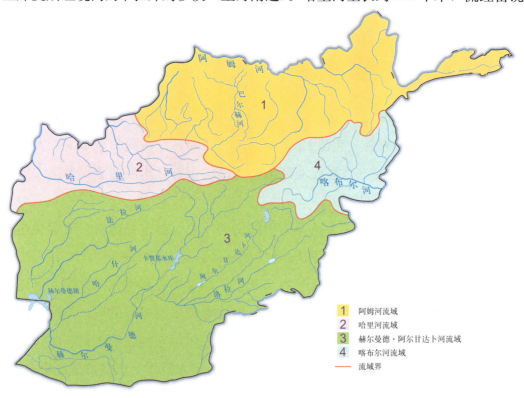

1	阿姆河流域
2	哈里河流域
3	赫尔曼德·阿尔甘达卜河流域
4	喀布尔河流域
——	流域界

图 3-7　阿富汗水系 a

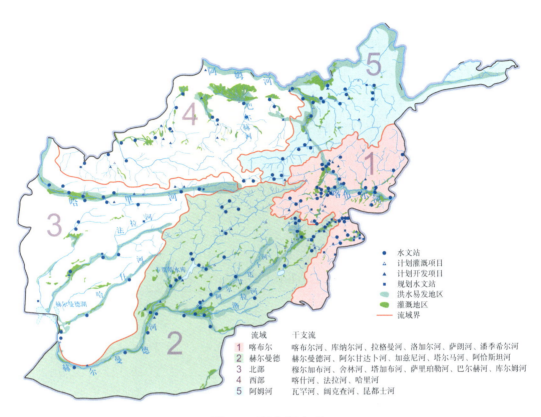

图 3-7 阿富汗水系 b

资料来源：a. Dupree，1973；b. Frommert，H. *Environment and Water Consulting*.

见：http://cons-int. net/eng/env. htm.

的赫拉特平原，流域总面积为 3.93 万平方千米。卡奥河是哈里河唯一支流。

（3）赫尔曼德河—阿尔甘达卜河水系。赫尔曼德河发源于兴都库什山南部山地，自东北向西南方向依次穿越兴都库什山脉、阿富汗西南地区后至伊朗边境，然后急转北上，注入锡斯坦盆地的哈蒙德—萨比里湖，全长约 1 300 千米，流域面积占阿富汗国土面积的 40%，是阿富汗境内流域最大、长度最长的河流。赫尔曼德河主要的支流有卡吉河、特林河和穆萨堡河。阿尔甘达卜河是赫尔曼德河—阿尔甘达卜河水系另外一条主要的河流，它全长 560 千米，流域面积约 300 平方千米，主要的支流是阿尔加斯坦河、杜里河和塔尔纳克河。

（4）喀布尔河水系。喀布尔河发源于阿富汗中部山地，自西向东依次穿过喀布尔山谷和贾拉拉巴德低地，在大约 350 千米处进入巴基斯坦境内，最后流入印度河。喀布尔河是阿富汗唯一一条与海洋相通的河流，其上游主要的支流是卢格尔河和潘季希尔河，下游主要支流是拉格曼河和库纳尔河。

阿富汗虽然地处半荒漠地区，全国平均降水量 240 毫米，但由于兴都库什等一系列高山被积雪覆盖，水资源仍然十分丰富。阿富汗低地和平原地区降水量少，部分高地如兴都库什山北坡海拔 1 000 米以上的地区降水量较为丰富。在季节上，整体夏季气温高、干燥少雨，大部分地区冬季温度低、降雪多。因此，阿富汗水资源时空分布不均，80％以上的水资源来自海拔 2 000 米以上的兴都库什山脉。这些山脉在冬季以雪的形式储存水，在夏季通过融雪成为主要河流的径流。

表 3-3　阿富汗四个主要流域的一般特征

流域	主要河流	集水区面/km²	水资源储/亿 m³
阿姆河	瓦罕，阔克查，昆都士，帕米尔/喷赤，玛格哈布，舍恩·塔嘎布，苏尔普，布尔克，卡尚，库什科，古尔兰	302 000	240
赫尔曼德河—阿尔甘达卜河	赫尔曼德，阿尔甘达卜，加兹尼，哈利罗德等	218 600	65
哈里河	克什，法罗德，安德丝汗，哈利多德等	85 300	25
喀布尔河	喀布尔，库纳尔，阿里辛，阿里尼噶，洛迦，旁赦，舒托尔，古尔邦德，拉戈曼，玛伊丹	7 200	220
合计			550

亦有研究根据水文和地貌系统将阿富汗境内水系归为阿姆河流域、北部流域、哈里路-莫尔加布流域、赫尔曼德流域和喀布尔-印度河流域等五大流域，集水面积共 64.2 万平方千米，约占阿富汗国土总面积的 90％。这五大流域的年均径流量共 840 亿立方米左右，但分布不均，其中阿姆河流域与喀布尔-印度河流域的径流量占全国径流量的 83％，但流域面积仅占全国国土的 26％。

2001 年的估计表明，阿富汗有 750 亿立方米的潜在水资源，其中地表水 550 亿立方米，地下水 200 亿立方米。阿富汗每年用于灌溉的水量约为 200 亿立方米，占所有用水的 99％。当前，阿富汗地下水开采总量约为 30 亿立方米，每年总用水量的大约 15％来自冲积层含水层（9％）和泉水（7％），近 85％来自河流和溪流，深井提取使用的地下水不到 0.5％。年人均可供水量约为 2 500 立方米，与该区域邻国相比处于较高水平。例如，伊朗人均每年 1 400 立方米，巴基斯坦人均每年 1 200 立方米。但是评估表明，阿富汗的水资源在很大程度上仍然没有得到充分利用（表 3-4）。

表 3-4　阿富汗地表水和地下水平衡估计（2001 年）　单位：亿 m³/年

水资源	潜力	目前利用	水平衡	未来利用	水平衡
地表水	57	17	40	30	27
地下水	18	3	15	5	13
合计	75	20	55	35	40

注：未来利用基于现有灌溉计划及其有效管理评估。

阿富汗许多河流有大量流量数据未被记入，特别是喀布尔和赫尔曼德河及其支流数据。由于数据可靠性有限，无法准确反映区域尺度地表水资源潜力。表 3-3 中大多数河流都是常年河，部分河流在夏末灌溉高峰时因灌溉引水而断流。从每年 3 月开始，融雪导致的径流量不断上升，在 6—7 月达到顶峰，12—1 月回落到最低水平。大多数灾难性洪水发生在 3—4 月的强降雨之后，尤其在积雪已经开始充分融化的时候。每年 6—7 月份，高山地区的积雪融化，河流径流量较大。

各条河流流域上游地表水全年水质优良，下游流域虽有较大灌溉面积，但水质依然良好。灌区盐渍土并不是水质差造成的，而是由于过度灌溉（水涝）或缺乏灌溉（休耕地和地下水位高）形成的。

二、地下水

阿富汗储有大量地下水（表 3-5，表 3-6）。根据联合国粮食及农业组织的估计，1996 年阿富汗地下水的年潜力约为 200 亿立方米，到 2000 年左右，仅使用了 30 亿立方米。随着灌溉和生活用水需求增加，2010 年用水增加至 80 亿立方米。

阿富汗 15％以上的灌溉土地从传统的地下系统卡列兹、夸那茨、泉水和浅水井（当地称为 Arhads）取水。卡列兹通过重力从含水层中开采地下水用于作物灌溉和家庭用水。表 3-6 列出了阿富汗十个用水灌溉面积百分比最高的省份。

表 3-5　阿富汗地表水潜力估计

序	流域	流域面积 （km²）	境外面积 （km²）	年平均径流量 （m³）
	阿姆河流域			
1	东北部流域			
	喷赤	27 800	塔吉克斯坦 29 000	36 420
	霍克查	21 100		5 700
	昆都士	37 100		6 000
小计		86 000	塔吉克斯坦 29 000	48 120
2	北部流域			
	莫赫嘎布	26 200		1 350
	卡尚，库什科，古尔兰	12 200		110
	萨玛甘（库尔姆）	8 300		60
	布克哈布	19 300		1 650
	萨尔普勒	10 800		40
	舍恩·塔嘎布	12 100		100
	阿姆河沙漠地区	27 100		30
小计		116 000		3 340
3	哈里河流域	39 000		1 600
	沙漠流域			
4	西南部流域			
	法拉	27 800		1 250
	哈鲁特（安德拉斯汗）	23 800		210
	古尔斯丹（巴克瓦沙漠地区）	9 100		40
	喀什	10 500		170
	卡伊	20 800		60
小计		92 000		1 730
5	赫尔曼德流域			
	加兹尼	19 200		350
	卡加卡伊大坝地段德赫尔曼德	42 200		6 000
	穆萨·恰拉	3 700		220
	阿尔甘达卜	53 000		820
	赫尔曼德低地	47 900		110
小计		166 000		7 500

续表

序	流域	流域面积 （km²）	境外面积 （km²）	年平均径流量 （最少 m³）
6	南部流域	70 000		70
	印度河流域			
7	东南部流域			
	戈马尔	10 700		350
	玛戈，沙马尔，库尔姆	8 300		400
小计		19 000		750
8	喀布尔河流域			
	潘季尔	11 000		3 130
	库纳尔	13 000	巴基斯坦 14 000	15 250
	喀布尔（不含潘季尔、库纳尔）	30 000		2 540
小计		5 400		20 920
	合计	642 000		84 000

表 3-6　阿富汗采用地下水灌溉面积占比最高的 10 个省

省	地下水灌溉面积（公顷）	占全省面积（％）
乌鲁兹甘	73 910	58.4
加兹尼	43 170	36.7
法拉	36 890	29.3
赫尔曼德	27 280	16.8
查布尔	24 870	39.8
坎大哈	21 870	18.5
喀布尔	18 270	32.5
果尔	16 940	23.3
南嘎哈	13 820	32.6
巴德吉斯	13 050	39.2

　　由于降水量减少，地下水补给有限，加上这些系统本身年久失修，其排水量和地下水灌溉系统的流量已经大为减少，有的已完全干涸。如今，60％—70％的卡列兹不再使用，85％的浅水井已经干涸，这些地区的人口也大大减少。

　　在阿富汗大多数城市地区，浅水井的水被用作饮用等生活用水。因水位在不同区域下降 0.5—3 米，一些贫困家庭无法将水井挖得更深，只能从公共水井取水，加之许多水井干涸，一些民众（通常是妇女和儿童）被迫步行数英里取水，以满足日常需求。

第四节　土壤与生物

一、土壤类型与分布

阿富汗中部和东北部山体由前奥陶纪千枚岩，古生代片岩、板岩、片麻岩、花岗岩、花岗闪长岩、闪长岩，以及白垩纪、侏罗纪和新生代石灰岩、砂质泥灰岩和页岩组成。地质柱状图显示，阿富汗为陆相地层，火山物质和火成岩喷出物散布于大部分山区。北部、南部和东部的低地主要由第四纪沉积物占据，包括冲积扇、洼地和沙丘，局部覆盖着黄土。这些是阿富汗土壤的初始物质。

可耕作土壤分布占阿富汗全国总面积的 40% 左右，主要是处在海拔 1 500—2 700 米的冲积平原的土壤和灰褐土。该国其余土地中，高山占 20%、干旱荒地占 40%。残积、崩积、冲积和风成物质组成的复合物形成了灰钙土、栗钙土和灰化土、棕色森林土、高山森林土和草甸土等山地土壤。低海拔丘陵地带（巴格兰、昆都士、马扎尔、迈玛纳、赫拉特和潘季希尔市附近）的灰钙土及其相关土壤是由冰川和冲积物形成的。冰川、冲积和风成（黄土）沉积物构成了河谷土壤的主要初始物质。沙漠土、盐碱土（钠土）由冲积层和沉积岩发育而成。图 3-8 为来自土壤地图欧洲数字档案馆的阿富汗土壤地图。

图 3-9 为阿富汗主要农业地区的八个代表性土壤剖面。这些土壤类型中有两种是冲积土，五种是沙漠土，一种是腐殖质潜育层（5 号剖面）。所有的土壤层面都发生了钙化。有 Ap 层是土壤被灌溉和耕作的典型表现。土层命名来自美国系统（8、10 号剖面）。棕钙土（1 号剖面）在黏淀干旱土中发育很弱。图中的八种土壤是：

（1）喀布尔粉壤土。一种沙漠土壤，具有明显的结构和结构 B 层。

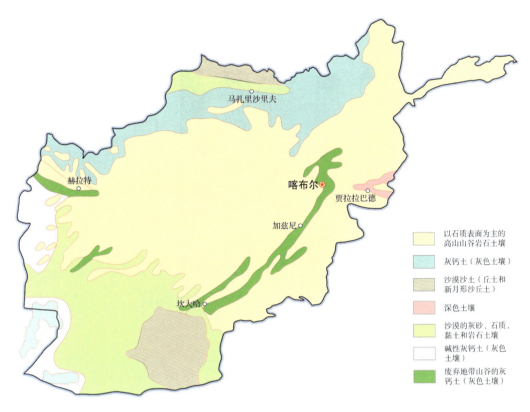

以石质表面为主的
高山山谷岩石土壤

灰钙土（灰色土壤）

沙漠沙土（丘土和
新月形沙丘土）

深色土壤

沙漠的灰砂、石质、
黏土和岩石土壤

碱性灰钙土（灰色
土壤）

废弃地带山谷的灰
钙土（灰色土壤）

图 3-8　阿富汗土壤地图

资料来源：https：//esdac.jrc.ec.europa.eu/content/soil-map-afghanistan-vol-no-i-2，绘制年份不详，作者将图例译成中文。

（2）纳迪阿里砂壤土。一种在苜蓿下的沙漠土壤（典型的半黏土），在一个巨大的泡状 Ap 下有一个砾石质地的 IIB 层。

（3）Bost 砂壤土。一种未经扰动的沙漠土壤（典型的半黏土），具有不连续的沙漠覆层（Ar）。

（4）冲积土。Darweshan 粉质黏土，有一层厚的板状泡状犁层（Apv）。

（5）阿尔金粉砂壤土（典型的半黏土）。约三分之一的未经扰动沙漠土壤，表面被松散细砂和草屑三角锥体沉积物覆盖（不连续分布，约 3 厘米厚）。

（6）Pozay-Aishan 粉质黏土。具有人工排水的腐殖质潜育层，是阿尔金粉砂壤土排水不良的伴生物，在缓坡冲积平原的渗流区发育。剖面位置位于巴格兰河干流河道上方约 30 米处，距离 2 千米。

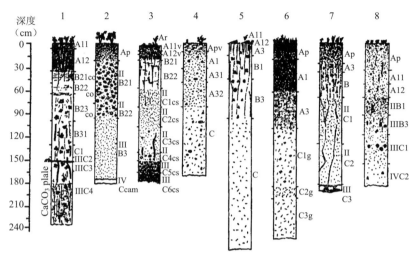

图 3-9　阿富汗主要农业地区代表性土壤剖面

资料来源：Salem，1969。

（7）Abdul Khail 淤泥壤土（典型的半黏土）。可能已经有几个世纪的耕种历史，整个风化层存在的砖块和陶器碎片证明了这一点。

（8）Shisham Bagh 砂壤土。是一种冲积土，质地以砂壤土为主，有壤土 IIB1 层和砂基质（IVC2）。

二、植被类型与分布

关于阿富汗动植物空间分布的研究很少。因此，阿富汗的生物地理特征往往只能根据一般自然植被的覆盖特征来推断和描述。在过去的一千年里，由于自然过程和人类活动，阿富汗同世界大部分地区一样，天然植被已经发生了很大变化。

根据地理位置和气候的水热组合特点，阿富汗可以划分为三个主要的植被区域：东中部高原植被区、南部高原和沙漠植被区、北部平原植被区。在阿富汗的土地利用，耕地占 12％，林地 3％，草地 46％，剩余 39％ 为其他类型。阿富汗三分之二的地区是山区、几无植被，六分之一的土地是沙漠，仅有六分之一土地是草地和农田。

（1）东中部高地植被区。这个地区的地貌主要由高山和深谷组成，气温随海拔不断升高而变化，属于高原气候。夏季温暖干燥、冬季寒冷，因而不利于植物生长。大部分地区为亚热带荒漠和中纬度草原植被，分布着广泛的草原植被和小型阔叶草本植物。河流旁或潮湿区域植被可能分布比较密集、连续。但总体上，这里的是高原荒漠草原区，植被稀疏。

阿富汗3%的林地集中在东中部高地的东部地区，这与夏季季风降雨带的西部边缘相吻合。阿富汗的森林树种（表3-7）包括松树、云杉、冷杉、铁杉、落叶松、杜松、桤木、桦树、柳树、橡树、杨树、梣、杜鹃、榛、杏和开心果（Bandyopadhyay，1992）。常见的灌木有玫瑰、金银花、山楂和醋栗。

阿富汗海拔较低森林发育发生在海拔1 600—2 200米区域，如雪松、杜松和橡树等，而较高的林线则高于海拔3 050米，如干旱环境中的开阔森林树种冷杉等。

表3-7　阿富汗主要森林类型、优势树种及其海拔高度

森林类型	优势树种	海拔高度（米）
温带森林		
（1）山地湿润森林	松树、栎树、槭树、桦树、桤木、冷杉、云杉、铁杉、红豆杉、杜鹃	1 800—3 600
（2）山地干旱森林	松树、栎树、桦树、云杉、铁杉、雪松、杜鹃、落叶松、杜松树、相思树、山楂树、柠条树、杨树、柳树、白蜡树	2 100—3 600
高山森林		
（1）亚高山森林	云杉、铁杉、桦木、杜松子、杜鹃花	2 200—3 600
（2）高山森林	铁杉、桦树、刺柏、小檗、锦鸡儿杜鹃、沙棘、沙柳	2 400—3 600

资料来源：Bandyopadhyay，1992.

（2）南部高原和沙漠植被区。南部高原和沙漠地区的平均海拔约为915米（Saba，2001）。这个处于亚热带的高原和沙漠地区夏季炎热、冬季温和。由于降水量少，本区域土壤水分不足、土地贫瘠，尤以旱成土最为典型。常见的植物有骆驼刺、紫云英、多刺紫荆、含羞草和艾草（一种鼠尾草），这些植物多为旱生或短命植物，其叶片坚韧、茎储水能力强、根系小而深，因而适应能力强，能够在土壤水分很少或没有水分的情况下生存。短命植物每年都以休眠根团或种子的形式存活。如蒿属植物、沙拐枣、梭梭、霸王等耐旱、耐盐植物。在早春雨季之后、土壤水分充足时，植物生长迅速，沙漠显现出绿草青青。接近地下水位的一些地方分布着梭梭、三芒草、海蓬子、撑柳和其他藜科植物。与沙漠地区相邻的山岭上分布着扁桃、阿月浑子和李子等乔木。

在南部最热的沙漠环境中，土地贫瘠、植物稀少，常见短命植物。在凉爽的高地沙漠景观中，有旱生植物，也有短命植物。这两种环境下植物分布非常稀疏，这与植株的直径有关。

（3）北部平原植被区。北部平原的植被主要为中纬度草地草原。这个面积为 10.36 万平方千米的区域拥有良好的气候条件和阿富汗最肥沃的土壤。通常情况下，这里的气温和降水对土壤水分保持平衡十分有利。土壤湿润、植物生长良好的地方一般都是软土，这是草原和草地特有的土壤，其他多属旱生土[①]。在中纬度草原，常见的植物是在潮湿软土上生长的短草和草本植物，如谷底、河岸的芦苇等。在比较干燥的旱生土上生长着丛生草和耐旱的灌木。在海拔稍高的地方还分布有一年生窄叶杂草、地下芽植物和灌木蒿。这里的乔木有杨树、柳树、剩柳等，在高海拔地区分布有阿月浑子等。

北部平原地区是阿富汗的主要农业生产区。但在 2001 年，这里只有大约一半的农业用地得到了利用。沙漠化、盐碱化和化学污染等造成相当数量的可耕地发生退化。持续的战争不仅破坏了主要的农业用地，本地农民也被迫放弃许多农田。在干旱地区进行农作物种植需要灌溉，而大多数阿富汗人因贫困无法负担现代灌溉费用。

有关研究表明，在公元前 2000 年之前，今天的阿富汗土地的一部分被以雪松为主的森林覆盖。如今，森林与山脉、河流、农田和牧场一起成为阿富汗生态系统和经济发展的重要支柱。目前阿富汗的用材林已严重枯竭，自 1980 年代中期以来，本地区的各个国家中，阿富汗的森林面积始终是最少的。由于电力缺乏、道路通达性较差，林木开发受阻。目前阿富汗大部分林地是在东南部和

----

① 旱生土（Aridisol），美国土壤分类学中的 12 个土壤目之一。旱生土是一种干燥的沙漠状土壤，有机质含量低，很少用来种植耐旱或耐盐的植物（位于极地或高海拔地区的土壤不在此列）。干燥的气候和低腐殖质含量限制了它们的应用，它们只覆盖了地球上约一半的干旱地区，占非极性大陆陆地面积的 18.5%。旱生土广泛分布于美国西南部和澳大利亚、墨西哥西北部、撒哈拉沙漠以及整个亚洲草原地区的南部。可参见网络版不列颠百科全书 Aridisol 词条：https://www.britannica.com/science/Aridisol。

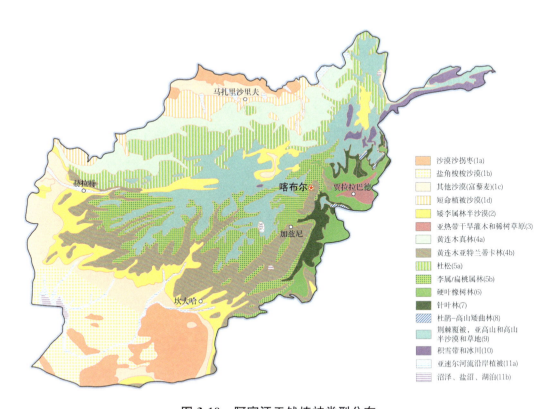

图 3-10　阿富汗天然植被类型分布

资料来源：德国阿富汗研究组（ARG）和阿富汗农业知识库及信息系统（AAKBIS）。

南部的山区。

阿富汗的天然林主要有两种类型。第一类是茂密的森林，主要由橡树、核桃和其他坚果树木组成，生长在苏莱曼山脉的东南部、北部和东北部的山坡上；第二类是短乔木和灌木，稀疏分布在兴都库什山坡上。

毁林开垦、木材砍伐、火灾、病虫害等造成森林覆盖率下降，而最严重是木材走私者的非法和彻底采伐。

阿富汗的天然林有常绿落叶林约 1 337 582 公顷，主要位于该国东部和东北部地区。北方也有一部分。东部拥有森林的省份包括努里斯坦、楠加哈尔、拉格曼。奥库纳尔省的主要林木为工业用材，供国内制造业和出口创汇使用。

阿富汗东部的喜马拉雅型常绿森林分布在海拔 1 200—2 200 米。橡树栎在高达 15 米的森林中占据主导地位，其下层植物丰富，包括杏树和开心果树。这些林木被大量用作饲料、水果以及燃料。

喀布尔东北部潘季希尔山谷有残存的林地，这是喜马拉雅森林带延伸的最西端。在查里卡尔附近科伊达曼平原的托普·达拉附近也有一些林地。以前也在拉塔班德山口（喀布尔以东约 25 千米）有残存林地。

在较高山区，这些夏季降雨量较高且非常潮湿的地方也有一些林地，例如海拔 2 400—2 900 米的芝麻果林地。河谷中的亚热带植物有核桃、土耳其槭和梨等树种。

阿富汗东部温带针叶林。中等湿润地区 2 200—2 500 米的林带为 5—12 米高的老鹳草松林，其局部有桦木。松树被砍伐后，多刺的栒子槐花灌木丛在这些地区生成。在海拔 2 500—3 100 米有雪松林，根据土壤和湿度不同，有的雪松可高达 30 米，形成非常茂密的森林。不过，雪松林大部分已经被开发，取而代之的是稳定的蒿属群落。砍伐现象也出现在努里斯坦的西部地区。

在潮湿地区，海拔 3 300 米的林带上部由 20—25 米高的云杉冷杉林组成，但每个山谷都有不同干旱地区有 10 米高的圆柏林。但在大部分地区，这些林木已被砍伐，成熟林木的立地相当罕见。

草本、地被植物，特别是沿着溪流分布的被大量用于畜牧。在拉塔班德山口的泥灰岩沉积物中曾发现有针叶化石和相当潮湿植被的化石叶片，这些可能来自第四纪早期，表明当时的季风气候已经到达了西部很远的地方。

东北部省份有帕克蒂亚、帕克蒂卡、霍斯特等。帕克蒂亚省的主要林木是栎树，樟子松，雪松。

阿富汗北部的主要森林从巴达赫尚开始，然后经过巴德吉斯，最后延伸到赫拉特省。巴德吉斯主要以黄连木为主。这是该地区最重要的可食用坚果。这里平均年降水量为 200—400 毫米，温度在 −12℃—40℃[①]。

三、野生动物及其分布

根据阿富汗国家生物多样性战略和行动计划（NBSAP）的描述，阿富汗拥

---

① Werner，E.，2014. *Identifying Forests Afghanistan*. A Power Point Document.

有700多种哺乳动物、鸟类、爬行动物、两栖动物、鱼类、蝴蝶和3 500—4 000种本地维管植物。这些动物种类包括熊、狼、狐狸、鬣狗、豺狼、猫鼬、野猪、马可波罗羊、乌里亚羊、野山羊、刺猬、野兔、鼩、蝙蝠和许多啮齿类动物。其他常见的动物包括盘羊、紫羔羊、野驴、雪貂、虎、獾、白鼬、红鹿、沙鼠、囊地鼠、大颊鼠、獐、跳鼠、猞猁、鼹鼠、猫鼬、豺狼、狞猫、箭猪、臭猫、鼩鼱青、松鼠、黄鼠等。在这些不同的动物物种中，有一些濒临灭绝，如波斯豹、雪豹、甲状腺肿瞪羚、马克山羊和双峰鹿。濒危鸟类包括鹧鸪、雉鸡、鹌鹑、秃鹫、鸭子、鹈鹕、鹤、火烈鸟和鹰（Arianae，2001）[1]。广泛的捕猎致使鸟类数量减少。

在帕米尔高原地区有马可波罗羊和西伯利亚虎的踪迹。野生山羊、雪豹、雪鸡、野兔和棕熊是中部高山地区重要的动物群落。努里斯坦和哈扎拉贾特山区也有雪豹。北部突厥斯坦平原有许多草原动物群落，如鬣狗、狐狸和欧黄鼠。南部和西南部的沙漠地区生活着瞪羚、野猪等动物群落。南部地区还有猫鼬、猎豹等动物群落。努里斯坦和帕克蒂亚茂密的森林地带可看到大量的恒河猴。

第五节 土地利用与土地覆盖

一、土地利用

阿富汗仅有12％的国土面积是可耕地，包括耕地、雨浇地、灌溉地和临时休耕地，森林覆盖率为3％，永久性草地覆盖率为46％，村庄、山川覆盖率为39％（表3-8）。表3-9为阿富汗单位土地面积的作物种植面积。

---

① Arianae，2001. *Afghanistan's Climate，Plants and Animal life.*

表 3-8　阿富汗可利用土地面积（2017—2019 年）　　　单位：千公顷

序号	土地利用	2017 年	2018 年	2019 年
	总面积（1+2+3）	65 223	65 223	65 223
1	农业区	9 610	9 610	9 610
1.1	森林和林地	1 781	1 800	1 800
1.2	休耕地	4 746	5 494	4 450
1.3	耕种雨养区	812	368	1 077
1.4	灌溉作物区	2 271	1 949	2 283
1.4.1	永久作物	211	216	222
2	永久草场	30 000	30 000	30 000
3	所有其他土地	25 613	25 613	25 613

资料来源：NSIA，2019。

表 3-9 阿富汗单位土地面积的作物种植面积　　　单位：公顷

序号	指标	2017 年	2018 年	2019 年
1	谷物总计	2 468 476	1 970 291	2 909 025
1.1	小麦	2 104 377	163 500	2 534 000
1.2	水稻	109 452	117 539	127 530
1.3	大麦	68 179	84 147	84 070
1.4	玉米	134 225	72 349	94 910
1.5	小米	0	0	1 401
1.6	豆类	52 243	61 166	67 114
2	蔬菜	78 255	81 453	116 970
2.1	土豆	32 116	32 400	57 066
2.2	洋葱	17 721	10 551	18 343
2.3	其他蔬菜	28 418	38 502	41 561
3	甜菜	201	196	616
4	甘蔗	1 145	1 766	1 653
5	油籽	73 880	83 817	161 447
6	水果	347 654	295 732	307 434
6.1	杏仁	19 793	20 053	29 203
6.2	核桃	4 580	4 814	5 025
6.3	杏子	18 067	18 510	17 719
6.4	其他水果	305 214	252 355	255 487

资料来源：NSIA，2019。

　　从经济活动与土地利用的关系看，阿富汗大部分土地用于混合式的旱作农业和放牧业；其次为稀疏的植被土地，主要分布在西南部的干旱低地和中东部山脉高海拔地区；再次为集中在北部平原和散在一些河谷地区的灌溉垦殖的土地；最后是东部边缘地区的森林，面积较小（图 3-11）。

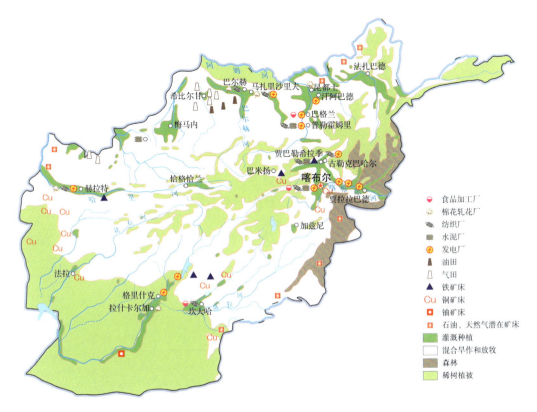

图 3-11　阿富汗经济活动与土地利用

资料来源：McAuslan, P., 2007.

二、土地覆盖

　　根据联合国粮农组织 2012 年报告（UNFAO，2012），在阿富汗的土地覆盖类型中，建成区面积共计 30.69 万公顷（0.48%），果园 20 万公顷（0.31%），农业土地 733.47 万公顷（11.39%，其中灌溉农业土地 3.87%、边缘农业土地 1.72%、旱地 5.80%），天然针叶林地 97.50 万公顷（1.51%），牧草地

3024.40 万公顷（46.97％），裸地 2218.33 万公顷（34.45％），沼泽地、水体 184.59 万公顷（2.86％），积雪覆盖 49.72 万公顷（0.77％）　（表 3-10，图 3-12）。表 3-11 为各省土地覆盖情况。

表 3-10　阿富汗土地覆盖（2012 年）

土地覆盖注释	公顷	％
建成区	306 855	0.48
1A：城市	280 678	0.44
1B：非城市	26 377	0.04
果树［2A］	117 642	0.18
葡萄园［2B］	82 450	0.13
灌溉农田	2 490 480	3.87
3A：集约种植［2 种作物/年］	349 618	0.54
3A1：集约种植［1—2 种作物/年］	1 887 106	2.93
3C：定期灌溉系统农业	253 756	0.39
边缘农业土地		
3B：灌溉不良的非定期灌溉暗渠	1 109 730	1.72
旱地	3 734 494	5.8
4A：平坦地区	906 273	1.41
4B：斜坡区	2 828 22 1	4.39
天然针叶林	975 041	1.51
6A：封闭的针叶树	83 277	0.13
6B：开放式针叶树	83277	1.38
6B1：关闭以打开未分化的树	234 399	0.36
6C：高灌木	571 605	0.89
牧草地［7］	30 243 985	46.97
裸地	22 183 289	34.45
8A：裸露土壤/裸露岩石	17 404 540	27.03
8B：沙覆盖区域	2 008 008	3.12
8C：沙丘	2 770 741	4.3
沼泽地	410 796	0.64
9A：永久沼泽	98 552	0.15
9B：季节性淹没植被	312 244	0.48

续表

土地覆盖注释		公顷	%
水体		408 835	0.63
	10A：永久性湖泊	96 426	0.15
	9B：季节性湖泊	312 409	0.49
河流［11］		897 906	1.39
河岸［12］		897 906	1.39
积雪覆盖地区［13］		497 236	0.77

注：小于 0.3% 的土地覆盖类型未显示。
资料来源：UNFAO，2012.

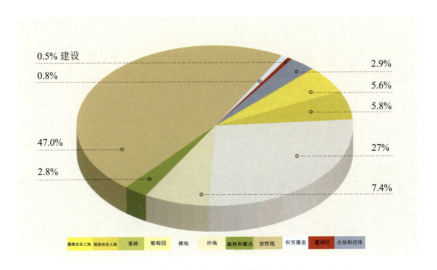

图 3-12　阿富汗各类土地覆盖比重（2012 年）

资料来源：UNFAO，2012.

在 2001—2021 年的 20 年间，阿富汗战争、内乱频频，是一个脆弱的国家。阿富汗人口流离失所，国内土地利用冲突较大，国家政治和经济变化多端，自然资源治理薄弱，气候条件多变（特别是干旱）等造成了复杂和不稳定的土地所有权和管理状况。阿富汗的土地权利高度不安全，纠纷也很普遍。这种不稳定严重制约了农业生产力，自然资源可持续管理以及市场经济的复苏前景。它还使得数百万阿富汗家庭，特别是妇女和儿童更容易遭受到贫困和剥削的困扰。

表3-11 阿富汗各省土地覆盖

省份	耕地	旱地	果树	葡萄园	裸地	沙层	森林及灌木	牧场	积雪覆盖	建筑	水体与沼泽地	总土地
巴达赫尚	55 957	310 786	8 741	0	840 425	79	30 384	2 687 860	324 823	4 961	81 993	4 346 008
巴德吉斯	42 470	356 567	907	73	16 535	0	157 052	1 468 428	0	5 909	10 983	2 070 924
巴基安	97 164	177 866	3 945	0	135 419	1 328	64 375	1 202 761	66 034	10 550	20 887	1 780 331
巴尔克	266 006	271 690	4 222	585	74 062	480 806	6 820	484 356	0	22 838	65 536	1 676 921
巴米扬	59 343	15 984	1 949	0	137 354	0	323	1 544 152	17 265	2 208	10 635	1 789 211
达伊昆蒂	49 026	10 007	6 291	5	168 825	0	16 402	1 316 777	49	1 762	8 685	1 577 856
法拉	241 479	52	420	1 032	3 532 202	7	9 489	876 531	0	8 699	289 165	4 959 077
法里亚布	112 683	439 651	1 327	7 124	22 541	300 442	6 634	1 148 068	0	13 411	19 968	2 071 848
加兹尼	267 357	50 714	8 146	10 173	171 571	0	10 380	1 548 219	0	16 506	83 722	2 166 787
古尔	66 349	98 514	1 280	0	193 797	0	6 204	3 307 506	2 356	4 550	32 593	3 713 149
赫尔曼德	342 172	555	1 957	949	3 436 966	954 091	3 534	1 003 204	0	25 828	231 595	6 000 851
赫拉特	259 975	559 141	1 717	7 561	2 390 020	2 903	53 595	2 028 430	0	24 808	165 637	5 493 787
朱兹詹	186 258	139 448	339	557	12 904	508 624	1 009	217 708	0	9 179	35 970	1 111 996
喀布尔	66 748	4 340	4 000	10 600	47 998	0	9 244	288 908	0	26 350	7 340	465 528
坎大哈	312 465	82 892	8 599	19 840	1 402 853	1 839 000	32 258	1 566 255	0	21 237	131 091	5 416 490
卡坡萨	22 594	1 323	4 208	930	6 949	0	15143	131 640	130	2 735	2 500	188 152
霍斯滕	54 519	374	203	2	11 453	0	130 088	224 536	0	8 114	9 145	428 434
库纳尔	29 013	57	308	4	12 775	0	316 258	116 808	0	2 231	7 371	484 824
昆都士	151 136	94 096	1 521	213	65 344	223 210	3 006	191 670	0	11 384	48 775	790 355

省份	耕地	旱地	果树	葡萄园	裸地	沙层	森林及灌木	牧场	积雪覆盖	建筑	水体与沼泽地	总土地
拉戈曼	21 876	32	700	4	68 803	0	97 619	183 915	2	2 444	8 156	383 550
洛迦	46 540	12 153	861	1 053	82 870	0	16 646	270 151	0	5 717	3 509	439 500
楠格哈尔	106 079	13	4 286	281	244 879	0	70 594	271 049	0	13 576	28 962	739 720
尼姆鲁兹	95 037	2	13	385	3 157 980	466 487	784	9 792	0	4 339	369 069	4 103 889
努里斯坦	8 931	405	424	1	55 423	0	231 907	579 163	16 854	169	5 394	898 671
帕克蒂卡	149 147	9 645	2 022	732	223 281	1 672	305 640	1 173 886	0	8 643	32 032	1 906 700
帕克蒂亚	70 119	4 651	732	285	18 927	0	107 220	316 615	0	4 666	4 271	527 486
潘季希希尔	9 302	795	1 450	0	8 634	0	3 110	319 797	25 474	465	3 959	372 987
帕尔万	38 226	8 165	7 121	6 373	63 146	0	991	412	12 235	6 075	4 176	558 971
萨玛甘	27 190	284 410	1 459	561	78 593	0	11 906	877 603	0	4 505	5 032	1 291 259
萨里·普尔	44 245	322 067	2 037	7 398	45 658	0	5 432	1 085 825	0	6 809	7 297	1 526 768
塔克哈尔	85 655	418 657	3 815	105	79 416	0	26 953	531	23 506	12 319	53 780	1 231 949
乌鲁兹甘	51 127	1 647	10 560	23	158 827	0	15 727	826 184	0	4 175	17 931	1 086 200
瓦尔达克	67 110	24 402	8 727	72	70 788	0	931	868 185	8 508	4 906	4 357	1 057 985
查布尔	99 913	21 392	13 358	5 529	367 294	99	23 385	1 165 336	0	4 790	33 922	1 735 018

资料来源：UNFAO，2012.

第六节　矿产资源

一、蕴藏与分布

在阿富汗境内，地壳运动产生了若干狭长和平行的断层线，这些断层线不仅在空间结构上对这个国家产生了分隔，也决定了阿富汗的矿产资源分布。这种资源分布最终影响了阿富汗的人口、经济的地理分布，以及随之而来的阿富汗对外关系格局。

表 3-12 简要概括了阿富汗的地质情况，它显示出地质矿产状况对阿富汗的空间经济的深刻影响。但是，由于阿富汗缺乏地质调查，其矿产资源的分布难以得到系统地阐述。表 3-13 为阿富汗主要矿产资源的基本情况。

表 3-12　阿富汗地质背景

代	纪	沉积相	区位
新生代	第四纪 更新世 中新世 白垩纪	风积、冲积和湖泊沉积；新近系沉积岩、Sil、砂岩、砾岩、砾石和岩屑沉积岩	楠加哈尔，昆都士，塔罗尧·卡纳巴德，马扎里沙里夫西南部，马伊马纳西北部，加兹尼东南部，阿布伊斯塔德，哈利河和喀什河盆地，伊斯兰堡，津达洋，法拉，察汗苏尔，达什特·玛格，嘎尔姆瑟，巴尔克，安德阔伊，赫拉特，喀布尔
中生代	白垩纪 侏罗纪 三叠纪	石灰岩、页岩、砾岩、砂岩和火山沉积物	西南部，中部，西北部，阔伊巴巴北部，达什特·阿尔伯南部，帕克蒂亚东部，喀布尔东部
前寒武纪	古生代 前寒武纪	变质岩、云母、片岩；砂岩、石灰岩、植岩和煤	斯宾哈特，南葛拉哈尔南部，康德什，阔纳尔，巴达赫尚，中央高原，帕罗帕米索，斯亚阔，兴都库什，瓦罕，喀布尔西部，卡皮斯，拉格曼，旁吉舍，戈尔班德

资料来源：Gopalakrishnan，1980.

阿富汗矿产资源相当丰富，但基本未被开发，因此阿富汗被称为"躺在金矿上的穷人"。根据阿富汗政府的估测，阿富汗的矿产资源价值超过 3 万亿美元（美国军方估测大约价值 1 万亿美元）。已探明 1 400 多处矿藏，包括铁、铬铁、

表 3-13　阿富汗主要矿产资源一览表

	矿种	位置（省份）	矿床类型	已知矿床	未探明矿床的评估
金属	铝	查布尔，巴格兰	黏土型	453.5 万吨金属量，矿石含三水铝 50.5%、二氧化硅 12%	有待勘探
	铜	喀布尔，卢格尔，坎大哈，查布尔，赫拉特	沉积型	1 234.06 万吨	1 688 万吨金属量
			火成岩有关类型	6.85 万吨	2 846.92 万吨金属量，其中钼金属量 72.401 万吨、金 682 吨及银 9 067 吨
	铁	巴格兰，巴达赫尚，坎大哈等	沉积型	品位＞62%的富铁矿石的铁储量 22.612 亿吨	有待勘探
			与火成岩有关类型	铁 1.78 亿吨，品位 47%—68%	
	铅、锌	坎大哈，赫兰特，帕克提亚，古尔	与火成岩有关类型	9 万吨	有待勘探
			沉积型	15.39 万吨	有待勘探
	钨、锡	赫拉特，法拉赫，乌鲁鲁兹甘	脉状锡矿，矽卡岩及云英岩型	无早期评估	有待勘探
	汞	法拉赫，古尔等	热源型	主要含金，银	3.223 4 万吨
			砂金	0.918 吨	有待勘探
	金	巴达哈尚，查布尔等	石英脉型	约 1.78 吨	有待勘探
工业矿石	重晶石	帕尔万等	层状、豚状	15 150 万吨	有待勘探
	黏土	卡布尔	黏土型	220 万立方米	有待勘探
	高岭土	巴格兰	残留型	10 万—15 万吨	有待勘探
		巴格兰	沉积型	38.5 万吨	有待勘探

资料来源：杨晓刚，2014。

铜、铅、锌、镍、锂、铍、金、银、白金、钯、滑石、大理石、重晶石、宝石和半宝石、盐、煤、铀、石油和天然气等，包括哈吉加克铁矿、埃纳克铜矿、巴米扬煤矿、赫拉特锂矿、阿姆达利亚油气田、阿富汗-塔吉克盆地油气田等。据估计，阿富汗煤炭储量大约超过 4 亿吨，铁矿储量约为 100 亿吨，铜金钼矿

3 000万吨、铜 2 000 万吨、大理石 300 亿立方、天然气 1.18 万亿—19.15 万亿
立方米，石油 3.91 亿—35.6 亿桶，凝析油气 1.26 亿—13.3 亿桶。这些储量还
有待进一步勘探确认[①]。

国际地质学界普遍认为，阿富汗位于印度板块和欧亚板块的交汇处，可能
导致阿富汗一带区域更易成矿。美国地质调查局和阿富汗地质调查局资源评估
小组共同确认部分矿床和 20 个优势成矿区域。主要有铜、铁、煤、黄金、石
油、天然气、铬、锂、盐、云母和绿宝石等（图 3-14）。图 3-13 为主要矿物价
值估测。

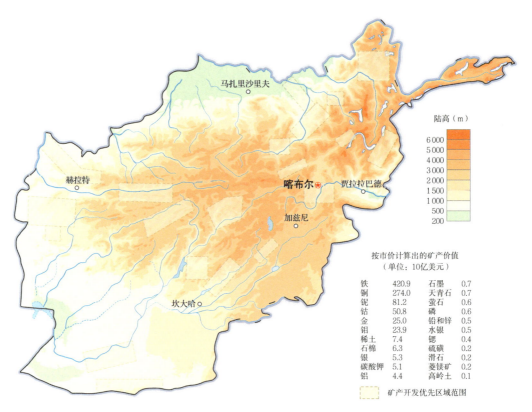

图 3-13   阿富汗重要矿产及价值

资料来源：Times，2010.6.14. USGS，Afghanistan Geologic Survey，Department of Defense.

引自：杨恕等，2012。

---

①　http://cs.mfa.gov.cn/zggmcg/ljmdd/yz_645708/afh_645710/gqjj_645718/200708/t20070827_9284710. shtml.

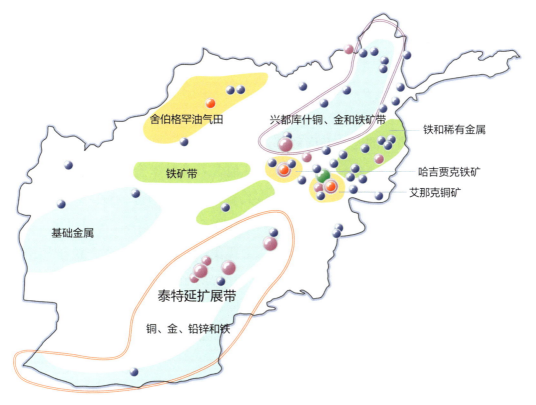

图 3-14 阿富汗前景矿带

注：图中蓝点为主要城镇，紫色、红色点为主要矿点。

（1）铜矿。阿富汗的铜矿储量排名在世界各国前列。根据美国地质调查局的估算，阿富汗铜矿资源约为 6 000 万吨，约占全球的 4%。位于阿富汗中部的喀布尔铜矿区面积超过 800 平方千米，堪称世界巨型矿区。矿区由三个大型铜矿床（艾纳克、达尔班德以及贾弗哈尔）和 94 个类似的原生型铜矿（化）点构成，是现已探明的世界级巨型铜矿矿集区之一。苏联曾勘探该铜矿品位在 0.6% 以上的矿石储量估计在 10 亿吨以上。目前最具开发开采价值的是位于喀布尔以南 30 千米的铜矿，其已探明矿石总储量约 7 亿吨，平均含铜量 1.6%，约 1/3 储量品位高达 2.37%，铜金属总量估计达 1 133 万吨。

（2）铁矿。阿富汗铁矿资源量有 20 多亿吨，主要为沉积岩型和火成岩型伴生矿。其中发育在阿富汗中部地区的哈吉贾克铁矿是超大型铁矿，有近 20 亿吨金属资源量，铁的品位在 63%—69% 之间。但矿区大部分区域位于 4 000 米的高海拔地区，交通不便、开发困难。一些矽卡岩或与火成岩相关的矿产分布在巴达赫尚、法拉赫、坎大哈省，其中最大的是福尔摩拉矿床，有 3 500 万吨金属资源量，矿石品位 47%—68%，伴有硫、磷、镍和锰等。所有与火成岩相关的矿床目前已知共有 1.78 亿吨铁金属储量，矿石品位都在 40%—68%，其他矿产资源也具备勘探潜力。

（3）金矿。阿富汗的巴达赫尚和邻近省份发现了一些石英脉型金矿和矽卡岩型金矿，分布在西查布尔和加兹尼省的其他含石英脉型金矿和矽卡岩型金矿可能与白垩纪斑岩型铜矿床有关，该矿床共有 1.780 吨的黄金量。砂金矿床分布在塔哈尔市北部和加兹尼市，共有 0.918 吨的黄金储量。

（4）锂矿。阿富汗拥有丰富的锂矿，主要集中在楠格哈尔省。位于楠格哈尔省帕斯古舍塔的锂、铌、锡矿以及乌鲁兹甘省塔咖家弗洛尔的锂锡矿均有上亿吨储量。贾玛纳卡锂矿储量近 3 000 万吨。其中中南部加兹尼锂矿的储量与当前世界最大的锂矿产地玻利维亚的储量相当。如此大的锂矿资源将对世界锂电池制造业产生巨大影响。

（5）铅锌矿。阿富汗铅锌矿床主要分布在阿富汗中部，存于沉积岩和中酸性侵入岩中发育的一些碳酸盐岩熔矿的矿床和脉状矿床，如古尔省的纳尔班顿和帕克蒂亚省的斯比拉地区，矿床沿主要构造发育。经评估，这些矿床含有 15.39 万吨的铅锌金属，但它们的规模及其成因需要进一步研究。这些铅、锌、钡，甚至铜、银等多金属矿床的重要性取决于当地矿业活动的潜力。整个区域中常见的，与侵入岩有关的矽卡岩铅锌矿床，曾被认为是斑岩型铜矿床，最大的是坎大哈省的达拉依-努尔和卡莱阿赛德矿床，铅锌金属总储量共约 30 万吨。阿富汗多金属矿床勘探研究状况差异较大。其中，经过深入研究的有纳尔班顿、达拉依-努尔、斯比尔等矿床。达拉依-努尔矿床的铅与锌总储量预计 30 万吨。在阿富汗境内，还发现有数十处多金属矿点。

（6）钨锡矿。阿富汗钨和锡矿资源非常丰富。阿富汗西部一些分布有电气石的地区是赋存锡矿床的重要矿点。不过，这些矿床的储量和矿床成因类型还需要进一步研究。在不同省份均发现钨的矿化现象，三氧化钨的品位在 0.1%—4.14%。另外，已发现地球化学异常和钨矿物重砂异常区有 10 多处。

（7）汞矿。汞矿床沿阿富汗西南地区长 400 千米，宽 30 千米的范围内发育，该区域有许多成矿沿地质特征相似的热源型汞矿发育。在这个地区已知矿床中含有已探明的汞金属储量约 3.2 万吨，储量之大足以支持当地的汞工业。在阿富汗中西部和东部也分布有汞异常区。当然，所有含汞区域也可能发育银、金等矿床。

（8）铝土矿。阿富汗的铝土矿主要发育在查布尔省的奥巴托-谢拉地区和巴格兰省纳拉戈地区的岩溶和红土层中，总储量有 450 万吨。铝土矿矿石含 50.5% 的三水铝石和 12% 的二氧化硅。巴格兰省的红土型铝矿总规模最大，但相比规模较小的矿床含硅较高，矿质较差，生产电解铝耗费电力成本太高。因此，短期内不宜开采。

（9）石油与天然气。阿富汗境内共有 5 个盆地，分别是阿姆河盆地、阿富汗—塔吉克盆地、提尔普洛盆地、赫尔曼德盆地和卡塔尔兹盆地。阿姆河盆地和阿富汗—塔吉克盆地有油气生产。自 1958 年起，在苏联的援助下，当地政府在阿富汗北部开展了油气勘探，根据重磁资料和地面地质调查，圈定了 64 个目标构造，并对其中的 50 个进行了钻探。其中有 14 个目标发现了油气田，包括 7 个气田和 7 个油田。在 7 个已发现的油田中，5 个油田位于阿姆河盆地项目的区块中。其中的安戈油田是 1959 年发现并投产的。在希比尔干附近白垩系砂岩的 3 个气田含硫较低，当年年产 30 亿立方米天然气，并由管道输往苏联。在希比尔甘附近建有气体处理厂和外输站点，目前还在生产，年产气约 1 亿立方米。尤希比尔干气体处理厂的产品经管线输送至马扎里沙里夫附近的化肥厂。其余 4 个油气储层位于侏罗系，因含硫化氢较高而未投产。

（10）稀土元素。根据美国地质调查局的资料，在阿富汗南部的赫尔曼德省汗奈欣死火山下发现了稀土矿，储量约 100 万吨，矿区面积约 0.74 平方千米，总价值可能高达 830 亿美元。汗奈欣稀土矿蕴藏丰富的镧、铈和钕等轻稀土元素，足以匹敌美国加利福尼亚的帕斯山或中国内蒙古的白云鄂博等世界级稀土矿区中的轻稀土储量，可能会成为世界上最大的稀土矿藏。稀土元素和铀分布在阿富汗南部坎纳欣的碳酸岩火山地区，与世界其他地方的岩浆岩成矿系统具有类似特征，包括数量众多的重晶石、萤石、霞石、稀土元素铌、钽、铀。坎纳欣火山远景地质储量的平均期望值为 140 万吨稀土和 350 万吨铌，以及含磷、铀和钍元素的矿床。

除上述矿床外，阿富汗的铅、锌、锡、镍和其他稀有金属如钨、铷、铋、铌、铯也具有一定规模。非金属矿产如硫、重晶石、大理石、绿宝石、青金石等储量也比较丰富。

图 3-13，图 3-14，图 3-15 反映了阿富汗重要矿产及价值及其主要前景矿带、矿产资源走廊最基本的地理格局。

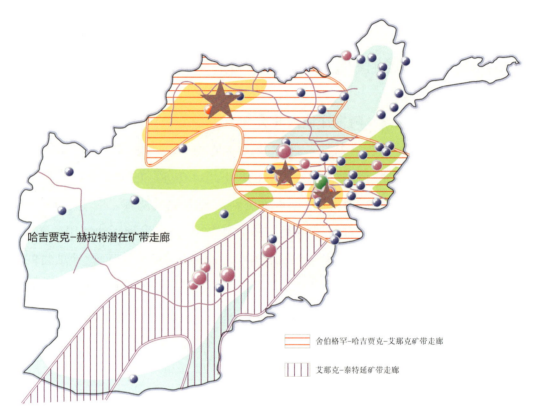

图 3-15　阿富汗矿产资源走廊

注：图中蓝点为主要城镇，紫色、红色点为主要矿点。

二、战略性矿产

第四次工业革命使得战略性矿产资源的地位凸显，各个世界大国围绕矿产资源控制的争夺日趋激烈。"三稀金属"——稀有、稀土和稀散金属，以及铬、镍、钴和铂族元素等金属对新材料、新能源和信息技术等新兴产业都是十分关键的资源，是现代工业、国防和尖端科技领域不可缺少的重要支撑，对国民经济、国家安全和科技发展具有十分重要的战略意义。根据中国与哈萨克斯坦、吉尔吉斯斯坦、塔吉克斯坦、乌兹别克斯坦、巴基斯坦等国地学双边合作研究成果，地矿专家初步梳理了中亚及邻区战略性关键矿产成矿规律和找矿潜力研究中的关键科学问题（李文渊等，2019）。

阿富汗位于全球三大巨型成矿域之一的特提斯成矿域，不过目前尚缺乏系统的研究和总结。特提斯构造带是欧亚大陆南部一条全球性纬向展布的构造带，位于东欧、哈萨克、塔里木、华北、扬子、印度支那地块和印度、阿拉伯、非洲板块之间，由若干个小陆块如安纳托利德斯、外高加索、阿尔伯兹、伊朗中部、鲁特、阿富汗、帕米尔、南羌塘、北羌塘、拉萨、保山、中缅马苏、西缅甸等，及陆块中间的造山带组成（张洪瑞等，2010）。铬铁矿是特斯提构造域中的重要优势矿种之一，产出了若干超大型铬铁矿，包括伊朗的法尔亚矿床、巴基斯坦的穆斯林巴赫、贝拉矿床。喀布尔地块铁、铜、铬银成矿带分布在特提斯成矿地域主要成矿带——特提斯南部边缘成矿省。这个成矿省还包括米特拉姆红其拉甫地块带、加尼兹迈丹地块成矿带、瓦济里斯坦-科西斯坦拉达克铜、金、铬成矿带等。

三、勘探与开发

阿富汗最早的地质矿产勘探工作始于1839—1878年英国入侵阿富汗期间，由英国人开展。该勘探工作旨在收集阿富汗的资源、地形等军事情报，与沙俄帝国进行战略博弈。但是这种工作十分有限，仅仅根据地表出露的岩石、地层、构造做了简单的地质填图，不过也成为后来进行矿产勘探开发的参考和基础。第二次世界大战后，美国人做过一些勘探工作，基本结论是阿富汗没有值得关注的矿产资源。

20世纪50年代阿富汗政府开始与德国、法国、意大利、苏联等国合作勘探，最主要的合作者是苏联。苏联地质学家在这一时期对阿富汗进行了广泛的地质勘探，收集各种矿物岩石标本，发现了几十处矿床。其发现的黑色金属、有色金属和宝石被称为阿富汗的"三只大象"，引起国际关注。20世纪70年代初，苏联在阿富汗北部发现了五个中等储量天然气田。为此苏联投入巨资，建立了多个脱硫、加压工厂，铺设通向乌兹别克斯坦、塔吉克斯坦等地的管道，年输出约 26 亿立方米天然气。阿富汗当时最大的气田是位于朱兹詹省希比尔甘市东 15 千米的沃扎古杰尔达克气田，储量达到 67 亿立方米。

阿富汗丰富的矿产资源引起周边国家巴基斯坦、伊朗关注，同时美国、法国、德国、日本等也来到阿富汗开展勘探工作。1978 年阿富汗局势恶化，地质调查工作受到严重干扰乃至停止。1979 年苏联入侵阿富汗以后，正在起步的阿富汗矿业全面停止，但是十年战争期间，苏联获取了大量矿产资源分布与储量资料。例如，1985 年苏联和其东欧盟国在喀布尔市区东部建立了设施齐备的阿富汗地质探测指挥部，对阿富汗进行了系统的地质填图，完成了岩石和沉积物收集与分析、航空物探、系统的勘察矿产勘查。

20 世纪 90 年代中后期，阿富汗当局计划修建土库曼斯坦—阿富汗—巴基斯坦的油气管线，并试图与西方国家合作勘探国内北部石油天然气、开采艾纳克铜矿等，后因美国驻东非国家使馆被炸、本·拉登来到阿富汗、"9·11"事件等一系列动荡因素化为泡影。但在同时，阿富汗一些地区的宝石一直以最原始的手工方式进行开采，成为地方实力派与塔利班的重要经济来源。采出的宝石主要通过巴基斯坦输往世界各地。

2004 年，阿富汗政府在美国援助下开展了阿富汗地质勘探项目。但是，糟糕的安全环境迫使这些工作主要在飞机上开展航空物探。经过实地勘探和多方资料的论证，2006 年估测哈吉贾克铁矿的储量远远高于之前的预期，并确定在阿富汗南部和东南部地区有石油和天然气存储，不过这一切都只是基于遥感探测的数据推测。

2007 年，美国地质调查局对阿富汗矿产资源的初步评估认为，整个阿富汗南部地区可能蕴藏着约 15 万吨稀土资源。2011 年美国地质调查局发布报告，称在位于阿富汗南部赫尔曼德省的罕乃欣死火山下发现了储量巨大的稀土矿，矿区面积约 0.74 平方千米，储量 100 万吨，总价值可能高达 83 亿美元。同时，阿富汗罕乃欣稀土矿蕴藏丰富的镧、铈和钕等轻稀土元素，可与美国加利福尼亚的帕斯山或中国内蒙古的白云鄂博等世界级稀土矿区中的轻稀土的储量匹敌（杨恕等，2012）。

第七节　自然灾害

阿富汗崎岖的山地地形和普遍干旱的气候使其容易遭受多种自然灾害侵袭。兴都库什山脉构造和影响下的地形和水热结构使阿富汗极易发生强烈且反复的自然灾害，包括地震、洪水、山洪、滑坡、雪崩和干旱。1980—2015 年，世界自然灾害造成的死亡人数中阿富汗排名第二，在低收入国家中仅次于海地。阿富汗每 100 万居民中就有 1 150 人死于自然灾害，其中一半的死亡分别来自地球物理及天气的相关事件。

气候变化也会对阿富汗的自然资源构成威胁。阿富汗人面临着气候变化及其灾害的严重影响，这也必然影响到阿富汗的发展前景，最为严重的就是洪水和干旱对农业生产产生的负面影响。

低社会经济发展水平使得阿富汗面对灾害时显得极端脆弱，以致生命、生计、公共和私人财产损失频繁。几十年的战争和冲突破坏了该国的灾害应对机制和保护能力，增加了风险事件转变成大规模人道和经济灾害的可能性。灾害本身也对这种脆弱性和冲突产生了影响，虽然自然灾害和灾难本身并不一定会导致冲突，但自然灾害可能会加剧人们已经面临的生存和生计挑战，造成新的风险，对已经被削弱的治理体系进一步造成压力。

掌控风险信息是有效管理灾害和气候风险的关键。整合风险信息、制定发展规划、完善公共政策、持续相应投资，确保新建和现有重建项目，对自然灾害和气候变化的恢复以及生命的保障和生计的维护至关重要。

洪水、地震、雪崩、山体滑坡和干旱等自然灾害正在加剧阿富汗的脆弱性和贫困。阿富汗贫困家庭遭受自然灾害冲击频率数倍高于富裕家庭。

1980 年以来，阿富汗自然灾害造成的影响波及了 900 多万人，导致 2 万多人死亡。洪水是阿富汗历史上最常见的自然灾害，平均每年造成 5 400 万美元财产损失，特大洪水事件可能造成超过 5 亿美元的损失。自 1950 年以来，阿富汗有近 12 000 人死于地震。地震造成的年平均损失估计为 8 000 万美元。自 2000 年以来，四次重大干旱灾害（2000 年、2006 年、2008 年和 2011 年）严重影响了阿富汗。有300万阿富汗人面临极高的滑坡风险，200万人面临雪崩风险。由于气候变化，洪水和干旱的未来风险可能还会增加。干旱频率的增加可能会降低水力发电能力。极端干旱可能造成约30亿美元的农业损失，并导致全国各地的严重粮食短缺。据估计，约有10 000千米的道路（占所有道路的15％）面临雪崩风险，包括萨朗山口等关键交通路线（Ranghieri et al.，2017）。

一、洪水

洪水是阿富汗最常见的自然灾害。由于水源地山高坡陡，暴雨和快速融雪使得洪水易发、频发（图3-16）。阿富汗大多数河流发源于山区，由融雪和冰川补给。植被缺乏、山体剥蚀也是促使洪水发生的重要原因。城镇地区的洪水通

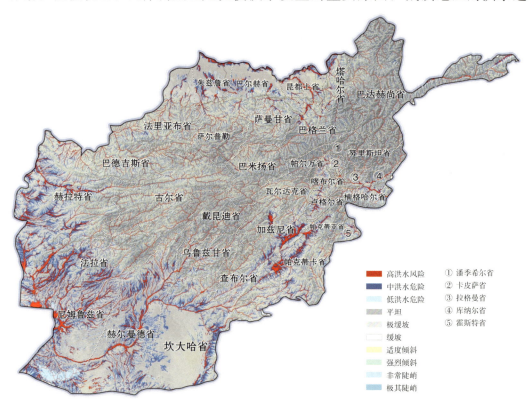

图3-16 阿富汗洪水易发地区（2012年）

资料来源：CPA，2012.

常是由当地的强降雨和排水不畅引起的。

　　每年春季积雪融化、降水量增大，是阿富汗最有可能发生洪水的时节。例如，2007 年 3 月的洪水灾害使得全国大部分地区陷入瘫痪。当年发生的大规模洪水摧毁了相当数量的通讯线路、电网、公路网、桥梁，并污染了农村取水井的饮用水，对国民经济产生了严重影响。由于阿富汗的经济主要靠农业和畜牧业维持，因此洪水灾害在很大程度上会阻碍经济发展。即使是一场小的洪水，也可能夺走整个村庄的收入来源，使农民生计陷入不确定。气候变化更加剧了阿富汗的洪水严重性。

　　在阿富汗，海拉坦（北部）和赫尔曼德盆地（西部）的洪水危害程度较高。喀布尔省受影响最大，平均每年超过 2 000 人受到洪水灾害影响，损失集中于商业活动（40%）和居住设施（33%）。根据国际灾害数据库，自 1954 年以来，阿富汗每年的洪水造成约 2 000 人死亡，79 800 人无家可归。

二、地震

　　阿富汗地处地震活动频繁地区，每年都会发生中等强度地震（图 3-17），造成大量财产破坏和人员伤亡。阿富汗北部和东北部地震更为频繁，特别是与乌兹别克斯坦、塔吉克斯坦、巴基斯坦接壤的边境地区，地震危险性极高。阿富汗崎岖多山，村庄、城镇和城市顺势分布，每当发生地震、滑坡、泥石流、雪崩或洪水时，总会伴随有大量人员伤亡和财产破坏。根据 2002 年估测，自 20 世纪 80 年代初以来，阿富汗的自然灾害已导致约 19 000 人死亡和 750 万人流离失所。在阿富汗东北部地区，1995—2015 年的地震已造成约 8 000 人死亡。自 2000 年以来，阿富汗大约发生了 9 次大地震，造成约 1 223 人死亡。其中喀布尔省发生的一次大地震造成约 8 500 人死亡和超过 5 亿美元的损失。在阿富汗所有地区中，喀布尔的地震平均估计损失最高。由于资产和人口集中在该省，平均每年因地震导致的估计损失约为 1 700 万美元。

　　在阿富汗的自然灾害中，地震造成的死亡人数最多。自 1900 年以来，有近 270 万人死于地震。每年地震造成的平均损失估计为 8 000 万美元。如果在学期间发生地震，有 500 万学生将暴露在不安全的学校建筑中。在 1995—2015 年地震就造成近 9 000 人死亡，超过 25 万人受到影响。2015 年 10 月，兴都库什山脉地区发生地震，造成 115 人死亡，58 000 多人受伤，35 000 多人无家可归。2002 年 3 月，兴都库什山脉地区发生地震，造成至少 1 200 人死亡，10 多万人受灾（Ranghieri *et al.*，2017）。

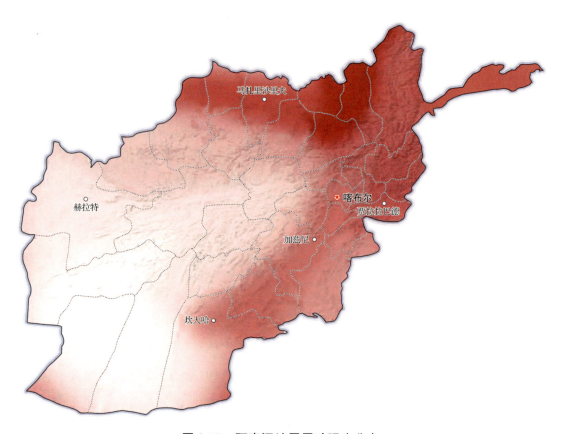

图 3-17　阿富汗地震震动强度分布

资料来源：Ranghieri *et al.*，2017.

三、干旱

阿富汗经常遭受时间长度不同和严重程度不等的干旱。由于 85% 以上的人口以农业为生，干旱对当地民众生活、收入和减贫工作构成严重威胁，严重和长期干旱也会对粮食安全造成严重后果。阿富汗的干旱风险在赫尔曼德盆地最高，在东北部最低。气候变化导致阿富汗大部分次级河流流域降水减少，干旱风险增加。实际上，全球气候变暖已经严重影响了阿富汗，其后果之一就是在过去的 20 年里（截至 2021 年）阿富汗经历了最严重的干旱灾害，其中南部、西部和东北部地区尤其严重。旱灾导致旱地小麦颗粒无收、畜产品价格暴跌、水资源和饮用水严重短缺（图 3-18）。严重缺水使得 1 900 万人——将近半数的全国人口面临食品不安全和贫困的风险，处于需要紧急救助的状态。平均而言，干旱每年对阿富汗农业造成 2.8 亿美元的经济损失，极端事件的损失可能超过 30 亿美元。

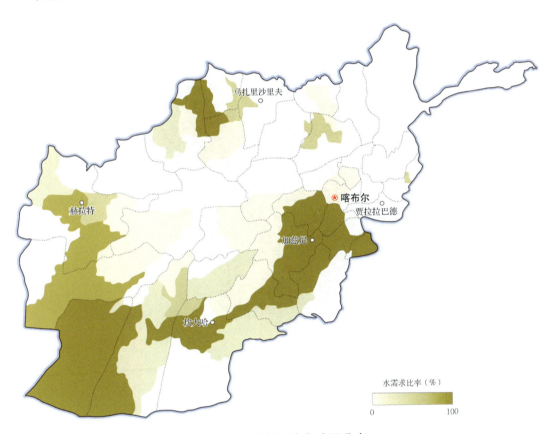

水需求比率（%）

0　　　100

图 3-18　阿富汗缺水地区分布

资料来源：Ranghieri *et al.*，2017.

　　阿富汗的干旱是一种频繁、毁灭性的灾害现象，气候变化使其更加惯常化，旱灾变得更为严重。例如，2021 年的干旱比 2018 年的更为严重、波及面更广。根据阿富汗干旱风险管理策略预测，到 2030 年，阿富汗全国多数地区的旱灾很可能成为常态，年年发生。预计到 2050 年，卡加基水库将面临每 10 年一次的水电生产为零，而纳格鲁水库将为每 20 年一次（Ranghieri *et al.*，2017）。

四、滑坡

阿富汗山区是滑坡易发地区，分布于东北部到西部地区，占该国 60% 以上的国土面积（图 3-19）。由于多山地形和不稳定的土壤性质，阿富汗的山体滑坡相当普遍，并且强降雨和地震更会加剧滑坡发生。

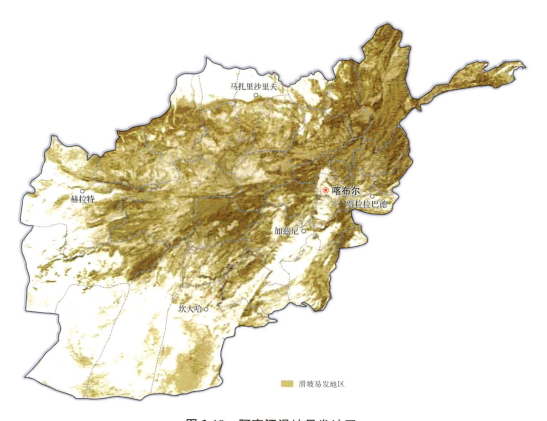

滑坡易发地区

图 3-19　阿富汗滑坡易发地区

资料来源：Ranghieri F *et al.*，2017.

巴达赫尚、戴昆迪和古尔省遭受山体滑坡影响的人数最多。巴达赫尚、塔哈尔和古尔省遭受滑坡灾害损失的财产价值最高。森林砍伐、土地利用变化和暴雨增加会加剧滑坡对定居点和基础设施的危害。山体护网或排水管之类的山体滑坡缓解措施在阿富汗很少。

阿富汗有超过 300 万人受到山体滑坡的影响。超过 60 亿美元的资产面临滑坡风险，其中包括 400 多所学校和 300 多个医疗中心。巴达赫尚有价值超过 8 亿美元的资产和 280 000 人面临山体滑坡影响。2014 年，在阿富汗东北部的巴拉克（Ab Barak）村上方，一个被大雨浸透的山坡塌陷造成至少 350 人，甚至可能超过 2 000 人死亡。如果按照现有人口的增长，到 2050 年受山体滑坡影响的人数可能翻倍（Ranghieri *et al*.，2017）。

五、雪崩

在兴都库什山脉地区，雪崩影响着民众生活、聚落和基础设施安全。雪崩灾害在很大程度上是受地形和海拔高度的驱动。阿富汗的山区雪崩风险从东北地区向西部地区大面积蔓延（图 3-20）。雪崩发生后，当地群众一般难以获得救助。巴达赫尚、喀布尔和戴昆迪省遭受雪崩影响的人数和 GDP 损失通常是最多的。

通常情况下，阿富汗每年有 200 万人面临雪崩灾害风险，超过 10 000 千米的道路和 40 亿美元的资产面临雪崩风险。仅在巴达赫尚就有 9.9 亿美元的资产面临雪崩的影响。2015 年，一系列雪崩和山洪共造成 300 多人死亡，大多数灾害集中发生在潘季希尔河谷。2000—2015 年，超过 153 000 人受到雪崩的影响。如今，萨朗山口已经安装了雪崩预警系统，但其他地方尚无此类设备。各地基础设施和居民点对雪崩所采取的保护措施仍然缺失（Ranghieri *et al*.，2017）。

六、防灾与减灾

几十年的国际战争和国内冲突，以及环境退化，加剧了阿富汗面对自然灾害的脆弱性。阿富汗在用水、卫生、保健、安全和自然资源管理等领域存在重大缺陷。此外，高度贫困、缺乏生计和创收机会、长期存在的健康问题以及薄弱的基础设施等加重了阿富汗人民遭受自然灾害的应对负担。

虽然不可能完全避免灾害的发生，但借助信息技术通过对可能发生的灾害及其影响加以正确认识，开发适当的灾害预警、灾害预防以及灾害管理系统，

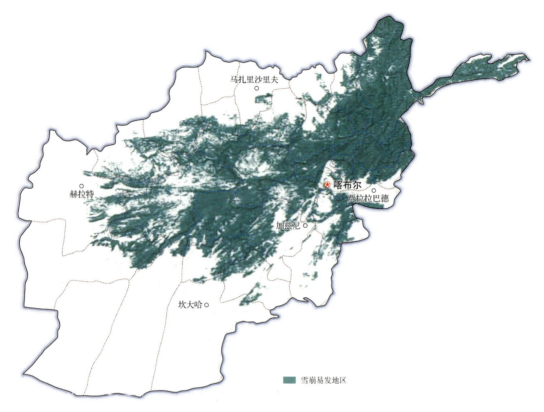

图 3-20　阿富汗雪崩灾害易发地区

资料来源：Ranghieri *et al.*，2017.

可以最大程度地减少灾害带来的损失。

　　阿富汗的防灾减灾法律是在三十年前制定的，但仍具有现实意义。联合国阿富汗援助团、亚洲开发银行、阿富汗政府和其他伙伴联合制定了阿富汗的国家灾害管理计划，以强化当地灾害风险管理。

　　阿富汗负责灾害风险管理的政府机构是阿富汗防灾减灾局（DDP）和阿富汗农村复兴与发展部（MRRD）。DDP 从 MRRD 各省办事处收集有关洪水、地震、滑坡、雪崩、沙流、风暴、虫害、流行病、极端温度等信息并记录在其数据库中。红十字会也在他们的办公系统收集相关信息，并与政府分享。

　　2003 年，根据地方当局收集的历史事件，阿富汗在全国范围内进行了一次灾害调查（表 3-14，表 3-15）。

表 3-14　阿富汗重大自然灾害

按死亡人数排序			按总受灾人数排序			按经济损失（美元）排序		
灾害类型	发生时间	死亡人数	灾害类型	发生时间	总受灾人数	灾害类型	时间	经济损失
地震	1998.5	4 700	干旱	2001.5	3 800 000	地震	1998.5	1 650 000
流行病	2002.4	2 500	干旱	2000.4	2 580 000	洪涝	1988.6	260 000
地震	1998.2	2 323	干旱	1973	600 000	洪涝	1991.2	60 000
地震	1954.6	2 000	洪涝	1978.7	271 684	洪涝	1978.7	52 000
地震	2002.3	1 000	洪涝	1972.1	250 000	干旱	1971	30 000
洪涝	1991.5	728	干旱	1972	235 000	地震	1956.6	25 000
流行病	2000.1	507	流行病	2002.1	200 000	地震	1984.2	5 000
地震	1982.12	500	洪涝	1988.6	161 455	洪涝	1992.9	4 000
洪涝	1992.9	450	干旱	1971	120 000	地震	1983.12	3 000
洪涝	1991.2	415	地震	1998.5	116 936	地震	1982.12	1 000

资料来源：https://iisee.kenken.go.jp/net/seismic_design_code/afghanistan/afghanistan.pdf.

表 3-15　阿富汗自然灾害统计（1954—2005 年）

	事件数量	死亡人数	受伤人数	无家可归人数	受影响人数	总受灾人数
干旱	7	0	0	0	7 383 000	7 383 000
平均		0	0	0	1 054 714	1 054 714
地震	26	11 302	10 554	95 855	514 125	620 534
平均		435	406	3 687	19 774	23 867
流行病	19	3 828	0	0	253 217	253 217
平均		202	0	0	13 327	13 327
极端气温	4	551	0	0	200 200	200 200
平均		138	0	0	50 050	50 050
洪涝	43	3 368	483	37 875	966 199	1 004 557
平均		78	11	881	22 470	23 362
虫害	1	0	0	0	0	0
平均		0	0	0	0	0
滑坡	7	799	64	110	400	574
平均		114	9	16	57	82

续表

	事件数量	死亡人数	受伤人数	无家可归人数	受影响人数	总受灾人数
野火	1	0	0	0	0	0
平均		0	0	0	0	0
风暴	2	270	0	0	22 656	22 656
平均		135	0	0	11 328	11 328

资料来源：https://iisee. kenken. go. jp/net/seismic _ design _ code/afghanistan/afghanistan. pdf.

连年的战争严重冲击了阿富汗防灾减灾政策。近年来在联合国及其他国际组织的支持下，阿富汗政府正在积极制定灾害政策，一些省份设立了减灾机构。但因缺乏足够的资金预算，政府难以实施减灾政策。例如，交通运输系统对减灾十分重要，但阿富汗的交通条件极差，长期以来饱受灾害困扰。巴达赫尚省、努里斯坦省等地区甚至缺乏基本的道路系统。那里的村民需要步行超过 20 个小时才能有汽车可乘。当这些地区大雪封山时，甚至一年中有四个多月无法通行。

第八节　生态环境

几十年的政治混乱和冲突造成如今阿富汗正处于严重的环境危机状态，尽管 2001 年以后有所改进，环境监管也有进步。2005 年，阿富汗国家环境署（NEPA）成立，2007 年阿富汗第一部环境法律生效。

阿富汗面临的诸多环境问题，包括土壤退化、空气污染和水污染、惊人的森林砍伐、过度放牧、土地荒漠化以及较脆弱城市地区人口膨胀。同时，阿富汗的天然淡水资源非常有限、分布不均、管理不善。阿富汗于 2009 年建立了第一个国家公园——班德·阿米尔国家公园、2014 年又设立了瓦罕国家公园，同时还建立一些自然保护区，以保护特定区域的自然、生态、环境和文化景观。

一、生态与环境

（1）淡水资源有限、水污染与土壤退化严重。阿富汗山区是一个天然的蓄水区域和水源地。事实上，阿富汗80%以上的水资源来自兴都库什山脉。冬天积雪、春天融化，伴随冰川的夏季消融，阿姆河等重要河流的水流也随之增加。仅阿姆河流域就拥有阿富汗55%以上的水资源。但是，干旱和气候变暖致使阿富汗冰川面积缩小，帕米尔和兴都库什的主要冰川如今已经大大缩小，有的冰川已经完全消失。

2001年的严重干旱进一步减少了赫尔曼德河对锡斯坦湿地的补给。卫星图像显示，2003年，锡斯坦湿地99%的面积已经干涸，这一结果造成锡斯坦盆地的大部分自然植被死亡、土壤侵蚀加剧、沙漠化加剧，已经威胁到道路、农田和定居点，同时水禽栖息受到严重影响。20世纪70年代中期在锡斯坦湿地发现的近150种不同的水禽，现在已经几乎绝迹。

在阿富汗全国范围内，大多数家庭无法获得安全的饮用水。不安全的卫生设施导致的水污染成为阿富汗的主要卫生问题之一。许多水源受到有害细菌（如大肠杆菌）污染，从而导致儿童和老年人患病或者死亡。当地工业和生活液体废物处置不当，常见家庭和街道垃圾随意丢弃并最终流入河流，致使水体污染。此外，一些水体含有化学品含量无法达到卫生标准。即使在首都喀布尔，一些地区的水质也很差。不过，阿富汗第一部水法的诞生，有望解决污染和水质标准问题。通过政府的进一步规制，可以逐步确保其居民的饮用水安全。

阿富汗冰川的退缩和消失、干旱挑战，以及易受战争破坏的灌溉系统（灌溉最多的省份是巴尔赫、昆都士和朱兹詹，灌溉最少的省份是拉洛曼、库纳尔和巴米扬）管理不善、浪费、污染，同时80%以上的阿富汗人从事农业和畜牧业（两者使用了近99%的水资源），这一系列因素致使该国极易出现水资源短缺。

由于气候变化导致的气温升高，促使冰川融化，河川径流的补给减少进一步导致地下水位下降。同时，气温升高使地表蒸发量和蒸散量增加，加剧影响水循环。进而，没有或缺乏水供应又导致粮食安全问题。如此，在只有12%可耕地的阿富汗，气候变化影响下的洪水、缺水等对表层土壤产生了巨大影响，使得土壤不断退化。

（2）森林砍伐、过度放牧与荒漠化。古代阿富汗的大部分地区被森林覆盖。然而，如今当地森林砍伐速度惊人，目前阿富汗只有约2%的地区被森林覆盖。

环境专家建议 15％的地区应植树造林，以防止地表侵蚀，保持良好的空气质量。目前，阿富汗最大的林区位于库纳尔省、楠格哈尔省和努里斯坦省。但是，如果目前水土流失情况不立刻扭转，阿富汗所有的森林将在未来 30 年内消失。随之而来的是众多野生动物物种消失、生物多样性进一步遭到破坏，洪水、雪崩也会造成更多的人员死亡和财产损失，国家经济受损。

　　阿富汗森林遭到剧烈砍伐的原因有多方面：第一，当地走私/非法采伐活动猖獗。政府虽然对此进行严厉打击，但是国家贫弱、财政捉襟见肘、政府管控不力。第二，战争破坏。自苏联 1979 年入侵以来，阿富汗一直处于战争状态，时间长达 30 年。战争造成了巨大的破坏，导致无数次的森林大火无法控制，无数林木被焚毁。塔利班也曾经以他们的"焦土"战术而闻名。第三，林木普遍作为当地薪柴使用。阿富汗的大小发电厂和输电线在多年的战争中大多被摧毁，民众的烹饪、取暖所需能源除了砍伐树木，几乎没有其他选择。第四，政府缺乏或没有建立激励机制开展植树造林、大量被毁被林地转而用于农业生产、城市扩张侵占土地等等因素的影响。

　　（3）气候变化与空气质量恶化。由于阿富汗民众普遍烧柴做饭取暖，大量老旧、维护不善的车辆使用劣质燃料，空气污染已经成为阿富汗城市地区主要环境问题之一。首都喀布尔市空气污染十分严重，2008 年，喀布尔 60％的居民暴露在氧化亚氮和二氧化硫等有害毒素水平增加的环境中。从邻国巴基斯坦和伊朗等地返回家园的难民大多数可能进入城市地区生活，加剧了城市人口膨胀，进一步导致空气状况恶化。空气污染加剧促使城市居民呼吸系统疾病不断增多。2020 年 4 月，因空气污染，仅在一周之内，喀布尔市超过 8 500 人被诊断出患有呼吸系统疾病（阿富汗公共卫生部，2020）。浓浓的烟雾持续笼罩首都，喀布尔成为世界上污染最严重的城市之一。2020 年 4 月—2021 年 3 月，有多达 5 000名阿富汗人死于空气污染引起的疾病，有 2 000 多万人因呼吸系统疾病就诊。因此，阿富汗政府亟需制定强有力的空气监测政策与战略措施，加快实施减少空气污染的行动。

　　阿富汗夏季干热、冬季寒冷，每年大部分降水以雪的形式出现在北部地区。全球气候变化使阿富汗成为气候较为脆弱的国家之一。阿富汗温室气体总排放量低于世界平均值 40.4 吨二氧化碳当量，阿富汗的排放量远远低于除塔吉克斯坦外的邻国。

自 1960 年以来，阿富汗的年平均气温上升了 0.6℃。最近十年平均气温上升了 0.13℃。在同一时期，每个季节内热日和热夜的频率都有所增加。据学者们 2009 年的预测，到 2060 年，阿富汗的年平均气温将上升 1.4—4.0℃，到 2090 年，将上升 2.0—6.2℃[①]。阿富汗《国家自主贡献报告》认为，在乐观情景下，阿富汗预计到 2050 年将变暖 1.5℃，到 2100 年将变暖约 2.5℃[②]；根据阿富汗政府的悲观情景预计，到 2050 年气温将上升 3℃，到 2100 年气温将进一步上升 7℃。但是，这种情形存在区域差异，预计较高海拔地区的气温升高幅度将高于低地。在中部高地和兴都库什，与基准期（1976—2006 年）相比，预计未来 30 年（2021—2050 年）的升温幅度为 1.5—1.7℃，而在低地升温幅度为 1.1—1.4℃。降水量的变化与温度的变化将会平行，尽管程度较小。

预计全球变暖将使阿富汗干旱地区变得更加干燥、湿润地区变得更加湿润。与温度预测相比，降水模型预测的不确定性更高，区域和季节差异更加明显。在过去五十年中，全国降雨量每月减少了 0.5 毫米，或每十年减少了 2％。

研究发现，2006—2050 年，阿富汗北部、中部高地和东部的春季（3—5 月）降水量将减少 5％—10％，而这些地区秋季和冬季（10—12 月）的降水量略有增加。春季是农业生产的主要农作物生长期。因此，春季降水量减少的影响至关重要。此外，预计降水量减少将发生在阿富汗东部、北部和中部高地的农业生产率最高的地区，再加上全国气温的总体升高和蒸散量的相关增加，极有可能对水文循环、农业生产和水资源的可用性产生负面影响。

研究表明，2018 年阿富汗有 22 个省份面临气候变化及其相关影响。气候变化对农业和农业生产力、干旱、生物多样性和生态系统扰动、森林和牧场问题以及水资源都有重大影响。2018 年，阿富汗约有 17 个省面临干旱，同时面临的主要气候危害还包括洪水、山体滑坡以及更为缓慢的干旱化、农作物病虫害、疾病等。干旱化和冰层资源的丧失导致水资源的可利用程度降低，从而加剧绿色植被和牧场的退化和消失。

阿富汗经常发生干旱。局部性干旱每三到五年发生一次，全国性干旱每二

① Butterfield, R. E., Bharwani, S., Savage M, et al., 2009.
② Islamic Republic of Afghanistan, 2015.

十到三十年发生一次。预计到 2030 年，持续干旱将成为常态，而不再是暂时性或周期性事件。阿富汗的山洪暴发主要发生在 2—6 月。年初的大雨和降雪反映在高强度山洪暴发中（Beekma et al.，2011）。河流洪水发生在融雪期，主要集中在 6 月和 7 月。据估计，超过一半的阿富汗人口实际面临洪水风险，15% 的人口面临洪水高风险。2014 年 5 月，巴达赫尚的滑坡导致 4 000 人流离失所，400 人丧生。阿富汗山地覆盖 60% 的土地面积，部分山区有积雪。由于植被缺乏和森林过度砍伐，新的雪和雨极易导致雪崩。

二、规制与监管

面对严峻的生态环境问题和全球气候变化，阿富汗已签署的国际协定关注了生物多样性保护、气候变化、荒漠化、濒危物种保护、环境改造、海洋倾倒、臭氧层保护等诸多方面。2007 年，《阿富汗环境法》颁布；同年，阿富汗开展了环境管理和体制建设，实施了《关于人民及其自然资源的冲突后计划》。

1992 年阿富汗加入了《联合国气候变化框架公约》。目前，阿富汗迫切需要制定缓解和适应气候变化的行动计划，以应对气候变化的影响，减少全国的温室气体排放。2002 年，阿富汗被批准成为《联合国生物多样性公约》签约国。

作为世界上最为贫穷国家之一，阿富汗在气候变化应对可能受到最为不利的影响——基础设施不足、政局不稳定、资源缺乏等会严重阻碍国家的减排努力。难以动员机构、企业和民众应对气候变化，会加剧对国家和居民生计的不利影响。据测算，阿富汗每年需要 2.35 亿美元的预算来应对气候变化，但目前，阿富汗政府每年仅仅有 140 万美元的预算来应对气候变化。

2005 年，阿富汗国家环境保护局成立。2009 年，阿富汗国家环境保护局公布了阿富汗有史以来第一份物种保护清单，随后成立阿富汗野生动物执行委员会（AWEC）。33 种物种被列入保护名单，包括 20 种哺乳动物、7 种鸟类、4 种植物、1 种两栖动物和 1 种昆虫，其中有雪豹、狼、棕熊以及瞪羚、萨克猎鹰、喜马拉雅榆树等珍稀动植物。

2009 年阿富汗建立的第一个国家公园——班德埃米尔国家公园位于阿富汗

中部巴米扬省偏远地区多山的沙漠中，由六个湖泊组成。这些湖泊富含矿物质的水是从岩石景观的断层和裂缝中渗出形成的。经年累月的水沉积了若干层钙华，这是世界上为数不多的石灰华系统之一。实际上，2004 年 9 月 8 日，班德埃米尔就被联合国列入了世界自然遗产，编号 1946[①]。联合国对其描述，班德埃米尔具有"特殊的地质构造以及自然和独特的美景，深度未知，颜色为纯蓝色，它有着至今未被破坏的历史和自然背景。"

2014 年，阿富汗设立了第二座国家公园——瓦罕国家公园，位于阿富汗东北端的狭窄陆地走廊，面积比美国黄石国家公园大 25%。公园的设立有助于保护该地区的山脉、野生动物多样性和土著民族。公园内的野生动物包括红狐、雪豹、帕拉斯猫、野山羊、石貂和马可波罗羊。马可波罗羊是世界上体型最大的野生羊，它的角可以长到六英尺长。大约有 15 000 名土著居民生活在公园内。

此外，阿富汗境还设立了阿加河谷自然保护区、达什特纳瓦水禽保护区、库勒姆地标保护区、努里斯坦自然保护区和扎德兰国家保护区等。

参 考 文 献

［1］李文渊、洪俊、陈博等："中亚及邻区战略性关键矿产的分布规律与主要科学问题"，《中国科学基金》，2019 年第 2 期。
［2］廖敏、王静、何杰：《阿富汗概论》，世界图书出版有限公司，2016 年。
［3］杨恕、韩笑："阿富汗矿产资源开发：历史，现状及前景"，《新疆师范大学学报》（哲学与社会科学版），2012 年第 3 期。
［4］杨晓刚："阿富汗主要矿产资源及其矿业投资环境"，《世界地理研究》，2014 年第 2 期。
［5］张洪瑞、侯增谦、杨志明："特提斯成矿域主要金属矿床类型与成矿过程"，《矿床地质》，2010 年第 1 期。
［6］Bandyopadhyay, J., 1992. The Himalaya: Prospects for and constraints on sustainable development. in: *The State of the World's Mountains: A Global Report*. P. B. Stone, ed. Zed Books, Ltd.
［7］Beekma, J., Fiddes, J., 2011. *Floods and Droughts: The Afghan Water Paradox*. Afghanistan Human Development Report, 2011.
［8］Beniston, M., 2000. *Environmental Change in Mountains and Uplands*. Arnold Publishers.
［9］Dupree, L., 1973. *Afghanistan*. Princeton University.
［10］Gopalakrishnan, R., 1980. *The Geography and Politics of Afghanistan*. Concept Publishing.

① https://whc.unesco.org/en/tentativelists/1946/.

［11］Palka，E. J. ，2001. *Afghanistan：A Regional Geography*. United States Military Academy.

［12］McAuslan，P. ，2007. *Land Acquisition in Afghanistan A Report*. World Bank Report.

［13］NSIA，2019. *Agricultural Prospective Report*. Afghanistan NSIA Working Report in Jun 2019.

［14］NSIA，2020. *Afghanistan Statistical Yearbook* 2019. Afghanistan NSIA Working Report in May，1st Version.

［15］Ranghieri，F. ，Fallesen，D. ，Iongman，B. ，*et al*，2017. *Disaster Risk Profile of Afghanistan*. World Bank Document.

［16］Uhl，V. W. ，2006. Afghanistan：An Overview of Ground Water Resources and Challenges. *Groundwater*，No. 44.

［17］UNFAO，2012. *The Islamic Republic of Afghanistan Land Cover Atlas*. UN Pubilcation.

第四章　人文社会的空间格局

第一节　人口分布

一、农村人口

阿富汗总人口并没有一个准确的数据。1979 年，当地试图进行的人口普查，因为苏联入侵没有实现。2020—2021 年，阿富汗国家统计与信息局（NSIA）发布的统计年鉴和估算人口报告数据是基于阿富汗 2003—2005 年家庭数据，由下式求得：

$$P_t = P_0 e^{rt}$$

式中：P_t 为估算人口数，P_0 为基年人口，基年为 2004 年，e 为自然对数，r 为人口增长率，t 为时间间隔。

以此计算，2020 年阿富汗总人口为 3 289.02 万，其中 1 674.98 万为男性，占 50.93%，1 613.04 万为女性，占 49.04%，性别比例为 103.8。农村人口为 2 336.62 万，城市人口为 802.39 万，游牧人口为 150 万，城市化率 24.40%。2021 年的总人口为 3 360 万（NSIA，2020，2021）。2018 年，人口年增长率约为 2.03%。由于常年战争，阿富汗人口中青少年占比非常高。2020 年，15 岁以下人口 1 553.79 万，占 47.24%，为全球最高之一。65 岁以上人口仅占 2.76%，为 90.63 万人。图 4-1 为阿富汗 2020 年的人口金字塔。

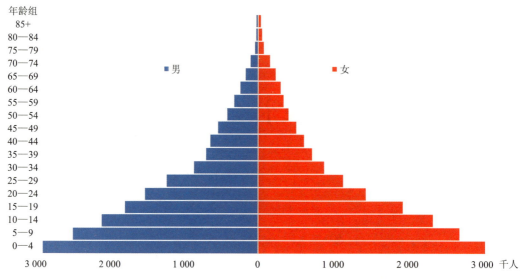

图 4-1　阿富汗人口金字塔（2020—2021 年）

资料来源：NSIA, 2021.

表 4-1　阿富汗超过 100 万人的省份（2020 年）

省份	定居人口数量（万）
喀布尔	520.47
赫拉特	214.07
楠格哈尔	170.17
巴尔赫	150.92
赫尔曼德	144.62
坎大哈	139.96
加兹尼	136.25
昆都士	113.67
法利亚布	110.92
塔哈尔	109.31
巴达赫尚	105.41
巴格兰	101.46
合计	2 017.23

资料来源：NSIA，2021.

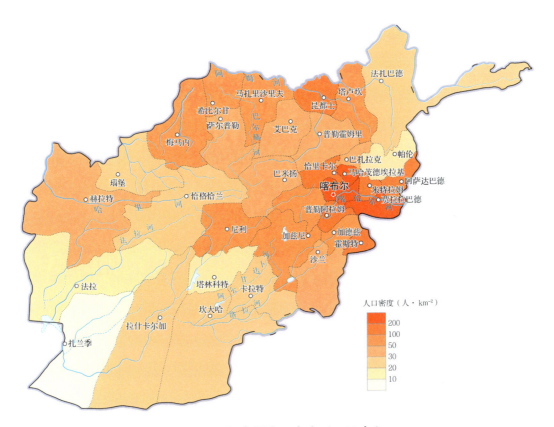

图 4-2　阿富汗人口密度（2020 年）

资料来源：www. geo-ref. net.

　　根据世界银行数据，阿富汗 2020 年人口 3 892.83 万①，而联合国公布的数据，2021 年阿富汗人口为 3 983.50 万②，两者与阿富汗官方估计人口相差 600 万左右。

　　2020 年，阿富汗超过 100 万人口的省份有 12 个，这 12 个省的人口占总人口的 61.31%（表 4-1）。喀布尔省及其周边省份以及北部平原地区省份的人口密度较大（图 4-1，图 4-2）

---

　　①　2019 年阿富汗国家统计局估算人口为 3220 万，见：NSIA，2020。2019，2020 年为世界银行数据，见：https://data. worldbank. org/indicator/SP. POP. TOTL? locations＝AF.

　　②　http://data. un. org/en/iso/af. html.

二、城市化

阿富汗城市的基础设施、基本公共服务、土地、住房和环境水平难以应对城市人口的增长压力，因而城市宜居性较差。这种状况进一步助长了"杂乱而隐蔽"（"messy and hidden"）的城市化（Ellis *et al.*，2016），从而抑制了可能有利于社会进步的集中经济活动。阿富汗 2000—2010 年城市化的主要表现[①]是：

（1）阿富汗的城市人口在 2000—2010 年以每年 4.5％的速度增长。

（2）阿富汗城市人口增长的主要是自然增长，而不是机械性地乡村向城市移民。2000—2010 年，居住在官方划分的城市住区中的人口比例以每年略高于 1.2％的速度缓慢增长。

（3）据联合国难民事务高级专员公署（UNHCR）估计，截至 2014 年年中，阿富汗境内有 68.3 万人因战争冲突而流离失所，其中一半以上生活在城市地区。

（4）2010 年，阿富汗 27.6％的城市人口生活在国家贫困线以下，而 2005 年，几乎 89％的城市人口生活在贫民窟。

（5）根据夜间灯光数据分析，1999—2010 年，阿富汗城市面积每年增长近 14％，在南亚地区增长最快。城市面积的增长速度是城市人口的三倍以上，低密度蔓延现象日益普遍。城市蔓延、贫困和贫民窟的存在反映了混乱的城市化。

（6）根据聚集指数[②]，2010 年居住在具有城市特征地区的阿富汗人口比例为 29.4％，但是根据阿富汗官方对城市地区的定义，城市人口占总人口的比重为 23.2％。因此，当地存在隐性的城市化现象。

（7）阿富汗的农业转移与制造业占国内生产总值的比例大幅下降有关。因此，自 2000 年以来，阿富汗的城市化是由服务业而非制造业主导的。

（8）阿富汗城市人口的不断膨胀带对住房需求产生极大挑战。在城市人口

---

① 资料来源：https://www.worldbank.org/en/country/afghanistan/publication/leveraging-urbanization-afghanistan.

② 资料来源：https://www.worldbank.org/en/region/sar/publication/urbanization-south-asia-cities.

密度保持不变的情况下，应对这一挑战需要在 2010—2050 年将可开发的城市土地总面积扩大 6 959 平方千米，即高于 350％。

（9）根据世界卫生组织城市室外空气污染数据分析，来自全球 381 个发展中国家城市的样本中 PM2.5 年平均浓度最高的 20 个城市中有 19 个位于南亚，其中喀布尔是样本中阿富汗城市中空气污染最严重的城市，年平均浓度为 86 毫克/立方米。

（10）阿富汗上一次人口普查是在 1979 年，实际只是部分统计。缺乏数据因而难以对该国城市化和经济发展趋势进行严格、准确的判断。

总体而言，1950—1985 年，阿富汗的城市增长平稳，之后到 2018 年增长缓慢，同期农村人口相对应地减少；其间，城市人口比重从大约 7％稳步增长到约 22％，低于南亚地区的 16％—26％，亚洲地区的 27％—32％；1985 年之后，阿富汗的城市人口比重对比缓慢增长到了 26％，显著低于同期南亚地区的 36％、亚洲地区的 50％水平。根据预测，2018—2050 年，阿富汗的城市人口数量和比重将实现稳步、快速增长。到 2050 年，城市人口比重将达到约 42％。按照世界各国城市化水平排序，阿富汗应处在最低水平——最后的 1/10 组团内，南亚地区在 1/6 组团里，亚洲地区在 2/3 组团内。1950 年，阿富汗人口不足 1 000 万，城市人口微乎其微。1985 年后，总人口开始持续快速增长。

2000 年，阿富汗人口已达 2 000 万，此时的城市人口已占约 22％；2018 年总人口约 2 600 万；2050 年总人口可达约 6 200 万。1950—2018 年，阿富汗的城市人口平均增长率约为 0.5％，接近于世界各国的中间水平，而南亚地区的平均增长率迈入了前 2/3 之内，亚洲平均水平则进入前 2/5。按城市聚落规模等级的城市人口数量，1990 年，阿富汗仅有 1 座人口不足 500 万的城市（喀布尔），其余城市均不足 30 万；2018 年，有 1 座不足 500 万人口的城市（喀布尔），1 座 50 万—100 万人口城市，2 座 30 万—50 万人口城市。到 2030 年，预计喀布尔人口突破 500 万，50 万—100 万人口城市增加到 3 座，30 万—50 万人口城市仍占有 1 座（United Nation，2019）（图 4-3、图 4-4、图 4-5、图 4-6、图 4-7、图 4-8）。

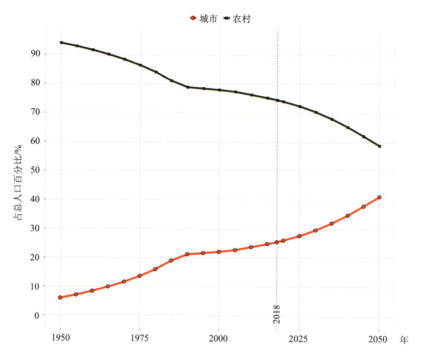

图 4-3   阿富汗城市与农村人口、城市化率

资料来源：United Nation，2019.

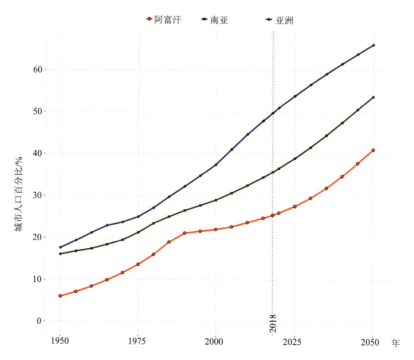

图 4-4   阿富汗城市化率与南亚、亚洲平均水平对比

资料来源：United Nation，2019.

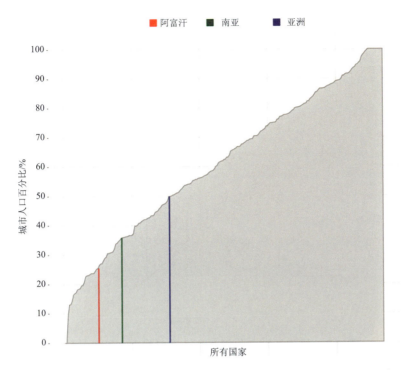

图 4-5　阿富汗城市化率及其与南亚、亚洲平均水平对比（2018 年）

资料来源：United Nation，2019.

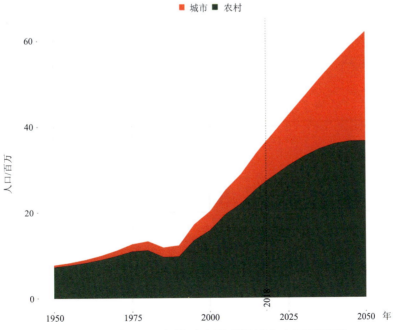

图 4-6　20 世纪 50 年代以来阿富汗城乡人口及预测

资料来源：United Nation，2019.

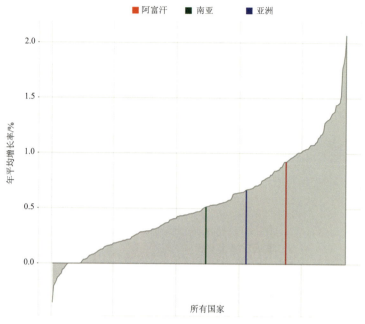

图 4-7　阿富汗城市化增长率及其与南亚、亚洲比较

资料来源：United Nation，2019.

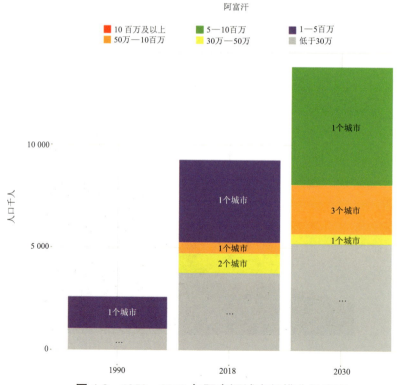

图 4-8　1950—2018 年阿富汗城市规模分级演变

资料来源：United Nation，2019.

三、难民

根据联合国难民署的统计，2015—2020 年，阿富汗各类难民总人数为 425 万—600 万，且呈逐年上升态势。其中，被联合国难民署认定的难民人数维持在 250 万—280 万人，寻求庇护人数为 240 万—370 万人，境内流离失所者 117 万—264 万人，其他相关者 11 万—49 万人不等（表 4-2），散布于世界各地。

表 4-2　阿富汗难民统计（2015—2020 年）

年份	联合国认定的难民人数	寻求庇护的人数	联合国难民署关注的境内流离失所者	其他相关者	合计
2015	2 666 294	258 862	1 174 306	150 369	4 249 831
2016	2 501 447	369 072	1 797 551	114 221	4 782 291
2017	2 624 265	333 986	1 837 079	448 040	5 243 370
2018	2 681 267	310 107	2 106 893	489 859	5 588 126
2019	2 727 556	251 047	2 553 390	450 675	5 982 668
2020	2 595 827	238 791	2 886 317	87 499	5 808 434

资料来源：https://www.unhcr.org/refugee-statistics/dowannload/? url＝DR9QoF.

多年战争给阿富汗社会带来了深重灾难。根据联合国难民署和阿富汗难民与遣返事务部公布的数据，截至 2017 年，全球 79 个国家（地区）共计接收了 700 多万名阿富汗难民，预计 2018 年有近 60 万难民返回阿富汗。2017 年，阿富汗国内冲突共造成 44.8 万人流离失所，需要人道主义救济人员高达 280 万人，约占全国人口的十分之一，这些难民长期缺乏住所、食品、水、医疗资源以及接受教育和参加就业的机会。

第二节　民族构成、语言与分布

一、民族构成

阿富汗是多民族国家，有 20 多个民族。主体民族是普什图族，约占总人口的 42%；第二大民族是塔吉克族，约占 27%；第三大民族是哈扎拉族，占 9%；第四大民族是乌兹别克族，占 9%；第五是艾马克族，占 4%；第六为土库曼族，占 3%；第七是俾路支族，占 2%；还有其他人口较少的民族，合计共占 4%，包括基希尔巴什族、布拉灰族、努里斯坦族、帕沙伊族、古加尔、帕米尔、阿拉伯、犹太人、锡克人、蒙古人、吉尔吉斯族、印度人等。按照 2020 年阿富汗总人口 3 600 万—4 000 万计算，各民族构成与人口数如表 4-3 所示。

表 4-3   阿富汗民族构成与人口数量（2020 年）

民族	占总人口比重（%）	人口数（万人）
普什图	42	1 512—1 680
塔吉克	27	972—1 080
哈扎拉	9	324—360
乌兹别克	9	324—360
艾马克	4	144—160
土库曼	3	108—120
俾路支	2	72—80
其他	4	144—160

注：民族人口比重数据来自 Blood PR，ed. *Afghanistan：A Country Study*. GPO for the Library of Congress，2001。http://countrystudies. us/afghanistan/index. htm，Lamer et al，2011。

除了中部的哈扎拉族，阿富汗许多民族的居住地都与邻国相接。普什图族、塔吉克族、乌兹别克族、土库曼族、吉尔吉斯族、俾路支族等均为跨国界民族。

（1）普什图族。

普什图族是阿富汗的主体民族，人口总数 1 500 万—1 700 万，主要居住在阿富汗东部和南部的广大地区。普什图族属于欧罗巴人种中的印度—帕米尔类型。他们使用普什图语或达里语，这两种语言都属于印欧语系伊朗语族。普什图族信奉伊斯兰教，绝大多数属于逊尼派，极少数属于什叶派。

特殊的地理位置和充满硝烟的历史造就了普什图人强悍的体魄和爱憎分明的个性。关于普什图族的族源，一般观点认为，普什图族起源于早先到达这一地区的雅利安人，后来相继融合了不同时代到来的伊朗人、希腊人、塞种人、贵霜人、个达人、突厥人、阿拉伯人和蒙古人等不同民族的血统。据记载，雅利安民族大约在公元前 2000—公元前 1000 年发源于阿富汗地区的帕米尔、阿姆河和兴都库什山一带。雅利安人居住的地方被称为"阿里亚纳"，这也是阿富汗的古名。从公元前 4 世纪开始，希腊的亚历山大、印度孔雀王朝的阿育王、大月氏人、阿拉伯人、蒙古的成吉思汗、印度的帖木儿王、波斯的纳第尔王曾先后入侵阿富汗地区。在这一过程中，雅利安人融合了这些外来民族的血统特征，公元 11 世纪前后逐渐形成了普什图族（缪敏等，2016）。阿富汗东南部的苏莱曼山区是普什图族的早期发祥地（王凤，2007）。

阿富汗的地理多样性造就了不同民族、部落集团的地理分布。按照血缘相近的胞族或氏族划分，各部落出于对共同的祖先、共同的领导（政治组织）、共同的土地认定而结合在一起，一个部落的人民，只对本部落负有义务，不认同其他部落。杜兰尼、吉尔扎伊、优素福扎伊是阿富汗普什图族最大的三个部落，人口都在 150 万人左右，此外还有卡兰尼、古尔帕希尔等中小部落。

杜兰尼在普什图语中是"圣者"的意思。200 多年来，杜兰尼人一直是全国的统治部落，主要分布在从坎大哈到法拉和赫拉特的广大地区。杜兰尼人分为吉拉克和潘贾帕奥两支，吉拉克分支主要聚居在坎大哈、阿尔甘达布河谷和赫尔曼德河流域。潘贾帕奥分支主要居住在西部和西南部。

吉尔扎伊部落主要分布在坎大哈和加兹尼等地区。政治地位仅次于杜兰尼，分为图朗（东吉尔扎伊）和布朗（西吉尔扎伊）两支。前者主要居住在加兹尼、坎大哈、阿尔甘达布河谷和哈扎拉加特以北地区，后者主要居住在喀布尔、贾拉拉巴德地区。

优素福扎伊部落主要分布在巴基斯坦境内，它在阿富汗境内与辛瓦里、穆罕曼德、萨菲、瓦齐里、瓦尔达克等部落集中混居于阿富汗东部、东南部和东北部的山区，交通不便。

这些大的部落由部落分支（小部落）组成，部落分支又包含着若干建立在血缘关系之上的家族体系。部落酋长称"汗"或者"马利克"，"部落议事会"是部落最高机构。普什图族人长期以来以这种部落为社会基础结构特征，每个部落都是一个有组织的团体，自给自足，既是行政单位、生产单位，又是军事单位（人人有武器）。

普什图族人多从事农牧业。他们在古代是游牧民族，后来才逐渐于各地定居。由于经济发展滞后，普什图族在使用刀剑、弓箭以及军事战术方面发展较早，但在文艺创作方面发展较晚。普什图族的文化根植于普什图法典，虽然其信仰为伊斯兰教，但伊斯兰教义只位居第二，普什图族人对自己部落以及普什图法典有着狂热的忠诚，他们心中普什图人的归属感高于一切。

历史上，普什图族是阿富汗占统治地位的民族，从 1747 年阿富汗独立到 1979 年苏联入侵阿富汗，阿富汗的国王、国家元首都出自普什图族，政府中的高级官员、地主资本家和大商人，也大多出自该民族。

同时，在巴基斯坦各西北边境省和俾路支省也居住着数以百万计的普什图人。据估计，三分之一的普什图人居住在阿富汗，共 1 512 万—1 680 万人（表 4-3）；三分之二居住在巴基斯坦，约占巴基斯坦总人口的 18％。2017 年，巴基斯坦总人口 2.076 8 亿，以普什图语为母语的人口为 3 788.54 万人，占 18.24％，为巴基斯坦的第二大民族。2019 年，巴基斯坦总人口为 2.17 亿[①]，普什图人按 18.24％计算，则总数为约 3 952 万人。阿富汗和巴基斯坦两国普什图总人口大约为 5 500 万—5 700 万。当然，还有一些普什图人生活在其他国家。

（2）塔吉克族。

塔吉克族是阿富汗第二大民族，人口总数在 1 000 万左右，大约占阿富汗人口的三分之一，主要居住在阿富汗东北部巴达赫尚山区和西部赫拉特周围地区，以及北部和西部各省，在喀布尔、巴格兰、恰里卡尔和赫拉特等主要城市中塔吉克族人也有相当大的比重。塔吉克族信仰伊斯兰教，大多数属于逊尼派，同时保留以前的一些古代宗教文化如图腾崇拜、拜火仪式等。在巴达赫尚东北部和南部群山中还有山区塔吉克人，他们主要为农牧民，部落组织不强，主要靠地缘认同团结在一起。

塔吉克族的祖先是早期雅利安部落集团中的东伊朗诸部落。公元前 10 世纪左右，一些部落开始定居在阿姆河两岸，其中巴克特里亚人分布在阿姆河上游，即现在的阿富汗、帕米尔和塔吉克斯坦山区。公元前七世纪，这里出现了早期的奴隶制国家巴克特里亚；其后，希腊人、大月氏人和突厥人不断来到此处，在统治这里的同时也与当地居民相互融合，共同成为塔吉克民族的组成部分。

---

① 2017 年数据为巴基斯坦人口普查数据，见 https://www.pbs.gov.pk/node/3374；2019 年为世界银行数据，见 https://data.worldbank.org/country/pakistan。

当阿拉伯征服者在中亚定居下来后，他们中的绝大多数人同当地居民融合，最终形成了塔吉克民族。13—14 世纪，塔吉克人建立了库尔特王朝，以赫拉特为首都统治了 144 年，后来被帖木儿推翻。

塔吉克人自古从事农业、畜牧业、手工业和工商业，塔吉克人受教育比例大，善于经商。因此，塔吉克人构成了阿富汗城镇富裕阶层的主体，政治影响也比较强。长期在城市定居的塔吉克人以社区忠诚逐渐替代了部落忠诚。城市中有影响力的塔吉克人主要在政府的公共服务部门、贸易部门工作，且常占领导地位。塔吉克人历来都是普什图族的最大权力争夺者，不过在近代史上只有过一次短暂的执政时期（1929 年 1—10 月）。

作为一个民族，塔吉克族人一般分为平原塔吉克人和高原塔吉克人。分布于塔吉克斯坦、乌兹别克斯坦和阿富汗的平原塔吉克人约有 2 000 万人，属于欧罗巴人种费尔干纳短颅型与突厥人的混血，说西伊朗次语支波斯语的塔吉克语方言（有大量突厥语借词，与波斯语是同一种语言的两种方言），信仰逊尼派伊斯兰教。分布在阿富汗、巴控克什米尔、塔吉克斯坦和中国新疆等地的高原塔吉克人（帕米尔人），属于欧罗巴人种中的印度—帕米尔类型，主要说东伊朗语支帕米尔语诸方言，信仰什叶派伊斯兰教的伊斯玛仪派，一直从事高原游牧业。高原塔吉克人在 20 世纪以前经常被叫做撒尔塔人。有人认为高原塔吉克人为帕米尔人，但帕米尔语与塔吉克语不能互通。

中国境内的塔吉克族人虽一般属于高原塔吉克人，但与境外的高原塔吉克人在语言、历史、文化等方面有很大的差别，是中国的少数民族之一。中国塔吉克族的先民可追溯到公元前帕米尔高原东部伊朗语支部落，分布在新疆塔什库尔干及莎车、泽普、叶城和皮山等地，语言属印欧语系伊朗语族，无文字，部分人通维吾尔文。中国塔吉克族居住在山区的主要从事牧业，兼营农业；居住在平原的从事农业。新中国成立前，当地基本上处在封建社会发展阶段，多信伊斯兰教。新中国成立后，当地建立了塔什库尔干塔吉克自治县。

总数约在 2 000 万的塔吉克人，阿富汗占 1 000 万左右，塔吉克斯坦约 700 万，乌兹别克斯坦约 150 万，巴基斯坦约 25 万，俄罗斯约 20 万，吉尔吉斯坦约 6 万，美国约 5 万，哈萨克斯坦约 5 万，中国有约 5 万。

（3）哈扎拉族。

哈扎拉族是阿富汗的第三大民族，人口近400万，是13世纪后的蒙古人后裔，居住于阿富汗中央高地，哈扎拉人操达里语，属于什叶派穆斯林。其民族特征属于欧罗巴人种和蒙古人种的混合类型，具有蒙古人的体质特征。据考证，哈扎拉人是成吉思汗及其后人西征后，在阿富汗留下的驻屯兵的后裔，也是阿富汗唯一保留了蒙古人特征的民族。"哈扎拉"是波斯语"一千"的意思。早在13世纪上半叶，蒙古军队占领波斯和中亚一些地区后，留下少量军队驻屯。后来成吉思汗的孙子蒙哥汗又以千户为单位，派遣驻屯军到这里守卫。这些蒙古军人的后代与当地的波斯人、塔吉克人、突厥人通婚，融合发展，于是"哈扎拉"就成了他们的称呼，意为"千户"的后裔。从13世纪起，哈扎拉人就居住在阿富汗中央高地，控制着喀布尔、加兹尼到赫拉特的山区。但是，自从18世纪中叶现代阿富汗国家形成，哈扎拉人屡屡受到阿富汗最大的民族普什图人的驱逐，很多人被迫从各个地方逃到阿富汗贫瘠的中部山区。这一地区现在叫做"哈扎拉贾特"。哈扎拉贾特山区以巴米扬为中心，横跨多个省份，占据阿富汗领土的三成。

哈扎拉族的较大部落有哈扎拉贾特，南部地区的乌鲁兹加尼，中部和西部的加古里，北部的戴昆迪，东北部的代万吉、亚克阿乌兰格、谢赫阿里，东部的贝苏德等。另外，伊朗的呼罗珊省市也有将近20万哈扎拉人（20世纪80年代）。

（4）乌兹别克族。

乌兹别克族是阿富汗的第四大民族，人口数与哈扎拉族相当，不足400万，居住地域从阿富汗北部、东北部的法扎巴德，延伸到西北的穆尔加布河一带的昆都士、萨曼甘、巴尔赫、朱子詹、法利亚布省。乌兹别克族属欧罗巴人种印度—帕米尔类型，使用乌兹别克语，信仰伊斯兰教，属逊尼派，但保留有古代宗教信仰，例如萨满教。乌兹别克族形成于约11世纪，是进入中亚的突厥人与其他人种混合的结果。乌兹别克族主要居住地在突厥斯坦平原地带，这里地势比较平坦，水利设施好，昆都士河谷是阿富汗的产稻区。巴达尚和加兹尼等个别地区还存在较小的乌兹别克人群体。除农业之外，乌兹别克族还从事畜牧业，以养羊为主，兼营擀毡、织毯等手工业。

（5）艾马克族。

艾马克族又称"察哈尔艾马克人"，他们主要生活在阿富汗中部和西部的赫拉特高地，特别是在古尔、巴德吉斯，信奉伊斯兰教，主要为逊尼派，也有少数什叶派。艾马克族主要讲波斯语的方言艾玛克语，属印欧语系伊朗语族，有不少突厥语词汇。艾马克族社会组织为游牧和半游牧部落，其体质特征不同程度地具有突厥人、蒙古人、波斯人和塔吉克人的特点，具有突厥化的蒙古人血统。艾马克语"察哈尔"为"四"之意，"艾马克"是部落的意思。最初有察哈尔艾马克、泰曼尼（为古尔地区主要人口）、菲鲁兹库赫（主要在巴德吉斯地区）、贾姆希德和泰穆尔。目前，艾马克有九个部落，即泰曼尼、菲鲁兹库赫、贾姆希德、泰穆尔等四个"察哈尔爱玛克"和哈扎拉、查噶台、羌格兹、乞查克、祖瑞等五个"其他艾马克"。其中贾姆希德部落人为什叶派穆斯林。泰穆尔人具有波斯人的体型，其他三支"察哈尔爱玛克"具有蒙古人的体型。艾马克族人主要从事游牧业，部分定居务农，擅长纺织毛毯。泰穆尔部落人受波斯人影响较深，住波斯式长方形黑色帐篷；菲鲁兹库赫、泰曼尼、贾姆希德等部落住蒙古包式帐篷或圆顶帐篷式土房，生活方式与蒙古人类似。他们与塔吉克人、哈扎拉人关系密切，一部分融入了普什图人，即泰曼尼、菲鲁兹库赫和东北部泰穆尔的一些南部部落已经采用了普什图语。伊朗东北部的呼罗珊地区，也有少数艾马克人分布。

（6）土库曼族。

土库曼族为突厥人后裔。阿富汗的土库曼人主要居住于北部、西北部。最初的土库曼人在不同时期从里海以东进入如今阿富汗的西北部，特别是在19世纪末，俄罗斯人进入阿富汗的领土之后。他们建立了横跨现在的巴尔赫省到赫拉特省的定居点，目前也主要集中生活在这里。有较小的土库曼人群体定居在昆都士省。20世纪20年代，因相邻的苏联中亚地区土库曼人反对布尔什维克的"巴斯马奇起义"失败，有相当数量的土库曼人涌入阿富汗。土库曼人在阿富汗有12个主要部落，其结构基于男性谱系的家谱，高级成员拥有相当大的权力。阿富汗的土库曼人曾经是游牧民族，具有好战的民族特性。现在的阿富汗土库曼人基本为农民，是农业经济的重要贡献者。他们将卡拉库尔羊带到了阿富汗，善于织造地毯，地毯和卡拉库尔羊皮是阿富汗主要的出口商品。土库曼人制作的珠宝也备受推崇，其民间技术、文化与艺术水平较高。

土库曼人是中亚国家土库曼斯坦的主体民族，主要生活在土库曼斯坦、伊朗北部和东北部地区，以及阿富汗西北部，同时在乌兹别克斯坦、哈萨克斯坦、塔吉克斯坦、北高加索地区（斯塔夫罗波尔边疆区）、阿斯特拉罕地区也有相当部分的土库曼人分布。土库曼人口总数约800万，其中土库曼斯坦470万，伊朗170万，阿富汗120万，乌兹别克斯坦15万，俄罗斯4.7万，塔吉克斯坦1.5万。土库曼族人属欧罗巴人种与蒙古人种的混合类型，讲土库曼语，属于突厥语系东乌古斯语支。土库曼人信仰伊斯兰教，属逊尼派。

在中世纪早期，土库曼人称自己为乌古斯，中世纪更名为土库曼。早期的乌古斯人从阿尔泰山脉向西迁徙，穿过西伯利亚大草原，定居在今土库曼斯坦。土库曼部落从现代土库曼斯坦领土和中亚其他地区进一步向西的迁移始于11世纪，持续到18世纪。这些土库曼部落在安纳托利亚土耳其人、伊拉克和叙利亚的土库曼人以及伊朗和阿塞拜疆的突厥人等民族的形成中发挥了重要作用。

（7）俾路支族。

阿富汗的俾路支人居于阿富汗南部的锡斯坦和赫拉特之间，人口在80万左右，仅占阿富汗总人口2%。他们属欧罗巴人种地中海类型。俾路支人讲俾路支语，这是一种伊朗西北部的语言，属印欧语系伊朗语族。俾路支人信仰伊斯兰教，属逊尼派哈乃斐教法学派。

一部分俾路支族人定居在阿富汗西北部，另外一部分在夏季从锡斯坦迁移到赫拉特，冬季再返回锡斯坦。俾路支族人分支多，成分混杂。其最大的部落是拉克沙尼，该部落半定居、半游牧，兼营贸易。另一支部落居住在西南部锡斯坦地区，称为赛义亚德，擅长打猎和捕鱼。还有一支是高达部落，主要以牧牛为生。

世界上的俾路支人口总数共约1 000万，大多数俾路支人（60%—70%）居住在巴基斯坦境内，人口约为700万，占巴基斯坦总人口的3.6%。伊朗境内的俾路支人约为200万，阿联酋约有50万。

（8）布拉灰族。

布拉灰族人大约有20万人。布拉灰族属于欧罗巴人种维多伊德型，带有许多地中海类型特征，讲布拉灰语。这种语言属达罗毗荼语系南印度达罗毗荼语族。不过，大部分布拉灰人同时讲普什图语和俾路支语。他们信仰伊斯兰教，属逊尼派哈乃斐教法学派，但仍保留有原始信仰文化。阿富汗的布拉灰人主要居住在西南部，包括尼姆鲁兹省、赫尔曼德省和坎大哈省的部分地区。他们常把自己看成是俾路支人的分支集团，至今保留部落结构和边界。主要部落有扎赫里门加尔、雷萨尼、萨尔帕拉等。多数人受雇于俾路支人或普什图人，以农牧业为生。

目前，作为南亚和西亚跨界民族的布拉灰人总人口约有 80 万—100 万，大多分布在巴基斯坦俾路支省，少数分布在信德省。此外，伊朗以及土库曼斯坦也有布拉灰族分布。

（9）努里斯坦族。

努里斯坦族人主要分布于阿富汗兴都库什山区的努里斯坦地区，包括拉格曼省和库纳尔省北部、巴达赫尚省南部地区。他们居住在深山峡谷之间，与外界交往较少。20 世纪 70 年代，努里斯坦族人数约 10 万。努里斯坦族属欧罗巴人种印度—帕米尔型，身体修长、黑发、肤色较深，但也有大约 1/3 的人肤白、金发碧眼。他们讲属印欧语系的努里斯坦语，也叫"卡菲尔"语。这种语言介于印度语族和伊朗语族之间，接近达尔德语族。努里斯坦人信仰伊斯兰教，属逊尼派哈乃斐教法学派。但是伊斯兰教对他们影响总体偏弱，特别在一些偏僻的山区，一些人仍保持着对古代宗教，比如善神和恶神的信仰。

努里斯坦族人原被称作"卡菲尔"，即"无信仰之民族"或异教徒。他们的领土以前被称为"卡菲尔斯坦"，意为"异教徒之地"，后来被改名为"努里斯坦"，意为"光明之地"或"启蒙之地"，19 世纪末，时任阿富汗埃米尔阿卜杜·拉赫曼汗强迫民众从当地的多神教皈依伊斯兰教，此后他们被称为"努里人"，即"光之人民"。该地区现在是阿富汗努里斯坦省的一部分。21 世纪初努里斯坦总人口超过 10 万，其中绝大多数居住在阿富汗。只有几千人住在巴基斯坦奇特拉尔地区。2009 年，阿富汗政府对努里斯坦省人口的官方估计为 13.4 万人。

努里斯坦人是一个半游牧、半定居的民族，至今仍保持着部落结构。较大的部落有卡蒂、韦格里、阿什洪、波拉松等。村的治理机构就是一个宗族组织。通常男子从事游牧、狩猎，在广阔的山谷上部放牧有牛羊；女子从事农耕。农田大部分位于陡峭狭窄的山谷中，是小型的封闭式农田，主要农作物为小麦，辅以大麦、玉米、小米和豌豆，葡萄和桑椹常种植在地势较低的地区。

努里斯坦人对自己的部落非常忠诚，非常珍惜自己的独立。努里斯坦地区文化独特，虽然在三个主要山谷之间存在一定的差异，但努里斯坦人的特有文化使其在阿富汗拥有独特的地位。北部高地区的房屋是用石头或黏土建造的，但在森林地区，房屋由木头建造。为了节省空间，努里斯坦人的房屋通常建有多层，并在山坡上呈阶梯状排列。

（10）帕沙伊族。

帕沙伊族人也被称为拉格曼族人，是印度雅利安人的后裔。20 世纪 70 年代，他们约有 10 万人。其语言与努里斯坦人的语言相近，属印欧语系印度语族，接近达尔德语族，是阿富汗少数民族语言中最古老的语言。帕沙伊族信仰伊斯兰教，属逊尼派，主要分布于阿富汗东北部的卡皮萨省、拉格曼省和库纳尔省南部，在努里斯坦、卡普西亚和楠格哈尔省部分地区也有帕沙伊人生活。还有一些帕沙伊人也生活在巴基斯坦开伯尔—普赫图赫瓦省。

二、民族分布

在阿富汗，除了普什图人在南部和东部地区相对集中居住外，其他地区很少呈现族群较高聚居程度的状态，即使在普什图人聚居区也存在族群杂居现象（图 4-9）。如在南部地区，有塔吉克、哈扎拉等族与普什图人杂居生活，在西部地区也有大量普什图族、塔吉克族、土库曼族混居在一起。而从西到东的几乎所有北部边疆地区，普什图族与乌兹别克族、塔吉克族等混居杂居非常明显。总体上，作为主体民族的普什图人生活在阿富汗大部分的国土之上，且多处于地势相对比较低的地区，居住环境相对较好。

其他人口较多的民族，如塔吉克族在东北部、乌兹别克族在北部、哈扎拉族在中部分布区域也相对较为集中。但这些地区多为高山环境，各个民族比较分散地生活在条件相对较好，适宜生产生活的山谷地区。

三、民族语言

阿富汗的语言和方言有 30 余种，分属于印欧语系、乌拉尔-阿尔泰语系，

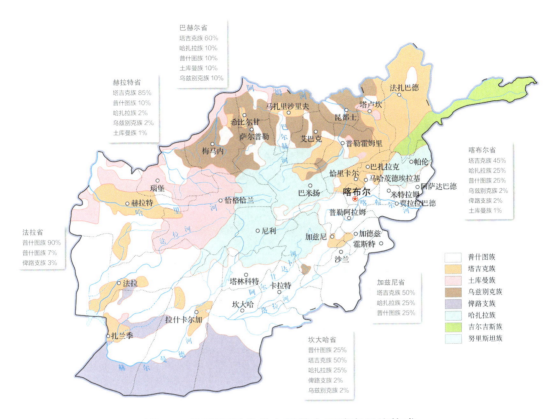

图 4-9　阿富汗民族分布及其主要城市民族构成

资料来源：https://www.mapsof.net/afghanistan/afghanistan-ethno-linguistic-groups.

达罗毗查语系和闪含语系。其中印欧语系的人最多，约占总人口数的 80%，广泛分布于阿富汗全国各地。普什图语和达里语在阿富汗应用最为广泛，是阿富汗最主要的两种语言，属于印欧语系中伊朗语族（图 4-10）。讲普什图语的居民主要是普什图族，约占全国人口 50%。讲达里语的民族主要是塔吉克族、哈扎拉族、爱马克族等，约占全国人口的 30%。除本民族语言外，阿富汗各民族多数人都会讲普什图语或达里语，一些人甚至同时会讲这两种语言。

　　普什图语是一种古老的语言，公元 12 世纪以前这种语言已经产生。16—18世纪，普什图语得到广泛使用并基本定型，不过主要是普什图各部落之间交流的工具。1919 年阿富汗独立后，开始系统地对普什图语进行历史研究和语法整理。1936 年，普什图语被定为阿富汗国语，开始大力推广。1964 年，阿富汗宪法将普什图语和达里语定为国语。1978 年，普什图语以及其他四种用阿拉伯字

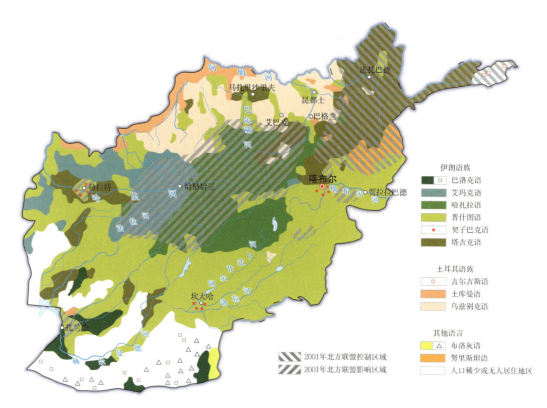

图 4-10　阿富汗语族分布（2001 年）

资料来源：https://themapspro.blogspot.com/2015/04/linguistic-map-of-afghanistan.html.

母书写的语言都被作为国家公务的正式语言。阿富汗政府在 2004 年颁布的新宪法中规定，普什图语和达里语是官方语言，同时规定突厥语、俾路支语、帕沙伊语、努里斯坦语、帕米尔语等在各自民族区域内广泛使用的语言是阿富汗第三类官方语言。

18 世纪时普什图语有近 50 种方言和土语，按照语音和语法特点，它们可以划分为两大方言系统：一个是以白沙瓦为中心的东北部普什图语方言系统，或称"东部方言系统"，另一个是以坎大哈为中心的西南部方言系统，或称"西部方言系统"。这两大方言系统在语音、词汇结构、词法和句法方面有些差别。现代普什图语就是在这两大方言系统的基础上发展形成的。由于历史和政治原因，现代的标准普什图语更多地吸收了西南部方言系统的语言要素。

达里语起源于 8—9 世纪的阿富汗西北部地区，并取代阿拉伯语成为阿富汗的书面语，9—16 世纪阿富汗的古典文学作品是用达里语写成的。18 世纪中期阿富汗建国后，达里语成为官方语言，被称作"阿富汗的波斯语"。截至 19 世纪末，达里语一直在阿富汗的政治、经济、文化、教育占主要地位。阿富汗国内各地区之间，以及阿富汗与国际上的文化交流，也主要使用达里语。

达里语和现代波斯语都是由古波斯语发展而来的。达里语更多地保留了古波斯语的语言要素，与现代波斯语差异较大。其语法结构，不是接近现代波斯语，而是更接近现代塔吉克语。阿富汗、伊朗和中亚地区都有居民讲达里语，方言也比较多。比如，哈扎拉人说的是哈扎拉方言，察哈尔艾玛克人讲的是一种混杂许多突厥语汇的达里语方言。塔吉克人所说的方言与塔吉克斯坦的塔吉克语不同，赫拉特市和喀布尔市居民所讲的达里方言也不相同。尽管如此，大多数达里语方言可以互通。这些方言大体上又可以分为两种区域性达里语：一个是阿富汗西部和南部以及伊朗呼罗珊地区居民讲的达里语，另一个是阿富汗北部和东部以及中亚地区居民讲的达里语。在阿富汗，最具代表性的是喀布尔及其周围地区居民讲的达里语——喀布尔达里语，现代阿富汗的达里语就是在喀布尔达里语的基础上形成的，阿富汗达里语文字书写用阿拉伯字母。

阿富汗的其他语言包括：

（1）印欧语系其他语族语言。俾路支语也属于印欧语系中的伊朗语族。除俾路支族外，布拉灰族也讲俾路支语，但常作为第二语言使用。许多努里斯族人讲的"卡菲尔"语，也属于印欧语系，介于印度语族和伊朗语族之间，接近达尔德语族。这些语言比较特殊、方言差异较大、各部落之间语言不通。帕沙伊族所使用的语言属于印欧语系印度语族，接近达尔德语族，它有一些方言。阿富汗东北部一些地区有一些人群讲达尔德语族的语言。阿富汗东部城市中，印度斯坦族，锡克教徒所使用的母语属于印度—伊朗语族的印地语分支。

（2）乌拉尔阿尔泰语系。阿富汗的乌兹别克族、土库曼族、吉尔吉斯族所讲的突厥语属于乌拉尔阿尔泰语系突厥语族，各个群体所说的方言不同但可以沟通。土库曼族讲的是南方突厥语、乌兹别克族讲的是中部突厥语、吉尔吉斯族讲的是东北突厥语，在乌兹别克族所讲的突厥语中，有许多波斯语词汇。在阿富汗盛行的这些突厥语常采用阿拉伯字母书写。

（3）达罗毗荼语系。达罗毗荼语起源于古代印度中部。阿富汗最南部一些布拉灰族所讲的语言属于这种语系。不过布拉灰族人也会讲俾路支语或达里语。

（4）闪含语系。阿富汗一些少数民族在特殊情况下，讲属于闪含语系的语言。比如，一些犹太人虽然平日讲达里语，但是用希伯来语作为仪式性语言。在突厥斯坦平原一带和其他地区，还有一些讲阿拉伯语的人。但是也有一些阿拉伯人只说达里语。

第三节　宗教格局

宗教在阿富汗的不同历史时期都扮演了重要角色。当地原始宗教对自然力量的崇拜、祆教（也称琐罗亚斯德教）对神的崇拜、佛教在伊斯兰教传入之前的传播，都对阿富汗社会和艺术发展产生了重要作用。伊斯兰教传入后，通过各种形式的宗教活动，在阿富汗的政治、文化和社会生活的各个方面都发挥着重大影响。伊斯兰教构成了阿富汗人精神生活的主要框架，但大量非伊斯兰因素在当今阿富汗土地上仍有着广泛的影响。

阿富汗98%的居民是穆斯林，其中约70%为逊尼派（图4-11）。普什图族、塔吉克族、乌兹别克族大多属于逊尼派。什叶派的主体是哈扎拉族。伊斯兰教不仅提供了一整套信仰和道德体系，深深影响了阿富汗人的价值取向和思维定势，而且对每一个社会组织和个体的行为都具有极强的约束力。在过去的1 000多年中，阿富汗的大部分人文知识主要是由宗教机构和宗教阶层传承的。因此，伊斯兰教在阿富汗社会和政治生活中的各个方面都有着深入影响。阿富汗的民族概念发育未久，国家和社会两相分离，人们往往只效忠于部落与地方社区，宗教是唯一可以构成全体阿富汗人共性的东西，代表着阿富汗文化的基本特性。

一、伊斯兰教传播与发展

公元651年，阿拉伯远征军先后占领了现今的阿富汗西部地区（赫拉特和巴尔赫），从此伊斯兰教开始在阿富汗传播。阿富汗境内山地和高原占全国面积的五分之四，像努里斯坦这样的地区几乎完全与世隔绝。此前在阿富汗土地上存在着各种各样的宗教信仰，城镇和农村居民信奉佛教、印度教、祆教、基督

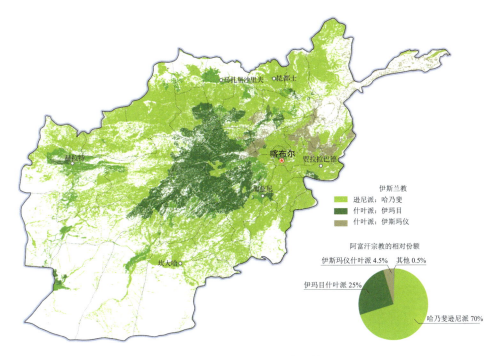

图 4-11 阿富汗宗教地理格局

资料来源：http://www.Gulf2000.Columbia.edu/maps.shtml，作者翻译。

教和犹太教，游牧部落信奉部落原始宗教。当时阿富汗地区的大多数居民都处在游牧或半游牧状态，氏族部落制度根深蒂固，部落首领在其领地上拥有至高无上的权力。这样独特的地理和人文社会环境，致使伊斯兰教在阿富汗传播异常缓慢。

9世纪前期，阿拉伯阿巴斯王朝开始逐渐瓦解。波斯帝国境内出现了许多地方政权，它们在亚洲的诸多地方小国大部分与阿富汗有关。这些地方政权先后是塔希尔王朝（821—873年），萨法尔王朝（873—903年），萨曼王朝（874—999年），加兹尼王朝（962—1186年），古尔王朝（1000—1215年）。正是在这些波斯人和突厥人建立的王国统治时期，伊斯兰教逐步完成了在阿富汗的传播，实现了阿富汗地区的伊斯兰化，其中萨曼王朝和加兹尼王朝的统治者对伊斯兰教在阿富汗的传播做出了最大的贡献。

萨曼王朝是由巴尔赫附近的贵族建立的。其祖先原先为祆教祭司，后来皈依伊斯兰教逊尼派，统治了阿富汗地区、河间地区和波斯大部分地区长达120

年。萨曼人对伊斯兰教的突出贡献表现在两个方面：第一，使突厥人伊斯兰化，并成为逊尼派的追随者，突厥人在随后的几个世纪中成为欧亚大陆接合部的主导政治力量，最终建立了横跨欧、亚、非大陆的奥斯曼帝国；第二，推动了波斯文化的复兴，使波斯文化成为伊斯兰文化的组成部分。萨曼王国各个时期的国王都致力于波斯文化和艺术发展，这使得古老的波斯文化焕发活力，并使波斯文化传统与阿拉伯文化传统相结合。如今，波斯文化遗产成为伊斯兰文明的一部分。

14 世纪末，阿富汗地区处于信仰伊斯兰教的帖木儿王朝的统治之下。这一时期阿富汗人开始由游牧向农耕定居过渡，阿富汗地区的部落也从宗法氏族关系过渡到封建关系。帖木儿王朝的统治者崇尚文化艺术，促进阿富汗地区出现了文明开化的局面，修缮和改建赫拉特大清真寺就是一个标志性的象征。

1895 年，阿富汗国王阿卜杜·拉赫曼汗率军征服卡菲里斯坦——"异教徒之邦"，使卡菲里斯坦居民皈依伊斯兰教，并将其改名为努里斯坦——"光明之邦"，但当地民众仍保留着部分原始的信仰和文化方式。至此，阿富汗全境民众都信奉伊斯兰教。19 世纪末拉赫曼汗推行伊斯兰教法，作为国家统一的律法。

在历史的长河中，阿富汗是一个反复被统治、争夺、侵扰的地区，也是面临永无休止争夺、政权频繁更迭的国度。在政治上，对待国内问题时，阿富汗的部落认同居主导地位，宗教居从属地位；一旦遭遇外敌入侵，宗教便上升到主导地位，部族因素居从属地位。伊斯兰教赋予了阿富汗人民在一个共同信仰下的凝聚力，各部族原有的尚武精神，为宗教色彩的"圣战"所深化，成为阿富汗人在遭遇外敌入侵时全国民众团结一致、共同对外的精神旗帜。这在阿富汗建国后的三次抗英战争中，以及在反抗苏联入侵的斗争中体现得尤为明显。在经济上，为确保国家财政收入，哈里发①确定了统一的税费制度，非穆斯林除了缴纳统一税费外，还需缴纳数额不等的人头税以及其他费用，许多民众为了避免缴纳高额的税费最终皈依伊斯兰教。此外，伊斯兰教的基本教义对阿富汗当地社会具有广泛的包容性和吸引力。伊斯兰教道理简单明了，易于施行，没有繁冗的入教仪式。传入阿富汗的伊斯兰教主要是哈乃斐学派，在传播伊斯兰

---

① 哈里发是伊斯兰教宗教及世俗最高统治者的称号。

教的过程中，尊重和容忍当地部落是该教派习惯做法。以上原因使得伊斯兰教在阿富汗能够顺利传播。

二、伊斯兰教苏菲主义发源地

伊斯兰教的神秘主义——苏菲主义起源于禁欲主义，伊斯兰教内的虔信者以此规范自身的宗教生活。阿富汗是苏菲主义的重要发源地。公元 9 世纪，阿富汗赫拉特、契斯特、贾姆等城市是著名的伊斯兰教苏菲活动中心。一大批著名的苏菲主义诗人和学者在此产生。12 世纪中叶至 13 世纪中叶，伊斯兰世界最伟大的神秘主义思想巨匠都诞生于此。苏菲主义在阿富汗民间具有广泛的影响，渗入各派穆斯林的生活习俗当中。由于历史原因，苏菲主义在阿富汗民间已经发生了变化，有的神秘主义者吸食麻醉品，有的靠占卜、驱魔治病来换取生活来源，有的处于"人神"状态。阿富汗东部边界的普什图部落地区，还存在隐修式苏菲。与正统的苏菲导师——穆里德基于个人效忠的师徒关系不同，隐修式苏菲是集体效忠关系，往往是一个部族、部落对某个导师家族表示忠诚。而导师则通过祈神赐福使部落得到真主的庇护。

阿富汗的宗教阶层主要由毛拉、乌里玛、赛义德、霍加以及导师组成。大部分毛拉出身贫寒，没有显赫身世，只接受了初级的宗教教育，只能进入某个乡村的清真寺工作。乌里玛大多也没有显赫身世，他们从小就在宗教学校或清真寺接受基本教育，而后进入较高级的宗教学校。赛义德是先知穆罕默德之女与阿里所生后裔，赛义德和霍加不一定受过宗教教育，但因其不同寻常的出身而获得民众尊敬。导师有自己的信徒和追随者，在过世后常会被门人弟子尊奉为圣徒，其陵墓往往被奉为圣墓，是其他追随者的朝拜地。导师一般是苏菲教团的教主。家境显赫，大部分是赛义德出身，因号称是信徒与真主之间的联络人而受人尊敬。在阿富汗，乌里玛、圣族或圣门后裔在许多情况下的身份是相互重叠的。

阿富汗的主要宗教设施包括清真寺、宗教学校、道堂以及圣墓。阿富汗著名的清真寺有赫拉特清真寺、蓝色清真寺。宗教学校遍布阿富汗全国，为伊斯兰教的传播培养基层的宗教骨干，为宗教领袖发挥社会影响提供制度保证。道堂是苏菲教团接受新弟子入会并进行入会仪式的场所，也是导师讲经授义、举行日常宗教仪式或祭祀活动的地方。圣墓则是圣徒的陵寝，许多圣墓有专门的拜谒日期，并有专人主持拜谒活动。

三、伊斯兰教本地化

伊斯兰教在阿富汗的本地化使得阿富汗伊斯兰教特点非常显著。

（1）阿富汗伊斯兰教具有广泛的兼容性，并呈现出文化多元性。阿富汗伊斯兰教不是大一统文化，而是多元化的群体。这主要表现在阿富汗的伊斯兰教中融入了大量原始宗教和前伊斯兰教思想。

阿富汗穆斯林大多属于逊尼派哈乃斐教法学派。这是伊斯兰教四大教法学派中较为宽容的派别，比较容易吸收当地文化和传统习俗，包括祆教、佛教、印度教、景教等在历史上已被阿富汗人民接受的宗教。随着王朝的更迭，阿富汗伊斯兰教又融入了波斯、突厥、蒙古等文明及其宗教元素，文化内涵变得更加丰富多彩。

（2）阿富汗伊斯兰教来源呈现多样性和复杂性。阿富汗的伊斯兰教保留了许多本地原始宗教要素，有些信仰或者行为甚至与伊斯兰经典所载明的原则相违背。比如，当地穆斯林既信奉真主也祭拜鬼神，这有悖于伊斯兰教关于"除了真主再无神灵"的教义。毛拉为病人驱魔驱邪口念咒语则体现了原始萨满教的文化遗风。阿富汗人认为，梦是一种接受神赐智慧以及与真主交流的渠道，而这与真主通过穆罕默德降世发布最后启示的伊斯兰教思想格格不入。伊斯兰教教义规定禁止买卖致幻剂（如海洛因、鸦片等），但阿富汗毒品交易十分猖獗，原教旨主义的塔利班也同样如此。伊斯兰教是一种宗教信仰，也是意识形态和文化体系，其中包含了大量道德文化和生活方式的教诲。它具有自成体系的哲学思想，教义、教法、教规制度和伦理道德规范，对阿富汗的政治、社会、文化都产生了很大的影响。

伊斯兰教与阿富汗国家政治生活紧密地融合在一起，成为维持和巩固政权的重要工具。阿卜杜尔·拉斯曼汗是阿富汗历史上第一位有意识、有目的地利用伊斯兰教为政治服务的统治者。1964年阿富汗的宪法规定，国王必须是伊斯兰教逊尼派哈乃斐教法学派穆斯林，必须按照教法学派的规定指导宗教仪式。

2004 年的阿富汗宪法规定总统必须是穆斯林。在 20 世纪 60—70 年代全国议会选举中，伊斯兰教领袖始终是议会中人数最多的集团。

伊斯兰教为阿富汗人反抗外国侵略提供了宗教凝聚力。在阿富汗这个被部落、种族、地域分割得支离破碎的社会，伊斯兰教是唯一能够凝聚社会力量共同反抗外敌的精神力量。

伊斯兰教对阿富汗社会文化的影响无处不在。生活习俗、服饰风尚、烹调艺术、节日庆典、婚嫁丧娶，日常生活的细节小事，都受到伊斯兰文化的熏陶。

原始宗教常常以相信万物有灵和灵魂不灭为思想基础。其崇拜形式主要为对自然力和自然物的崇拜，以及对灵魂灵物的崇拜等。阿富汗的原始宗教主要表现为精灵崇拜、山羊崇拜和萨满教，在经历了千百年异质文化的冲击后，原始宗教仍然深植于阿富汗社会，并全方位持续影响阿富汗人的生活方式。阿富汗当今的风俗习惯中仍然存在原始宗教信仰影子。

第四节　城市与乡村

一、城市地区

2000—2010 年，阿富汗的城市人口以每年近 4.5％的速度增长，但是这种增长主要来自自然增长，而非农村向城市移民。2000—2010 年，在阿富汗官方划分的城市居住区中，人口增长速度非常缓慢，每年仅略高于 1.2％（Ellis *et al.*,2016）。

1999—2010 年，阿富汗城市地区面积的年增长率接近 14％，是南亚地区增长最快的地区，增长速度是城市人口的三倍多。城市地区低密度快速蔓延、居民贫困和贫民窟扩张反映了阿富汗城市化的混乱状态。自 2000 年以来，阿富汗的城市化由服务业主导，完全不同于人们的历史经验和预期。不断增长的城市人口为阿富汗住房供应带来极大挑战。在城市人口密度保持不变的最佳情况下，应对这一挑战需要在 2010—2050 年将城市可开发土地面积扩大 6 959 平方千米，或者超出现有建成区面积的 350％。同时，喀布尔空气污染极为严重。

　　《阿富汗城市现状 2015》首次全面、可靠地评估了阿富汗的 34 个省会城市。总体上，2006—2015 年因缺乏基本的"城市行动议程"，阿富汗城市的发展是随意的、非正式的，城市基本服务有限，社会排斥和经济分裂现象严重。没有足够的国家政策和法规指导城市发展，务实的空间规划非常有限，城市治理薄弱等说明阿富汗面临着不可避免的城市化转型，以确保城市有效管理和基础服务的公平供给。

　　阿富汗的城市发展是国家建设、社会经济发展的推动力。但因缺乏有效的城市发展和管理政策，加上投资不足、协调不善，致使城市治理和土地管理薄弱，城市的潜力大大受到限制。阿富汗的城市化基本上是非正式的。2005—2015 年，由于缺乏有效的空间规划、合理的土地规制和住房政策，城市迅速扩张，其结果呈现为非正式的低密度城市蔓延，社会空间不平加剧，基础设施严重短缺。以城市为基础的服务业等经济活动已经占全国 GDP 的 50％以上（2015年），农业则占 25％（低于 2002 年的 50％）。城市社区的居民已经开始改善邻里关系，努力建设和改善社区。阿富汗还需不断改进城市建设和区域发展政策、法律和监管框架，以提高市政当局的权威和执行能力，避免再次出现非正式的、放任的城市增长，竭力促使城市成为社会、经济发展的驱动力，应对城市化带来的负面效应。

　　阿富汗 34 个省会城市共有 800 多万人口，约占阿富汗总人口的三分之一。喀布尔是最大的城市，不仅是首都和区域中心，也是过境贸易枢纽。阿富汗城市体系的空间结构在地理上相对平衡。作为首都，喀布尔占到了全国城市人口的 41％，居于主导地位；赫拉特、马扎里沙里夫、坎大哈和贾拉拉巴德四个区域中心共占 34 个省会城市人口的 59％。

　　除了上述五个最大的城市以外，阿富汗还有八个贸易和过境城市：拉什卡尔加、昆都士、塔卢坎、普利胡姆里、谢伯根、扎兰季、迈马纳和加兹尼。它们也拥有大量人口，是重要的区域经济和商贸中心（表 4-4）。在小地理尺度上，省域中心和集镇人口相对较少。

　　政府应针对首都喀布尔、区域中心、贸易中心、省级中心和集镇等特定的城市类型进行规划。国家空间规划有助于在未来几十年促进空间平衡和公平的城市增长，推进城市体系建设，减轻喀布尔的居住压力。

表 4-4　阿富汗 34 个省会城市的基本类型

城市类型	数量	城市
首都	1	喀布尔
区域中心城市	4	赫拉特、马扎里沙里夫、坎大哈、贾拉拉巴德
贸易与转运中心城市	8	昆都士、拉什卡尔加、塔卢坎、希尔比干、普勒霍姆里、梅马内、加兹尼、扎兰季
省中心城市	14	法扎巴德、恰里卡尔、塔林科特、卡拉特、法拉、瑙堡、巴米扬、米特拉姆、霍斯特、艾巴克、萨尔普勒、阿萨德阿巴德、恰格恰兰、沙朗
小城市	8	巴萨拉克、帕伦、迈丹城、普勒阿拉姆、马哈茂德埃拉基、尼利、努里斯坦、巴格兰

资料来源：United Nation HABITAT，2019.

阿富汗城市的土地利用现状及其空间格局是二十多年来非正式、自由放任的城市增长的结果。可以通过现有城市地区内的空置地块的开发利用，发挥城市土地潜力，实现未来的城市增长。总体上，阿富汗有 27％的城市建成区是空置地块（土地被规划但尚未利用），这是多年来土地掠夺、市政当局土地销售、私营部门投机行为的结果。以目前的建设密度，这些空置地块完全可以容纳更多的人口，以满足未来 10 年的城市增长。农业是阿富汗城市地区的重要产业部门之一，例如在贾拉拉巴德、喀布尔的城市扩张中，农业用地平均占城市地区总用地的 34％。由于缺乏城市发展规划，阿富汗的城市空公共空间不足，例如道路网平均只占建成区的 10％，公园和运动场所仅占 1.4％。土地掠夺、土地利用低效、非正规住区（70％的住房存量）的土地保有权不安全、中低收入家庭改善住房机会有限、经济活动用地不足等是阿富汗城市发展面临的诸多挑战。阿富汗迫切需要制定城市空间战略规划以及土地管理的国家政策以解决城市土地问题，改善城市流动性、优化公共空间、增加土地供给，以满足居民住宅、工商业发展的需求。

阿富汗城市还面临着人口贫困、社会不平等、性别不平等、社会排斥、青年失业高等巨大挑战。这是城市治理不力、城市化包容性不足、减贫不力的结果。目前，阿富汗有近三分之一的城市人口生活贫困（29％，约 200 万）；城市女性文盲占比 62％，是城市男性文盲（31％）的两倍，城市女性劳动力参与率仅为 13％，比全国平均水平（19％）低三分之一；城市年轻人（15—24 岁）占城市总人口近四分之一（23.6%），明显高于农村地区（17.8%），但城市并没有没能力提供相应的就业岗位。由于近期阿富汗国际经济援助放缓，预计城市贫困状况还会恶化。

预计阿富汗城市人口在未来 15 年内会翻倍，到 2060 年将达到 50% 的城市化水平。城市化虽然会带来诸多问题，但也可以成为经济和社会发展的重要动力。阿富汗的城市发展转型是一个必然的选择，主要的挑战是加强城市治理和制度建设、改善和加强基础设施建设、改善生态环境、保障充分就业、保障公平服务供给、改善住房和生活条件等民众生计、改善连通性、加强城乡联系。

二、乡村地区

在经历了长期战争和自然灾害之后，阿富汗已经成为世界上最贫穷的国家之一，人类发展指数世界排名第 174 位。数十年的政治不稳定破坏了治理、市场、社区的现代化和民主结构发展。多年的冲突使得大多数农村基础设施严重失修，环境恶化，许多农村人口只能从事自给自足的农业活动，粮食安全得不到保障，处于极端贫困状态。表 4-5 为 2005 年的阿富汗农村状况。2007 年，阿富汗农村地区的鸦片产量却创下历史新高，占全球供应量的 93%。

表 4-5　阿富汗农村发展景象和社会后果（2005 年前后）

景象
80% 的阿富汗人口生活在农村地区，其中大多数人从事农业生产；
只有 12%—15% 的土地面积适合耕种；
许多土地所有权和使用权问题尚未解决；
水资源限制禁止耕种多达三分之一的灌溉土地；
在一个反复干旱的国家，有 300 万公顷的土地被雨水灌溉；
1978—2004 年，农业产量每年下降 3.5%；
1997—2004 年，50% 的牲畜数量减少；
用于全面分析和规划的可靠数据和数据库不足；
58% 的村庄有有限的季节性道路或无通道；
到最近道路的平均距离为 4.6 千米；
13% 的阿富汗人没有稳定供电；
74% 的阿富汗人无法获得安全饮用水；
96% 的阿富汗人无法使用安全的厕所/卫生设施；
28% 的人根本没有厕所。

续表

社会后果
出生时平均预期寿命为 43 岁；
尽管经历了几十年的战争，54%的人口是男性，46%的人口是女性；
女性的死亡率高于同龄男性；
平均每个妇女生育 6.6 个孩子；
只有 19%的女性在合适的卫生机构分娩；
农村家庭平均规模为 7.5 人，家庭规模越大，居住者越穷；
大约 540 万人没有达到基本的饮食要求；
鸦片种植每年需要 700 万劳动日，涉及 330 万人；
缺乏土地安全会影响农民、牧民和私营部门的生计。

资料来源：MRRD and MAIL，2008.

在阿富汗 12%—15%适合耕种的土地中，据估计，灌溉土地为 300 万公顷、旱地农田为 350 万公顷，还有约 3 000 万公顷的牧场。多达三分之一的土地可以得到灌溉，但因水资源限制，很多土地尚未耕种。多年的战争和干旱导致环境退化、果园遭到广泛破坏、可耕地和牲畜数量急剧减少。据估计，1978—2004 年，农业生产的年产值平均下降率为 3.5%。

阿富汗农村地区的贫困不能简单地归因为资源匮乏，这种贫困实际上是被一定的社会和经济体系造就和维持的。这种体系的运作有利于某些特权阶层达到维持现状的目的（Kantor，2010）。实际上，阿富汗政府制定的政策似乎也对这种复杂的社会问题也无能为力。

村庄土地所有权的集中程度以及多样化非农活动所带来后果与家庭状况有关，比如家庭男性劳动力、健康和残疾状况等。一般情况下，村庄里富有的、在社会上有权势的群体不同程度地左右着村庄的利益。而能够给贫困家庭提供所需资源以维持等级关系是整体生计保障的关键。

阿富汗农村地区这种传统而保守的社会关系使其农村土地改革难以实现。无论是 20 世纪 70 年代达乌德政权相对温和的土地改革，还是卡尔迈勒政权的"革命性的土改"，不仅地主和部落高层，就连理论上获利的农民也纷纷反对。其主要原因是：首先，阿富汗的传统土地分配是以部落和村社所有制为基础的；其次，农村的保守宗教氛围浓厚，对阶级斗争叙事完全无感；第三，传统伊斯兰教义反对剥夺一个穆斯林的土地再将其给予另一个穆斯林。

在部落土地所有制下，阿富汗农村地区约二分之一到三分之一的农民拥有耕地，这些农民形成了自耕农阶级。地主阶级虽然掌握了大量土地，但绝大多数是仅有三个以内佃户的小地主，这类小地主自己也会住在乡间并参与耕作。由于地主往往依赖根深蒂固的部落等地方社会关系，其土地所有权源自所属部落的习俗和认可，也因此被本地人期望维持雇农、佃农的生活条件。农民们往往向乡镇商人或旅行商人借贷，而不会背负对地主的大笔债务。同时，按照当地民间习俗，佃农与地主间通常每年签署一次合约，而阿富汗农民的流动性很高，并不像一般封建社会那样被土地束缚。此外，多山的地形反倒有利于农民维持生计，由于贵族们占据了河谷和有灌溉的土地，于是不毗邻水源、没有灌溉设施的土地便成为事实上的公地，任何人皆可开垦。只要开垦，开垦者即可宣称所开垦土地的所有权且不必纳税，这是王国时期就被法律确定的[①]。

阿富汗农村地区的这种土地所有制会遏制土地兼并，即便大多数农民处于贫困和落后中，但也大体对现状满意。他们反而会因部落、村社自给自足的特性和社会纽带而抵制变革，更反对简单粗暴的指令式土改。

在阿富汗政府2016年进行的调查发现，超过85％的农村居民宣称自己或多或少拥有些土地，但大量农民的土地要么来自于风俗习惯，要么来自于塔利班政权对土改成果的逆转。总之，当地居民不认可西方顾问带来的资产阶级法权所谓"法律意义上的"土地所有权。无地农民大多在战乱中投入了罂粟这种劳动密集型作物的种植，受雇于地方豪强或军阀，也能维持基本生计。美军及其扶持的阿富汗政府出于维稳考虑，无意彻底变革农村的政治经济格局。

由于土地改革长期没有结果，阿富汗的农村开发与现代化无从谈起。在地方势力盘根错节、农村经济自给自足、土地归属混乱的情况下，对阿富汗农村的投资不仅效率极低，还往往会被消息灵通、人脉广泛的地方精英纳入自己腰包，进一步助长地方势力。阿富汗政府一直尝试将西方援助投入农村发展，但除改善灌溉等基础设施、扩大化肥使用等一些技术推广之外，农村的经济发展和生活水平依旧没有实质性改善，文盲率居高不下，部落和村社势力根深蒂固。

---

① 刘羽丰，2020年。

参 考 文 献

［1］廖敏、王静、何杰：《阿富汗概论》，世界图书出版有限公司，2016 年。

［2］王凤：《阿富汗》，社会科学文献出版社，2007 年。

［3］Ellis，P.，Roberts，M.，2016. *Leveraging Urbanization in South Asia：Managing Spatial Transformation for Prosperity and Livability*. World Bank.

［4］Ellis，P.，Roberts M.，2016. *Leveraging Urbanization in South Asia*. World Bank.

［5］Kantor，P.，Pain，A.，2010. Securing Life and Livelihoods in Rural Afghanistan：The Role of Social Relationships. *AREU*. Vol. 12.

［6］Lamer，W.，Foster，E.，2011. *Afghan Ethnic Groups. A Brief Investigation*. CFC Report in August.

［7］MRRD，MAIL，2008. Afghanistan National Development Strategy，Vol I Pillar Ⅶ. In：*Agriculture & Rural Development 1378-1391（2007-2012）* In Afghanistan National Development Strategy. Afghansitan Nationla Document.

［8］NSIA，2021. *Afghanistan Statistical Yearbook（2020）*. Afghnanistan NSIA Working Report in April，1st-Version.

［9］NSIA，2020. *Estimated Population of Afghanistan（2020-21）*. Afghnanistan NSIA Working Report in July.

［10］NSIA. 2021. *Estimated Population of Afghanistan（2021-22）*. Afghnanistan NSIA Working Report in April.

［11］United Nation，2019. *World Urbanization Prospects：The 2018 Revision*. New York：United Nation.

［12］United Nation HABITAT，2019. *State of Afghan Cities（2015）Vol. I*. United Nation Working Report.

第五章　经济发展的时空动态

第一节　经济发展

一、政治与经济

近半个世纪以来，阿富汗政局动荡、内战不断、战争频仍，巨大的经济潜力无法发挥，经济研究的可靠数据有限。自 1989 年苏联撤军之后，阿富汗经济发展大量依赖国际社会援助，甚至国际恐怖主义和贩毒网络的外部资金流动，严重影响了阿富汗国家的经济发展进程。阿富汗的经济发展处于一个极不稳定的状态（Nijssen，2010）。

（一）20 世纪 80 年代以前的经济发展

1919 年独立之后的阿富汗，试图快速实现国家经济的现代化。实际上，阿富汗的渐进式现代化改革一直持续到 20 世纪 50 年代中期。时任国王扎希尔·沙阿试图加快这种改革，利用国家银行和国企严格掌控国家经济和社会的现代化，包括工业化、教育普及等。

从 1950 年代开始，阿富汗的经济发展与冷战的世界局势交织在一起。1953—1963 年，阿富汗向美国和苏联寻求军事和经济援助。1950—1970 年，阿富汗外国援助来自苏联的占 50%，来自美国的占 30%。20 世纪 60 年代初，苏联投资了部分阿富汗大型基础设施，如 1964 年竣工的沙朗隧道大大缩短了阿富汗北部和喀布尔之间的旅行时间。截至 1967 年，阿富汗的铺装道路已达 1 931

千米，电力输出增加了 25%。

从 20 世纪 70 年代初开始，阿富汗经济明显下滑同时由于干旱导致严重饥荒，出口大量减少、进口增加，阿富汗货币迅速贬值。粮食的短缺诱发经常性的非法越境交易。1972 年，阿富汗出现"蔓延的危机"。政府未能及时为学生等年轻人创造新的就业机会，民众挫折感滋生，进而萌发社会激进主义思潮，助长了左派和伊斯兰运动。1973 年，随着这场愈演愈烈的政治和经济危机，一场不流血政变使前总理达乌德·汗成为新任总统。他很快启动了国家经济调控、社会福利改革和教育普及等新的现代化计划。

同时，阿富汗不断寻求国际援助以加快基础设施建设。1973 年，阿富汗与苏联签署协议，试图引进价值 2 亿美元的苏联援助推进石油开发、贸易发展、交通运输、农业灌溉、工厂和公路建设。然而，基础设施投资不一定在短期之内转化生产力。世界银行的记录表明，长期以来只有 5% 的阿富汗人口能够得到间歇性的电力供应；而自来水、通信服务仅限于城市地区。事实上到目前为止，阿富汗大部分基础设施建设和经济发展都集中在城市地区。因此，外来援助加剧了阿富汗城市地区（政治和经济中心）与外围地区的隔离。当年阿富汗推进的天然气开采大部分输送到了苏联，虽然每年可以获得大约 5 000 万美元的收入。此外，尽管矿产开发带来了一些新的经济活动，但总体上为阿富汗提供的就业机会很少，对国内生产总值的贡献率极低。

总体上，在 20 世纪 70 年代，阿富汗的财政体制规模小而且集中，各省既无税务机构更无财政预算。1978 年，阿富汗的税收约占国内生产总值的 7%，而这些税收的三分之二来自对外贸易。这些情况说明阿富汗在相当程度上依赖于国际体系，以补偿其无力治理并改变社会的执政能力。1972—1976 年，阿富汗农业有所发展；1978 年，阿富汗国际贸易有改善其经济作物出口占到了国内生产总值的 15%。但在此时，仍大约有 80% 的阿富汗人口依赖于农业经济，农业占国内生产总值的 60%。这种状况一直持续到 2010 年。

为促进工业发展，阿富汗的银行被国有化，政府控制了最重要的私营企业。但是，整个 20 世纪 70 年代阿富汗的经济发展进程缓慢，改革未能实现如期目标，世界银行等外来援助有所减少。最终导致阿富汗国家的不稳定性增强，以及对苏联的严重依赖，达乌德政权于 1978 年被暴力推翻。

（二）1978—1989 年传统经济基础遭受严重破坏

1978 年，世界银行建议阿富汗重点发展园艺和畜牧业，以发挥小规模农业生产的比较优势，但是苏联的介入抑制了这一战略实施。面对日益加剧的冲突局势，阿富汗本已惨淡的经济进一步恶化。1979 年苏联入侵阿富汗后，西方国家停止了援助承诺，阿富汗经济系统几乎完全依赖苏联，苏联每年的对阿援助支出达到 2 亿美元左右。根据世界银行的数据，在苏联入侵阿富汗期间，阿富汗的国内生产总值出现下降，但基础设施显著改善。阿富汗的道路交通变得更加可靠、安全，到 1987 年，卡车已经可以替代驮畜输送贸易货品和人道主义援助物资。

尽管如此，这一时期很多阿富汗熟练工人和受过教育的人离开阿富汗。同时，致命的暴力冲突导致许多民众流离失所，估计有 350 万阿富汗人丧生。因此，在 20 世纪 80 年代，阿富汗的农业生产力严重下降。1982 年的农业歉收造成的主要食品短缺进一步激发了广泛囤积行为，黑市猖獗。1981—1982 年，阿富汗的基本商品价格上涨了 95%。此外，苏联对阿富汗抵抗势力控制地区生产的破坏导致冲突持续，交通中断，进一步使农业产值下降。

苏联入侵后，阿富汗的大宗商品进口依赖苏联、与西方国家贸易关系恶化，商品进出口总额下降近 50%。苏联向阿富汗提供工业设备、石油、肉类和谷物并改善交通运输基础设施；阿富汗则主要向苏联提供天然气和农产品。在此期间，阿富汗能源供应短缺导致其工业发展事实上陷于停顿状态，加工品明显减少。与此同时，不断激增的"战争经济"活动却为偏远地区的基础设施改善，包括道路、酒店和集市建设指明了方向。

（三）1989—2001 年战争经济的崛起

1989 年苏联撤军，阿富汗政府与阿富汗各派系之间的国内冲突导致货币供应量迅速增加、货币急剧贬值、粮食价格攀升。1992 年，圣战者组织获取了国家政权。由于军工贸易活动不能依赖外部支持，政府需组织国内经济活动以获取收入。苏联撤退时大量油气田被封，限制了阿富汗依靠油气资源获得收入。随着合法收入来源减少，苏联入侵发展起来的战争经济不仅得以延续，且呈扩大之势。在反苏抵抗运动期间建立的军工供应链被一些组织机构用来提供武器和物资，为阿富汗 20 世纪 90 年代出现的地方冲突奠定了战争经济基础。地方武装军官和商人的财富常用于贩毒、跨境走私等非法投资。地方武装军官通过掠夺、盗抢、设置路障、剥离资产、占用国家土地、非法征税和非法管制贸易等进行资产收缴，以获得收入。

此时阿富汗因为战争导致经济高度分散。阿富汗的一些重要城市融入了邻国的经济体系。例如西部的赫拉特、南部的坎大哈、北部的马扎里沙里夫等边境地区城市变成了自我调节的地区经济中心。

1996 年塔利班接管喀布尔，虽然塔利班控制了阿富汗的大部分地区，但他们与抵抗势力的战斗仍在持续，无法集中管理和经营公共服务，各地区都由地方当局管理，各行其是。在这期间，阿富汗与中亚、南亚和中东邻国之间经济联系使得汽车、武器和毒品得以流通，掠夺性活动盛行，社会权力进一步分裂。此时跨境贸易起到了离心作用，将经济活动从首都喀布尔转移到省会城市。塔利班利用多国网络，使国家边界的渗透性越来越强，跨国贸易有所增加。

在 20 世纪 90 年代期间，阿富汗天然气销售等合法收入有所下降。塔利班通过控制主要道路、城市、机场和过境点获取税收收入。仅 1997 年塔利班政权就赚取了 21 亿美元。随着势力范围的不断扩张和增长，塔利班政权也开始变为等级加森严的政府体系，其资金来源依靠毒品生产和贩运等。塔利班对收获的鸦片征收 20% 的税。截至 2000 年，阿富汗的经济活动仍然由过境贸易、毒品贸易和宝石贸易三部分构成。

（四）2001—2010 年的经济发展

2001 年之后，阿富汗的经济开始走上正轨，合法经济发展迅速。2002—2008 年，阿富汗人均国民总收入翻了一番，2007—2008 年实际国内生产总值增长 13.5%（图 5-1）。但是，阿富汗的经济产出主要是与援助活动有关的建设项目和私人消费推动的。由于阿富汗矿产资源的勘探和开发在积极推进，许多国家和私人企业积极参与开发阿富汗的自然资源。例如，中国冶金集团公司

（MCC）在喀布尔南部的艾纳克铜矿投资 37 亿美元①。俄罗斯也有意恢复投资价值 10 亿美元的苏联时期的公共工程项目。2001 年以来，阿富汗国内收入迅速增加，从 2002—2003 年的 1.31 亿美元增加到 2008—2009 年的 8.31 亿美元。然而，安全问题仍然是阻碍阿富汗经济发展的关键因素。

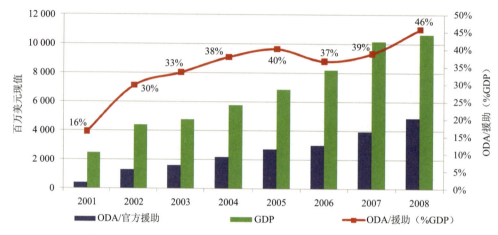

图 5-1　阿富汗外部资金和国内生产总值（2001—2008 年）

注：ODA（Official development assistance，官方发展援助），系经济合作与发展组织（OECD）为促进并专门针对发展中国家经济发展和福利的政府援助。

资料来源：https://databank.worldbank.org/source/world-development-indicators.

阿富汗的战争经济形成了区域经济活动的特殊模式和相关的社会、政治网络，这种区域经济模式与合法经济竞争，产生了破坏性影响。

（五）2010—2020 年的阿富汗经济

2010—2020 年，虽然有阿富汗塔利班等势力持续不断的干扰和冲击，但是阿富汗的经济发展总体向好。2020 年，阿富汗 GDP 总量达到了 198.07 亿美元，相比 2010 年增加了 39.5 亿美元（表 5-1）。

2020 年，阿富汗农业增加值达 53.51 亿美元，占 GDP 比重 27.01%；工业增加值为 24.7 亿美元，占 GDP 比重为 12.47%，其中制造业实现增加值 11.81 亿美元，占 GDP 比重 5.96%，占工业增加值比重为 94.71%（表 5-2）。

---

① http://news.sina.com.cn/c/2008-06-02/171915667154.shtml.

表 5-1　阿富汗 GDP 状况（2010—2020 年）

时间	GDP（亿美元）	GDP 年增长率	人均 GDP（美元）
2020 年	198.07	2.67%	516
2019 年	192.91	5.11%	494
2018 年	183.54	−2.73%	485
2017 年	188.70	4.73%	516
2016 年	180.18	−9.49%	512
2015 年	199.07	−2.82%	556
2014 年	204.85	−0.37%	614
2013 年	205.61	2.79%	624
2012 年	200.02	12.35%	638
2011 年	178.04	12.28%	591
2010 年	158.57	27.48%	543

资料来源：https://data.worldbank.org/country/afghanistan? view＝chart.

表 5-2　阿富汗农业、工业及制造业增加值（2010—2020 年）

时间	GDP（亿美元）	农业增加值（亿美元）	占 GDP比重	工业增加值（亿美元）	占 GDP比重	制造业增加值（亿美元）	占 GDP比重
2020	198.07	53.51	27.02%	24.70	12.47%	11.81	5.96%
2019	192.91	49.72	25.77%	27.13	14.06%	13.59	7.04%
2018	183.54	40.46	22.04%	24.57	13.39%	11.31	6.16%
2017	188.70	49.85	26.42%	18.97	10.05%	6.66	3.53%
2016	180.18	46.38	25.74%	18.86	10.47%	7.41	4.11%
2015	199.07	41.08	20.64%	44.04	22.12%	22.73	11.42%
2014	204.85	45.35	22.14%	43.49	21.23%	23.51	11.48%
2013	205.61	46.90	22.81%	42.04	20.45%	23.64	11.50%
2012	200.02	48.79	24.39%	42.32	21.16%	24.97	12.48%
2011	178.04	42.27	23.74%	40.49	22.74%	24.53	13.78%
2010	158.57	41.56	26.21%	33.54	21.15%	19.86	12.52%

资料来源：https://data.worldbank.org/country/afghanistan? view＝chart.

2020 年世界人均 GDP 为 10 925.73 美元，阿富汗人均 GDP 则为 508.81 美元，仍处于世界各国最低水平，与 2010 年人均 GDP 数据相比略有减少，十年减少 34.49 美元。

二、宏观经济趋势①

2001 年以来，阿富汗的经济发展有了很大改善，特别是在清洁水、电力、教育和保健服务等方面取得了较大成果。政府收入自 2014 年以来持续增长，宏观经济管理表现良好，公共财政、营商环境、保健、教育和基础设施建设等方面改善明显、成效显著。阿富汗的一些关键经济发展指标有所提升。

但是，阿富汗仍然面临着局势不安全和政治不确定，国内暴力冲突仍在持续。2019 年，阿富汗平民伤亡人数连续六年超过 1 万人，难民危机仍然存在。冲突导致的难民人数从 2018 年的 36.97 万人增加到 2019 年的 46.28 万人；同时 2019 年，有 50.50 万难民从伊朗返回阿富汗。2020 年的新冠疫情使阿富汗经济受到重创，对当地消费、出口和汇兑产生了负面影响，致使阿富汗的经济收缩至少 5%。

2020 年 2 月 29 日，美国与塔利班签署了和平协议；9 月 12 日，阿富汗政府与塔利班开始直接和谈。但是，2021 年 4 月美国及其盟友宣布将从阿富汗全面撤军，引发阿富汗局势迅速变化；2021 年 8 月，塔利班开始接管政权。由于国际和民间援助承诺多于 2020 年到期，这给阿富汗未来的国际援助水平、安全以及发展所需的支出带来诸多不确定性，对阿富汗投资和经济增长方面将会产生根本性影响。

在可预见的未来，经济援助的急剧下降将迫使阿富汗公共服务大幅收缩，以致破坏已有发展成果和未来增长前景。那些明确承诺的国际社会援助可以继续支持阿富汗，这对阿富汗政权稳定、社会和谐，以及投资的改善至关重要。

阿富汗其他实质性经济下行风险仍然存在，如政治不稳定、安全状况恶化、援助减少，以及不利区域经济或政治发展的状况进一步加剧。由于劳动力需求疲软和服务供给受限，阿富汗的贫困率仍居高不下（表 5-3、表 5-4、表 5-5）。

---

① 主要参考 https://www.worldbank.org/en/country/afghanistan/overview。

表 5-3　阿富汗主要经济指标（2005—2021 年）

经济指标	2005	2010	2015	2019	2021
GDP：国内生产总值（百万美元现价）	14 699	16 078	18 713	21 993	17 877
GDP：增长率（年％，基于 2010 价格）	5.2	3.2	− 1.4	2.5	4
GDP：人均（美元现价）	503.6	558.2	543.8	619	469.9
经济：农业（总增加值的％）	33.2	28.8	27.3	23.9	26.9
经济：工业（总增加值的％）	13	21.3	10.8	22	12.8
经济：服务业和其他（总增加值的％）	53.8	49.8	61.9	54.1	60.4
就业：农业（就业人数的％）	54.7	64.5	47.1	61.7	42.4
就业：工业（就业人数的％）	14.4	6.1	17	6.8	18.3
就业：服务业（就业人数的％）	30.9	29.4	35.8	31.5	39.4
失业（劳动力的％）	11.5	7.8	11.4	8.8	11.2
劳动力参与率（女性/男性人口，％）	14.9/78.4	42.7/82.7	18.8/76.2	48.8/82.1	21.8/74.6
消费价格指数（2010＝100）	100	100	133	145	150
农业生产指数（2004—2006＝100）	93	116	96	125	111
国际贸易：出口（百万美元现价）	388	388	571	822	1 022
国际贸易：进口（百万美元现价）	5 154	5 154	7 723	8 345	9 683
国际贸易：平衡（百万美元现价）	− 4 766	− 4 766	− 7 151	− 7 523	− 8 661
经常账户收支（百万美元现价）	− 578	− 1 732	− 4 193	− 4 227	− 3 137

资料来源：http://data.un.org/en/iso/af.html.

表 5-4　阿富汗主要社会指标（2005—2021 年）

社会指标	2005	20210	2015	2019	2021
人口增长率（年均％）	2.6	2.6	3.3	3.3	2.5
城市人口（总人口的％）	23.7	23.7	24.8	25.8	25.8
城市人口增长率（年均％）	3.7	3.7	4	4	...
总生育率（每位女性的活产率）	6.5	6.5	5.4	5.4	4.6
出生时预期寿命（女性/男性，岁）	61.0/58.3	61.0/58.3	63.8/60.9	63.8/60.9	65.8/62.8
人口年龄分布（0—14/60＋以上，％）	48.2/3.9	48.2/3.9	44.9/4.0	42.5/4.2	41.2/4.3
国际移民（千人/总人口，％）	102.3/0.4	102.2/0.4	339.4/1.0	133.6/0.4	144.1/0.4

续表

社会指标	2005	2010	2015	2019	2021
UNHCR 估计的难民及相关者（千人）	1 200.0	1 200.0	1 421.4	2 537.1	2 802.9
婴儿死亡率ᵉ（每 1 000 活产）	72.2	72.2	60.1	60.1	51.7
健康：经常支出（GDP 的 %）	8.6	8.6	10.1	10.2	9.4
健康：医生（每 1 000 人口）	0.2	0.2	0.3	0.3	0.3
教育：政府支出（GDP 的%）	3.5	3.5	3.3	3.9·	4.1
教育：毛入学率比例（女/男，每 100 人口）	80.6/118.6	82.7/120.6	83.5/122.7	84.2/122.7	82.9/124.2
教育：中学毛入学率比例（女/男，每 100 人口）	33.3/66.9	34.3/68.6	36.8/65.9	39.6/69.1	40.0/70.1
教育：高等教育入学率比例（女/男，每 100 人口）	17.8/42.7	1.4/6.1	27.1/52.6	3.6/14.6	28.5/52.4
故意凶杀率（每 100 000 人口）	3.4	3.4	9.8	6.3	6.7
女性在国会占据的席位（%）	27.3	27.3	27.7	27.7	27

资料来源：http://data.un.org/en/iso/af.html.

表 5-5　阿富汗主要环境与基础设施指标（2005—2021 年）

基础设施指标	2005	2010	2015	2019	2021
互联网使用个体数（每 100 居民）	1.2	4	8.3	11.4	11.4
受威胁的物种（数）	33	34	38	40	48
林区面积（土地面积%）	2.1	1.9	1.9	2.1	1.9
CO_2 排放估计（百万吨/人均吨）	1.3/约 0.0	8.5/0.3	—	9.8/0.3	—
初级能源生产（拍焦耳）	23	41	61	70	89
人均能源供给（千兆焦）	1	5	4	4	4
重要的陆地生物多样性保护地（%）	约 0.0	6.1	5.7	6.1	5.7
利用安全管理的饮用水人口（城/乡,%）	—	28.2/16.3	32.4/20/4	—	36.4/24.5
收到的官方援助净值（占国民收入%）	44.78	39.25	44.78	18.10	21.34

资料来源：http://data.un.org/en/iso/af.html .

第二节　农业生产

一、农业发展

农牧业是阿富汗国民经济的主要支柱，但其耕地不到全国土地总面积的20%，同时，阿富汗又是世界第一大毒源地——"金新月"[①] 的中心。2018 年阿富汗鸦片产量约 6 400 吨。鸦片经济严重影响了阿富汗的和平重建进程，也对地区和平与安全带来威胁和挑战。

农业既是阿富汗稳定内需的手段，又是其重要的经济增长动力。2015 年，受益于政局趋稳、国际投资环境持续改善以及国际人道主义的援助等，阿富汗社会经济呈现出恢复性发展，特别是农业经济发展表现出新的活力。2016/17 年度，阿富汗国内生产总值为 13 149.46 亿阿尼（相当于 192.19 亿美元），其中农业总产值为 3 165.10 亿阿尼（相当于 46.26 亿美元），占 24.1%（表 5-6）。农业就业人口占就业人口总数的 61.4%。但阿富汗国内的长期社会不稳定，安全形势严峻，农业投资较少等致使农业发展严重滞后。

2016/17 年度，阿富汗农业用地面积为 961 万公顷，约占总面积的 14.7%。其中，休耕土地面积为 422.8 万公顷，灌溉作物面积为 245.7 万公顷，无灌溉设施作物面积为 114.4 万公顷，森林面积为 178.1 万公顷。总体上受气候条件、环境特征和农业灌溉设施等影响，阿富汗的农业资源利用有限，农产品产量呈波动性变化，但农业的增产、增值、增效和农业土地开发等存在较大的发展潜力。

---

① "金新月"地区位于阿富汗、巴基斯坦和伊朗交界的三角地带，包括伊朗的锡斯坦省、巴基斯坦的俾路支和西北边境省，以及阿富汗的边境各省，跨越 3 000 多千米的边界线，因其空间形态呈新月状，又盛产鸦片，故名。这里人烟稀少、气候干燥、交通不便，处于与世界半隔离的状态。由于自然灾害和连年的战争，该地区在 20 世纪 80 年代以后发展成为一个新的毒品产区，鸦片种植面积达 6 万公顷。其中，伊朗有鸦片耕地 3 万公顷，阿富汗有鸦片耕地 2 万公顷，巴基斯坦最少，但也达到 5 000 多公顷。

表 5-6   阿富汗农业生产情况（2002/03—2016/17 年度）

年度	总产值（亿阿尼）	谷物		水果		畜牧		其他	
		产值（亿阿尼）	占比（%）	产值（亿阿尼）	占比（%）	产值（亿阿尼）	占比（%）	产值（亿阿尼）	占比（%）
2002/03	874.25	368.29	42.10	60.35	4.90	111.81	12.80	333.81	38.20
2003/04	988.08	372.65	37.70	68.07	6.90	164.75	16.70	382.58	28.70
2004/05	889.55	266.67	30.00	73.85	8.30	196.08	22.00	352.94	39.70
2005/06	1 121.94	460.91	41.10	70.84	6.30	192.56	17.20	397.64	35.40
2006/07	1 225.11	415.67	33.90	72.06	5.90	217.24	17.20	520.15	42.50
2007/08	1 743.43	784.06	45.00	87.06	5.00	215.93	12.40	656.38	37.60
2008/09	1 501.33	546.18	36.40	104.56	7.00	221.80	14.80	628.80	41.90
2009/10	1 968.44	769.41	39.10	116.67	5.90	269.44	13.70	812.92	41.30
2010/11	2 073.00	801.00	38.60	172.47	8.30	300.70	14.50	198.84	38.50
2011/12	2 417.43	714.41	29.60	237.26	9.80	341.24	14.10	1 124.51	46.50
2012/13	2 758.18	1 148.07	41.60	256.22	9.30	339.13	12.30	1 104.76	36.80
2013/14	2 952.70	1 265.31	42.90	245.40	8.30	357.44	12.10	1 084.54	36.70
2014/15	2 940.38	1 343.06	45.70	318.22	10.80	365.80	12.40	913.29	31.10
2015/16	2 741.03	1 216.93	44.40	315.56	11.50	376.29	13.70	832.25	30.40
2016/17	3 165.10	1 165.68	36.80	446.54	14.10	401.02	12.70	1151.86	36.40

资料来源：乐姣，2019。

二、小农生产及其空间格局

阿富汗仅有 12% 的面积是可耕地，包括耕地、雨浇地、灌溉地和临时休耕地。森林覆盖率为国土面积的 3%，永久性草地覆盖率为 46%，村庄、山川覆盖率为 39%。作物以雨浇和灌溉的形式种植（图 5-2）。雨浇（旱地）小麦对谷物生产有重要作用。小麦是阿富汗的主要谷物作物，占消费量的 89%。供消费和出口的有杏、石榴、葡萄等水果，以及干果、坚果，杏、杏仁在出口中占有重要地位。

阿富汗农业生产技术落后，生产力水平低下，基础设施薄弱，农产品附加值低。当地农业以小农生产为主，包括种植业和畜牧业，种植业主要生产谷物

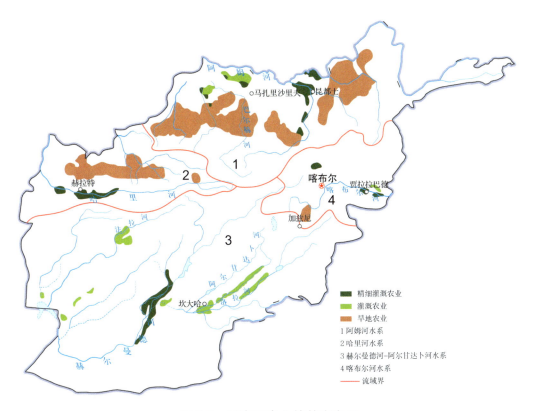

图 5-2　阿富汗农业的基本布局

资料来源：https://afghanwaters.net/wp-content/uploads/2017/10/P-194-F-8.1-Afghanistan-Agriculture.jpg.

类和经济作物等。2002—2017 年，阿富汗农业总产值总体呈增长态势；谷物产值占总产值的比重总体下降；畜牧业产值占总产值的比重基本保持稳定；水果产值占总产值的比重总体呈波动增加，并在 2016/17 年度首次超过畜牧业。2016/17 年度阿富汗农业总产值达到 3 165.10 亿阿尼，较 2002/03 年度增加 262.0％。其中，谷物产值为 1 165.68 亿阿尼，占农业总产值的 36.8％；水果产值为 446.54 亿阿尼，占 14.1％；畜牧业产值为 401.02 亿阿尼，占 12.7％（乐姣，2019）。

　　阿富汗谷物类农作物主要包括小麦、水稻、大麦和玉米。阿富汗历来重视谷物的发展，始终积极采取措施提高谷物的发展水平。虽然谷物产量总体呈增加趋势，但是仍然不能满足日益增长的国民需求。小麦和小麦粉、稻米等仍为主要的进口谷物。小麦是阿富汗最重要的粮食作物之一，2016/17 年度小麦产量占谷物类总产量的 82.4％。赫拉特、巴尔赫、塔哈尔等省是小麦的主产区

（图 5-3）。2002 年以来，全国小麦种植面积、单产水平及产量总体均呈波动增长态势。2016/17 年度阿富汗小麦和小麦粉的进口量首次突破 200 万吨，达到 220.56 万吨（乐姣，2019）。

2019 年，阿富汗主要粮食作物生产中，小麦产量 489 万吨，水稻产量 38 万吨，大麦产量 12 万吨，玉米产量 18 万吨，其作物种植地理格局如图 5-4、图 5-5、图 5-6、图 5-7 所示。粮食种植面积达 290 万公顷，蔬菜种植占灌溉总面积的 5.12%，马铃薯种植面积 5.7 万公顷，产量 92.1 万吨。马铃薯和洋葱是阿富汗极为重要的食物，常被用作主食制作。2019 年，阿富汗的洋葱种植面积为 18 343 公顷（NSIA，2020）。

水果、坚果和蔬菜类农产品是阿富汗重要的经济作物，主要包括葡萄、西瓜、棉花、杏仁和马铃薯等。其中，葡萄干、杏仁等是阿富汗主要的出口创汇农产品。葡萄是阿富汗最主要的水果之一，2016/17 年度葡萄种植面积占水果类种植总面积的 24.5%。葡萄产区主要分布在加兹尼、喀布尔、萨尔普勒等省份。2008/09 年度以来，阿富汗葡萄种植总面积呈稳定增长态势。2016/17 年度，葡萄种植面积稳定增至近年来的峰值 8.25 万公顷。同期，葡萄干的出口额占阿富汗农产品出口总额的 11.1%。2019 年，阿富汗耕地的 2.84%（22.2 万公顷）用于水果种植，其中葡萄产量 112.9 万吨。农村地区几乎所有的农户都有果树供自家食用。不同种类的果树有苹果、石榴、杏子、桑葚、葡萄。此外，果园产品也是该国许多地区农民的主要收入来源（NSIA，2020）。棉花生产主要集中在北部和南部两个地方（图 5-8）。

阿富汗畜牧业历史悠久，永久牧场约为 3 000 万公顷，占国土总面积的 46.0%，畜牧业资源可观。2002/03 年度以来，阿富汗畜牧业产值占农业总产值的比重保持在 12.1%—22.0% 之间，主要牲畜产品包括鸡、羊和牛。但是，由于阿富汗畜牧业发展落后、养殖效率低、畜牧产品有待开发等情况，其肉类和乳制品自给不足。2002/03—2016/17 年度，山羊和绵羊在内的羊存栏量一直是阿富汗畜牧业存栏量最高的畜产品，且总量呈波动增长趋势。

2001—2020 年，阿富汗塔利班武装组织、"哈卡尼网络"、"伊斯兰国"等极端主义势力的存在，对阿富汗农业生产的正常开展构成严重威胁。

常年战乱使阿富汗的农业基础设施遭到严重破坏、重建任务严峻，同时政

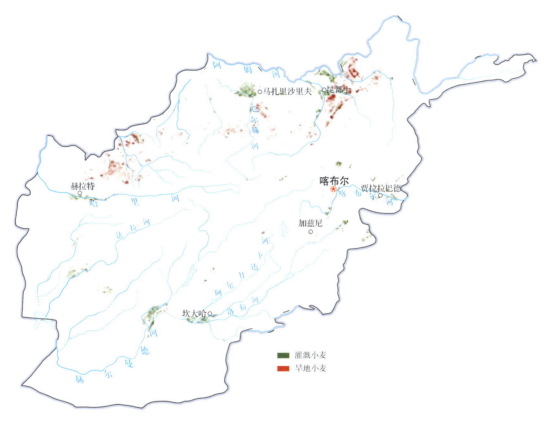

图 5-3　阿富汗灌溉小麦与旱地小麦种植分布

资料来源：https://agro.biodiver.se/2020/06/37831/.

府对农业的投资有限，导致水、电、气、路等农业基础设施极不完善，水平落后。许多耕地缺乏灌溉，更缺乏耕种和收割等现代化机械设施。

阿富汗农业生产技术落后，生产方式粗犷，缺乏科技推广和运用。农民获得的资金有限，农业投入和产出低。农村的过剩劳动力与低劳动生产率并存。

农业产业链有待开发。阿富汗的农业以小农生产为主，农民生产的粮食自给自足，缺乏大型农场和农业企业。种植业和畜牧业的加工产业链有待开发，农产品以初级加工或未加工为主，附加值低；产品采后处理、精深加工和质量安全控制等极度缺乏。境内联通设施匮乏，仓储和物流体系建设亟需完善，农产品贸易流通渠道有待拓宽。

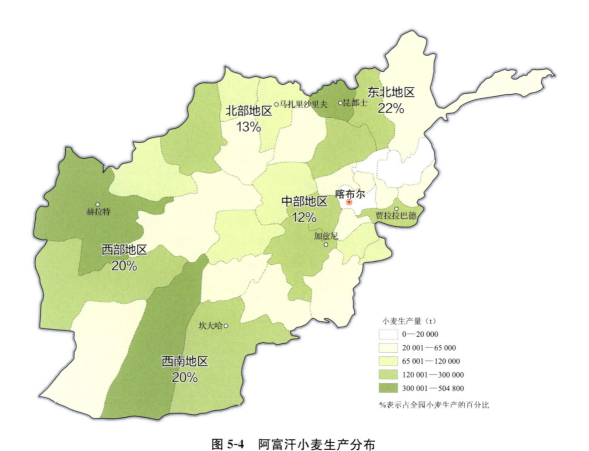

图 5-4 阿富汗小麦生产分布

资料来源：https://ipad. fas. usda. gov/countrysummary/Default. aspx? id＝AF&crop＝Wheat.

三、罂粟种植

2004 年是阿富汗历史上极为矛盾的一年。一方面，卡尔扎伊是该国有史以来第一位由人民选出的领导人，阿富汗的民主政治似乎进步到了顶峰。另一方面，阿富汗的罂粟种植面积却增加了三分之二，达到前所未有的 13.1 万公顷（图5-9）。虽然恶劣天气和病虫害降低了罂粟产量，但单位产出仍达到 4 200 吨/公顷，增长 17％。罂粟种植已经蔓延到了阿富汗所有 32 个省份（表5-8），毒品成为经济增长的主要引擎。罂粟市场的经济价值达到 28 亿美元，相当于阿富汗 2003 年国内生产总值的 60％。如果只计算合法经济活动的话，2003 年阿富汗的 GDP 为 46 亿美元（UNODC，2004）。

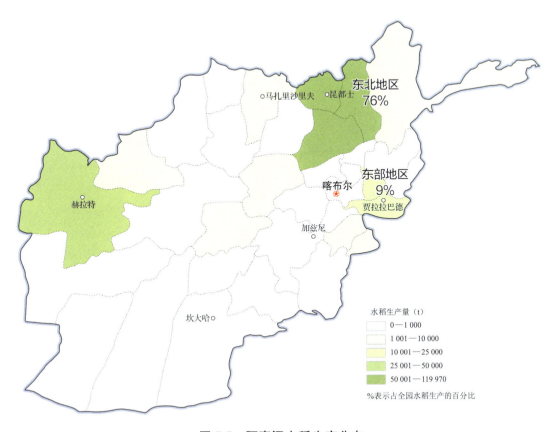

图 5-5　阿富汗水稻生产分布

资料来源：https://ipad.fas.usda.gov/countrysummary/Default.aspx?id=AF&crop=Rice.

　　显然，在 2001—2020 年，阿富汗当局与以美国为首的联军在维护当地安全局势时，没有将毒品问题列为优先考虑的问题。在阿富汗，罂粟显然比合法作物更加有利可图。要斩断这个毒瘤，必须对农民进行更加有效的说服，并且抑制毒品市场的驱动力。然而，国际市场对罂粟及其衍生物始终保持强劲的需求。全世界 87% 的罂粟是由阿富汗生产的，而且正在从传统的西欧市场向东方转移。阿富汗当局的禁毒战略任重道远，国际社会也必须承诺采取相应的举措，在支持阿富汗的和平进程的同时，需要为阿富汗政权的禁毒运动提供支持和保障。

　　2019 年，阿富汗国家统计与信息局（NSIA）开展了罂粟种植调查。该调查收集并分析了关于罂粟种植的地点和范围、产量（表 5-7、图 5-8、图 5-9、图 5-10、图 5-11、图 5-12）。

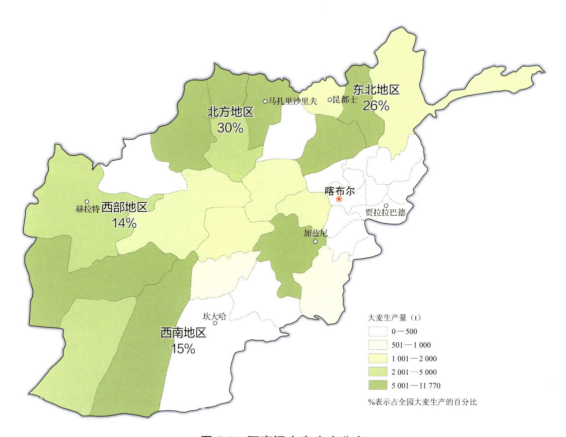

图 5-6　阿富汗大麦生产分布

资料来源：https://ipad. fas. usda. gov/countrysummary/Default. aspx? id＝AF＆crop＝Barley.

表 5-7　阿富汗罂粟种植的区域分布（2002—2004 年）

省份	2002	2003	2004	2003—2004 年变化（％）	2004 年占比（％）	累计（％）
赫尔曼德	29 950	15 371	29 353	91％	22％	22％
南格哈尔	19 780	18 904	28 213	49％	22％	44％
巴达赫尚	8 250	12 756	15 607	22％	12％	56％
乌鲁茨甘	5 100	7 143	11 080	55％	8％	64％
古尔	2 200	3 782	4 983	32％	4％	68％
坎大哈	3 970	3 055	4 959	62％	4％	72％
其他省	4 796	19 472	36 441	87％	28％	100％
合计（约）	74 000	80 000	131 000	64％	100％	—

资料来源：UNODC，2004.

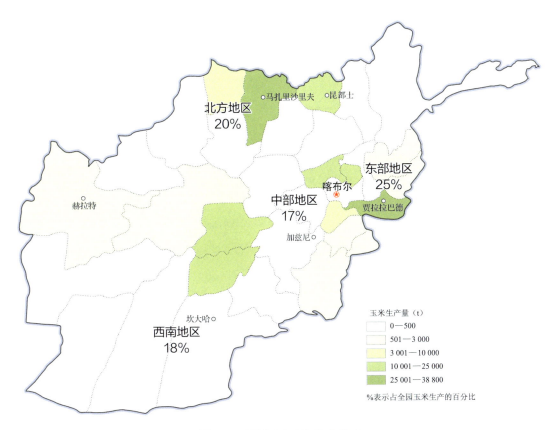

图 5-7 阿富汗玉米生产分布

资料来源：https://ipad.fas.usda.gov/countrysummary/Default.aspx？id＝AF&crop＝Corn.

表 5-8 阿富汗罂粟种植的区域分布（2018—2019 年）

区域	2018（公顷）	2019（公顷）	2018—2019 年变化（%）	2018 年占比（%）	2019 年占比（%）
中部	1 617	780	−52	1.00	0.50
东部	21 001	4 942	−76	8.00	3.00
东北部	9 030	4 973	−45	3.00	3.00
北部	17 944	17 128	−5	7.00	11.00
西南部	190 565	118 444	−38	72.00	73.00
南部	373	123	−67	0.14	0.10
西部	22 059	17 053	−23	8.00	10.00
合计（约）	263 000	163 000	−38	100.00	100.00

注：与以往的调查报告相比，区域分组有所变化。此处使用的分组与 NSIA 使用的分组一致。
资料来源：UNODC，2021.

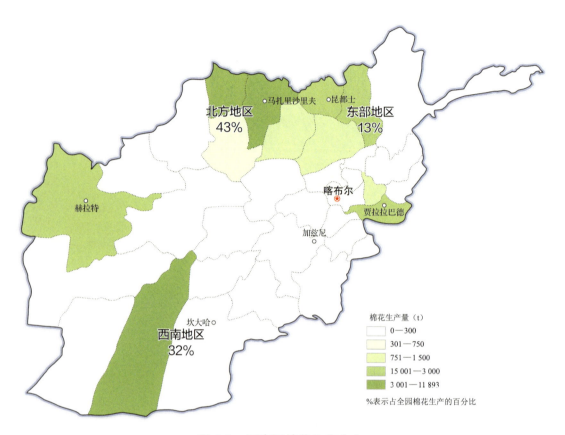

图 5-8　阿富汗棉花生产分布

资料来源：https://ipad. fas. usda. gov/countrysummary/Default. aspx? id＝AF&crop＝Corn.

　　2019 年，阿富汗罂粟种植面积大幅减少，种植总面积估计为 16.3 万公顷（14.9 万—17.8 万公顷），与 2018 年相比减少了 38％或 10 万公顷，是 2013 年以来最低值。2019 年，所有地区的罂粟种植都出现了下降，其中东部地区的相对下降幅度最大（76％），其次是南部地区（67％）、中部地区（52％）、东北部地区（45％）、西南部地区（38％）和西部地区（23％）。北部地区的种植业减少了 5％。西南部和东部地区的罂粟种植面积分别减少了 72 120 公顷和 16 058 公顷，下降幅度很大（图 5-12，表 5-10）。

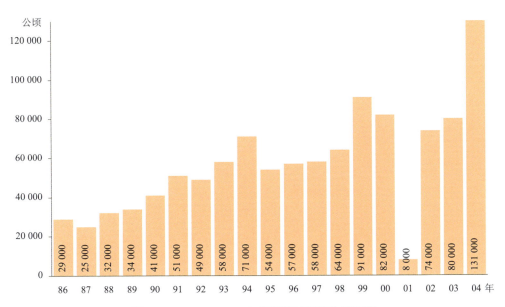

图 5-9 1986—2004 年阿富汗罂粟种植面积

资料来源：UNODC，2004.

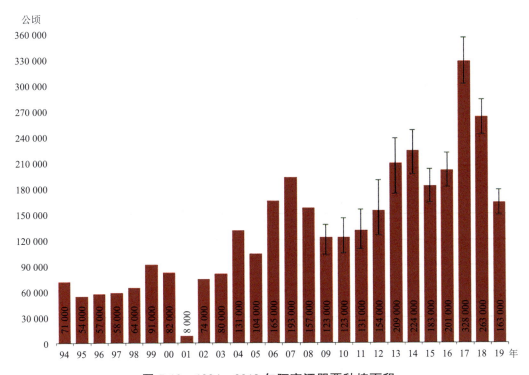

图 5-10 1994—2019 年阿富汗罂粟种植面积

资料来源：UNODC，2021.

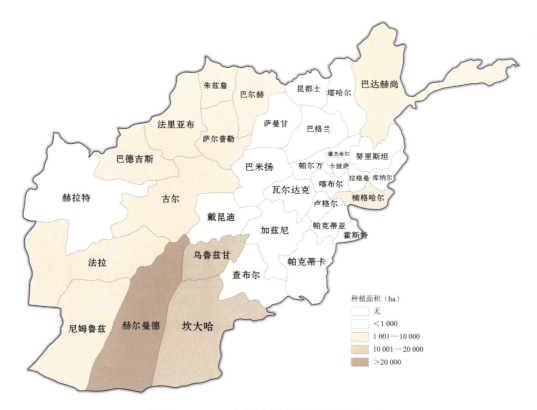

图 5-11   2019 年阿富汗罂粟分省种植面积

资料来源：UNODC. 2019.

表 5-9   阿富汗罂粟种植的区域占比（2019 年）

西南部	北部	西部	东北部	东部	中部	南部
72%	10%	10%	3%	3%	2%	

资料来源：UNODC，2019.

表 5-10   阿富汗罂粟种植调查的关键发现（2018—2019 年）

	2018	变化率	2019
罂粟净种植量（根除后）	263 000 ha （242 000—283 000）	−38%	163 000 ha （149 000 — 178 000）
无罂粟省份数量	10	30%	13
受罂粟种植影响的省份数量	24	−13%	21
收获时新鲜鸦片的平均农场门价（按产量加权）	76 美元/kg	−32%	52 美元/kg
收获时干鸦片的平均农场门价（按产量加权）	94 美元/kg	−33%	63 美元/kg

注：括号中的数字表示 95% 置信区间的下限和上限。

资料来源：UNODC，2019.

所有罂粟种植的主要省份种植量都有所下降：楠格哈尔（82%）、尼姆鲁兹（78%）、坎大哈（40%）、乌鲁兹甘（38%）、法拉（35%）和赫尔曼德（34%）。但是，种植水平较低的省份却出现了增长，分别为贾兹詹省增长294%；沙里普尔省增长223%。

赫尔曼德仍然是阿富汗主要的罂粟种植省份（90 727 公顷），其次是坎大哈（13 954 公顷）、乌鲁兹甘（11 578 公顷）、巴德吉斯（7 631 公顷）、法拉（7 113 公顷）、巴尔赫（7 042 公顷）和法里亚布（6 621 公顷），见表 5-8。

2019 年与 2018 年相比，阿富汗无罂粟种植的省份数量从 10 个增加到了 13 个，但卡皮萨、萨曼甘和塔哈尔已不再种植罂粟（图 5-12）。

图 5-12　阿富汗罂粟分省种植面积变化（2018—2019 年）

资料来源：UNODC，2019.

经常种植罂粟的农民家庭支出与不经常种植罂粟的农民有所不同。2019年，粮食购买、医疗费用和偿还债务是农民所报告的罂粟种植收入的三种最常见用途（图 5-12）他们在房地产、教育或其他活动方面进行投资的农民较少。那些不常种植鸦片的农民支出更多在于教育和非经常性支出。显然，农民的种植罂粟收入是家庭收入中更重要的组成部分，可以满足日常需求和支出，尚无法投资于长期合法经济活动，而且长期以来变化较小。

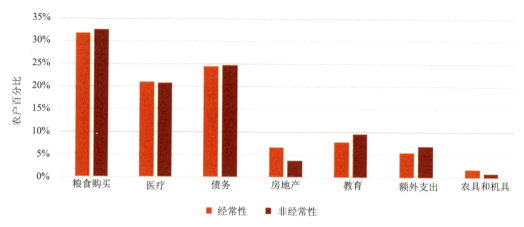

图 5-13　阿富汗罂粟种植农民收入的最常见用途（2019 年）

资料来源：UNODC，2019.

第三节　工业基础

数十年间战争和冲突蹂躏，造成阿富汗现代工业活动的空白状态。无论在首都喀布尔还是各地的比较的大城市，都没有现代意义上的工业企业。以手工业、轻工业为主的工业基础十分薄弱，主要是以纺织、化肥、水泥、皮革、地毯、制糖和农产品加工等为主的经济活动。近年来，由于喀布尔等大城市建筑业繁荣，带动了制砖、木材加工等建材业的发展，此外，面粉加工、手织地毯业等也有所发展。

一、采矿业

阿富汗是一个资源丰富的国家。如果阿富汗可持续地管制矿床开采，它可能转型为重要的自然资源出口国家。然而，阿富汗的采矿业基本上处于无序状态，而且长期以来由反政府团体控制。非法采矿攫取了阿富汗国家的巨额收入，阻碍了国家经济和社会发展，非法矿产交易加剧了阿富汗脆弱的安全局势。非官方的采矿活动，矿工常常在没有人权和极其危险的条件下工作，自然环境也易遭受到破坏。长期以来，阿富汗当局履行采矿监管的职责、能力和水平有限。阿富汗矿产和石油部（MoMP）缺乏使原材料开采正规化的专门知识和能力，也没有必要的管理和业务机构，德国国际合作协会（GIZ）代表德国联邦经济合作与发展部（BMZ）向阿富汗矿产和石油部提供咨询和决策支持，包括举办培训班，提供业务咨询、管理决策和数据支持，促进妇女参与采矿业，帮助阿富汗成为 EITI 的正式成员。EITI 是采掘业透明度行动计划（The Extractive Industries Transparency Initiative），它是促进采掘资源开放和负责任管理的全球标准[1][2]。

　　阿富汗矿产经济活动包括铜、金、铁矿石和其他金属开采，以及宝石、煤炭和碳氢化合物（主要是天然气）、石材等建筑材料等生产。其中有一些是在 20 世纪 70—80 年代已有相当规模。但是由于战争、冲突的破坏，矿产经济被长期忽视，并且过去的 20 年间（2001—2020 年）资金严重匮乏导致矿产产量急剧下降。例如，在 2010 年前后阿富汗的矿产生产仅限于小型煤炭作业、石灰石、建筑材料以及手工和小型作业产生的宝石生产（McMahon，2011）。

　　位于喀布尔以南仅 35 千米，地处卢格尔省的世界级铜矿矿床艾纳克发现于 20 世纪 70 年代，已探明铜矿石总储量 7.05 亿吨、铜金含量 1 100 万吨、平均含铜 1.56%。2007 年 11 月，中国中冶集团和江铜集团的投资联合体取得该铜矿的开发权。根据其竞标方案，建设内容包括一个露天矿、一个井下矿、一个选矿厂、一个冶炼厂、一个精炼厂；年生产规模精炼铜 22 万吨；配套建设一个 40 万千瓦的火力发电厂及其输变电线路、一个水源地泵站和一个磷肥厂。项目预算总投资约 42 亿美元，项目建设期 5 年；项目还包括一条横贯阿富汗的铁路建设，远景投资将达到 100 亿美元。中冶联合体在签约后曾经开展了部分勘探

---

① 资料来源：https://www.ez-afghanistan.de/en/project/transparency-mining-industry.
② 参见 EITI 官网 https://eiti.org/who-we-are。

工作，但因矿区地表发现佛教遗址，项目被迫中断，截至 2020 年尚未重启开发①。

此外，位于喀布尔以西 130 千米巴米扬省的哈吉贾克世界级铁矿，矿脉延绵 32 千米，包括 16 个独立的区块，总储量约 20—25 亿吨。由赤铁矿和磁铁矿组成，平均品位达到 62%，是亚洲最大的尚未开采的铁矿之一。2010 年，阿富汗政府将该项目四个区块中的三个授予印度七家国有和私营企业组成的联合体，第四个区块授予加拿大一家公司。除了矿山开发，印度还计划投资 108 亿美元帮助阿富汗建立钢铁厂、发电站和铁路，但上述承诺尚未兑现，截至 2020 年未见新的动向。哈吉贾克铁矿开发的最大挑战是其位于 4 000 米以上的高海拔地区，交通十分不便，且距离亚洲主要钢铁生产中心的运输距离遥远，开发成本高昂。

一旦上述两个项目启动，阿富汗的矿业前景势必发生巨大变化。2011 年，世界银行为此专门做了研究，指出采矿业是阿富汗持续经济增长的推动力，特别对这两个巨型矿床的开采所带来的利益和机会行进了深入的定量分析（Mc-Mahon，2011）。

2019 年，阿富汗矿产和石油部（MoMP）制定了《采矿业路线图》（Afghanistan MoMP，2019），为阿富汗采掘业明确了改革和发展策略：

（1）中部和西部水泥生产。水泥是所有现代建筑材料的最基本材料。据估计，阿富汗的水泥需求量超过每年 600 万吨，但是这些材料目前均从邻国进口。两个最有希望大量生产水泥的地区是巴格曼省的普勒库姆里和帕尔万省贾巴勒萨巴依。另外，赫拉特水泥厂周边拥有大量石灰岩，其附近的萨博兹克煤矿或天然气都可以满足其电力需求。

（2）北部和南部石油天然气生产。阿富汗北部的阿姆河和阿富汗—塔吉克盆地可能成为油田开发和炼油业的中心。该区域在未来可能是天然气生产和输送的地区。

（3）北部和南部的黄金生产。阿富汗的黄金矿带从巴达赫尚西南部一直延

---

① 参见新浪财经："澳洲铁矿巨头 FMG 觊觎阿富汗巨型矿产能源开发机会，艾娜克铜矿哈吉夹克铁矿开发权是否会变？"，https://cj. sina. com. cn/articles/view/2694380914/a098fd7202000xljp? from＝finance ；中资阿富汗铜矿项目困局待解，https://chinadialogue. net/zh/1/43936/。

伸到塔哈尔。东北部黄金矿带可以集中发展黄金加工业。另一条从加兹尼到查布尔的黄金带可以以加兹尼为中心发展，这两个市场可以通过空中走廊连接到印度这个世界上最大的黄金市场。

（4）东部宝石产业与市场开发。潘季希尔、努里斯坦、卡披萨和拉格曼等省富藏宝石，喀布尔因此可能发展成为一个关键的宝石加工地区，并通过空中走廊出口到印度、中国和其他国际市场。

（5）南部稀土矿物生产。阿富汗的稀土矿物资源丰富，位于赫尔曼德省的锂矿床资源可以通过空中走廊供给国际市场。

（6）中部铜、铁等大宗矿物生产。艾纳克铜矿、哈吉贾克铁矿以及其他大型大宗矿产资源都位于喀布尔附近。这些矿产生产需要大量的电力和铁路基础设施。为了确保阿富汗世界级矿床矿物的生产，必须优先对铁路和电网等基础设施进行升级，同时重点开发大型和中型矿床。例如，2015—2018年对钢厂的投资试图将国内大宗矿物生产能力提高到22万吨，使其能够满足目前约30%的需求。因此，阿富汗国家铁路和电力系统的建设将会得到发展，并以满足未来20年的需求。

（7）滑石粉生产。阿富汗可以进入世界10大滑石粉生产国行列。尤其是阿富汗东部，这里蕴藏着可从地表开采的高质量滑石粉。楠普哈尔已经成为当地加工中心。阿富汗经济高级委员会已将滑石粉开采列为大规模开采类别。

（8）铬铁矿生产。以简陋技术开采和走私铬矿已成为阿富汗中部、东南部和东部地区冲突的重要原因。因此，阿富汗需要优先创造条件，投资加工设施，发展高效和有利可图的价值链。

（9）大理石生产。13亿吨的大理石储量使阿富汗有能力成为一个长期的市场参与者。阿富汗大理石约有40种颜色，而且质量高，其中包括卡拉拉质量级别的白色（Carrara quality white）产品。据中国专家的分析和估测，阿富汗可每年向中国出口500万美元的大理石，阿富汗应优先考虑大理石价值链的开发。

（10）煤炭生产。阿富汗煤炭储量的初步估计值在10亿吨左右，但是各方的估计有很大的差异。2017年，在阿富汗矿产和石油部（MoMP）估计的大约500百万吨的产量中，仅有约200万吨可供出口。阿富汗采矿业生产效率低下，甚多非法采矿。不过，阿富汗煤炭质量高，通过洁净技术可集中用于发电、创造更高价值，并寻求出口新市场。表 5-11 概括了上述产品/地区组合。

表 5-11　阿富汗矿物产品与地区组合

区域	原生矿物	工业矿物	大宗矿物	建筑材料	碳氢矿物
东部	—	宝石、滑石	铜、铁	大理石	—
北部	金	宝石	铜	大理石、石灰石	阿姆河、阿富汗塔吉克
西部	—	—	铜	大理石、石灰石	—
南部	REMs、金	萤石	铜	—	—
中部	REMs	—	铅＋锌	—	—

资料来源：Afghanistan MoMP，2019.

二、能源供给

中亚能源工业的现代化竞争日趋激烈，该地区是当前全球寻求获得新能源的关键地区。里海是世界上最大的内陆水域，里海周边地区已发现大量新的石油和天然气田。根据全球能源分析，预计到 2030 年，该地区的石油和天然气出口将增长 9%—11%。该地区将逐步成为拥有完善的油气管道网络的全球能源中心。

阿富汗是中亚寻求能源工业现代化的一个复杂因素。作为一个在地理和政治上都高度分裂的国家，阿富汗只有地缘政治问题得到解决，才能确保周边地区能够有效地应对能源挑战。然而，阿富汗的持续动荡、普遍贫困和经济增长不稳定等政治和经济挑战，严重威胁到它的能源工业发展[①]。随着周边国家不断发展能源工业并使之现代化，阿富汗或有机会介入其中。

阿富汗是一个可以弥合中东能源工业与里海周边新兴能源工业之间差距的中亚地区资源大国。即使有战争和政治不稳定因素，阿富汗仍然有机会接受投资以改善能源供应，并同步发展能源产业。

阿富汗最大的机遇是其独特的地理位置。阿富汗介于中东主要化石燃料生产国、里海新兴地区，以及印度和中国等主要发展中国家之间，战略地位重要。

---

① Distel，M.，2020.

因此，它可以成为区域和全球能源转运中心。同时它又位于能源供应过剩地区和能源短缺地区之间，有助于弥合能源供应和能源需求之间的矛盾，也可以为自身经济发展创造机会。

除了充当能源桥梁外，阿富汗在国际援助之下也试图发展国内能源产业。此前，阿富汗在苏联的支持下已经开始发展自己的化石燃料工业。2007 年，在挪威的帮助下，阿富汗北部朱兹詹省的化石燃料储备得到开采。

1959 年，在阿富汗最北部地区发现了第一个油田。1979—1989 年，苏联为开采该地区的石油和天然气进行了深入的勘探开发，大部分石油和天然气资源通过管道运回了苏联。苏联入侵阿富汗的主要动机很可能是为了获取阿富汗的自然资源和化石燃料。但是由于冲突，阿富汗的化石燃料工业开始崩溃，其能源基础设施、生产、转换和分配几乎被摧毁。

2006 年，根据美国地质调查局发布估算报告称，阿富汗北部有 16 亿桶石油和 156 870 亿立方英尺天然气探明储量。

迄今阿富汗化石燃料工业尚未取得重大进展，但是该国国内生产总值的增长导致了能源消费水平的提高。根据联合国环境规划署 2008 年的报告，阿富汗近 30% 的天然气供应因管道泄漏或蓄意偷气而遭受损失。为了弥补这一损失，和日益增长的电力需求，当地社区一直在实施可再生能源项目。对小型水电站和风力涡轮机的投资越来越普及。阿富汗政府确定的目标是，到 2032 年，阿富汗可再生能源发电量将达到 10%（ADB，2017）。

阿富汗的年日照量高、风力发电潜力巨大。阿富汗在可再生能源投资方面可能获得比大型化石燃料项目更大的成功。根据阿富汗能源和水利部的估计，该国拥有 318 千兆瓦的可再生能源生产能力（Ahmadzai et al.，2018）。尽管如此，阿富汗只有约 29.7% 的家庭有电力供应。此外，低税收和水电费欠账继续制约着阿富汗的能源工业。阿富汗需要持续不断地加强治理和改革以支持能源部门，同时供应更多家庭能够获得负担得起的电力来源。

阿富汗当局将国家电力服务部门法人化，形成了一个独立的国有公用服务企业（DABS）[①]。DABS 的股份由国家政府各部门持有。政府派代表任职。

---

　　① https：//unece. org/fileadmin/DAM/energy/se/pp/eneff/7th _ IFESD _ Baku _ Oct. 2016/ESCAP _ Elec _ CIS/1 _ W. Aria _ AVG. pdf.

阿富汗电力基础设施分为四个一般网络：（1）北东部电网，连接 17 个负荷中心（喀布尔、马扎里沙里夫、贾拉拉巴德等）与乌兹别克斯坦、塔吉克斯坦链接；（2）东南电网，由坎大哈等组成；（3）赫拉特（电）网，连接赫拉，并与伊朗连接；（4）土库曼斯坦（电）网，联系赫拉特、阿奇那、安德霍伊、舍林·它贾布、米马那、阔贾·多阔、萨尔普勒、希尔比干、马扎尔。

三、钢铁工业

钢材是世界建筑行业最重要的材料之一。然而，与其他国家不同的是，阿富汗的建筑行业严重依赖混凝土，很少使用钢材构造建筑。这种导向对阿富汗钢铁行业产生了严重影响，并为钢铁资源的开发和新公司的发展带来了障碍。形成这种情况的主要原因包括市场条件、国内生产、建筑公司的偏好和公众需求等。

阿富汗铁矿储量丰富，但开发十分有限。2001 年，阿富汗新政府成立、启动国家重建，包括钢铁业在内的许多行业重新规划发展，在该领域进行了大量投资，为重振钢铁工业做出了大量努力。2001—2020 年，阿富汗钢铁行业取得了显著进步。

截至 2020 年，国产钢材产品占据了 65％的阿富汗钢铁市场。这表明阿富汗钢铁行业能够在一定程度上参与钢铁产品竞争，逐步走向钢铁行业的自给自足。但是，阿富汗钢铁工业仍然步履维艰。钢铁工业使用的原料大部分是数十年战争中废弃坦克和其他废弃武器装备。长期动乱使得阿富汗几乎失去基本的基础设施，投资机会很少，许多行业完全关闭。

2020 年的一项调查研究显现了阿富汗钢铁工业的现状（Abdulrahimzai，2020）：

首先，由于缺乏足够的生产性投资，阿富汗的钢铁工业无法满足市场需求，钢铁行业投资低是造成钢材市场产品短缺的主要原因。同时，非法进口钢材严重扰乱市场，危害国内钢铁行业发展。阿富汗政府需要认真采取措施来控制投资风险，提高钢铁进口关税，控制非法进口以支持国内生产。

其次，在阿富汗国内钢铁市场上，大多数买家更倾向于使用进口钢铁产品。

这是因为用户们需要的产品在国内不生产，或者他们不了解国产钢材。因此，钢铁生产企业必须采取新的策略扩大市场，提高其产品知名度并扩大产能。

第三，尽管自 2015 年以来阿富汗有许多令人注目的投资，但不公平的市场竞争、电力和原材料短缺严重困扰了阿富汗钢铁生产企业，大大影响了其生产能力、产品类型和产品成本。因此，阿富汗政府应该加快推进钢铁矿产资源勘探，扩大原材料供给，保障电力供应，以使钢铁企业能够扩大产能。此外，同时提高进口钢材关税将使新办钢铁企业更容易进入钢铁市场。

第四，阿富汗建筑公司倾向建造混凝土结构而非钢结构建筑的主要原因是缺乏专业设计人员、熟练劳动力和专业设备。同时，由于人们对钢结构材料认识缺乏，不了解钢结构的好处，95％的客户倾向混凝土结构建筑。为此，阿富汗应进口专门的钢结构安装设备和技术，同时采取各种措施提高人们对钢结构产品的认识，加强建筑、钢铁行业的专业知识技能培训，尽快解决专业人才短缺的问题。

第五，阿富汗钢铁行业专业人才和熟练劳动力严重短缺。调查发现，仅有 57％ 的受访公司使用现代技术，而 43％ 的公司没有电机和现代设备。因此，它们无法生产客户定制产品。虽然阿富汗每年约 80％ 的钢铁需求（65 万—70 万吨）可由国内钢铁公司供给。但是钢铁行业面临的主要问题是钢铁企业产品种类有限。在大多数情况下，钢结构和工程师都受到钢材品种不足的限制。

四、其他产业

阿富汗的地毯生产主要集中在北方的几个省（Nasrat *et al.*，2016）（表 5-12），且多在家庭中生产，最多也只是二三十人的作坊，而且男工女工不在一起生产。地毯图案是祖传式的一人一个图样、韵味古朴，但是缺乏规范、产量不高，推广难度大。尽管如此，阿富汗地毯出口从 2001 年的 400 万美元迅速增长到 2005—2006 年的 2.16 亿美元。由于来自其他亚洲地毯生产商和出口商的竞争、品牌和市场联系缺乏、融资渠道匮乏、原材料质量较低、清洗设施不足、工人培训有限、行业腐败普遍等问题，到 2012 年，阿富汗地毯出口大幅下滑至 4 400 万美元（图 5-14）。阿富汗地毯业需要政府、私营部门和非政府组织给予大力关注与合作。

表 5-12　阿富汗地毯生产主要省份

区域	省	生产量/%
北部	朱兹詹	30
	法亚不	20
	巴尔哈	6
	昆都士	5
西部	赫拉特	10
东北部	巴德吉斯	1
中部	喀布尔	25

资料来源：Nasrat *et al*.，2016.

图 5-14　阿富汗地毯出口（2001.2—2015/2016 年度）

资料来源：Nasrat *et al*.，2016.

开司米（Cashmere）原指产于克什米尔地区的山羊绒织品，后多指质地优良的细软毛纺织品。在历史上，克什米尔曾经是山羊绒的集散地，而阿富汗北部地区即为中亚克什米尔地区的邻接地区，具备一定区位优势。

阿富汗是世界第三大生（脂）羊绒生产国（约 7%），仅次于中国（约 72%）和蒙古（约 18%）。阿富汗羊绒的质量也排名第三，仅次于中国和蒙古（Weijer，2007）。

2007 年前后，阿富汗每年出口约 1 000 吨羊绒，几乎全部来自赫拉特，这里是阿富汗山羊绒的主要贸易中心。山羊绒生产在阿富汗最著名的是赫拉特、法拉、古尔和巴德吉斯等西部几个省份。据估计，2007 年只有大约 30% 的阿富汗绒山羊出产了羊绒。一旦农牧民理解并接受羊绒收获技术培训，羊绒产量将大幅增加（200％—300％）。

阿富汗几乎所有的羊绒都是以生羊绒形式出口。阿富汗境内羊绒加工企业极少。世界羊绒的加工制造业主要由中国主导。随着《多纤维贸易协定》的到期，中国领导整个羊绒加工制造业将更加容易。中国和蒙古国的加工业产能过剩，导致对羊绒加工呈"饥渴"状态。

羊绒最终产品（披肩、围巾、毛衣和男装用羊绒面料）有两个截然不同的市场：高端市场（由欧洲名牌企业主导）和中低端市场（由中国主导）。欧洲公司正在竞争日益激烈的市场中努力争取原材料供应，以获得更高的羊绒利润；同时，中国羊绒加工对原材料的需求旺盛。这样的市场环境将使阿富汗大获利益。

阿富汗有两种羊绒，一种是在春季从活山羊身上采集的昂贵的春季羊绒（巴哈里羊绒），另一种是从屠宰动物的皮肤上收割的更便宜的羊绒。阿富汗不存在质量控制机制。其大部分羊绒都经由比利时出口。

五、门类不详的其他工业及生产园区

目前，阿富汗有 33 个工业园区（表 5-13），分布在 14 个省。其中包括 11 个正在运行的，11 个正在建设和正在批租土地的，还有 11 个工业园区正在进行评估①。

表 5-13　阿富汗工业园区及其区位、状态

序号	园区名称	区位	谷歌经纬度地址	状态
1	普勒·查克希	喀布尔	34.55，69.25	活跃
2	珠玛 MM1 期	喀布尔	34.50，69.24	活跃
3	珠玛 MM2 期	喀布尔	34.50，69.24	活跃
4	硕·安丹（美国国际开发署）	坎大哈	31.57，65.82	活跃
5	硕·安丹	坎大哈	31.58，65.82	活跃
6	赫拉特 1、2、3 期	赫拉特	34.21，62.21	活跃

---

① https://moci.gov.af/en/industrial-park.

续表

序号	园区名称	区位	谷歌经纬度地址	状态
7	赦克·莫斯里	楠格哈尔	34.39，70.39	活跃
8	阿米尔·阿里·赦·纳瓦依（美国国际开发署）	巴尔克	36.76，67.31	活跃
9	阿米尔·阿里·赦·纳瓦依	巴尔克	36.75，67.31	活跃
10	沙迪安1期	巴尔克	36.68，67.12	活跃
11	巴里克阿布·阿格罗IP	喀布尔		活跃
12	赫萨·沙赫	楠格哈尔	34.31，70.65	不活跃
13	莫罕默达·阿格哈	洛噶	34.21，69.07	不活跃
14	阿德霍伊地毯IP	法尔亚布	36.94，65.20	不活跃
15	赦克·莫斯里地毯IP	楠格哈尔	34.32，70.39	不活跃
16	巴格·萨马瓦特	霍斯特	33.33，69.81	不活跃
17	阔塔尔·塔克特	麦丹瓦达格	34.41，68.91	不活跃
18	布斯特	赫尔曼德	31.56，64.37	不活跃
19	赫拉特4期	赫拉特	34.18，62.22	不活跃
20	森杰德·达拉	帕尔万	34.94，69.15	不活跃
21	达什特-伊-珀拉卡	加兹尼	33.60，68.36	不活跃
22	达什特-伊-鲁巴特	帕克蒂亚	33.66，69.19	不活跃
23	达什特-伊-赦玛西	昆都士		不活跃
24	巴格兰	巴格兰	36.17，68.78	已规划
25	拉格曼	拉格曼	34.73，70.16	已规划
26	戴昆迪	戴昆迪		已规划
27	阿克查地毯	朱兹詹	36.82，66.28	已规划
28	赫拉第二	赫拉特		已规划
29	尼姆鲁兹	尼姆鲁兹	30.96，61.91	已规划
30	加兹尼第二IP	加兹尼	33.45，68.41	已规划
31	塔克哈	塔克哈	36.73，69.22	已规划
32	巴尔克第三IP	巴尔赫	36.80，67.40	已规划
33	巴米扬	巴米扬	34.81，67.46	已规划
34	坎大哈第三IP	坎大哈	31.67，66.05	已规划

注：表中IP为工业园区英文Industry Park缩写。
资料来源：https://moci.gov.af/en/industrial-park.

第四节 对外贸易与外国直接投资

一、对外贸易

阿富汗同 60 多个国家和地区有贸易往来，主要出口商品有天然气、地毯、干鲜果品、羊毛、棉花等，主要进口商品有各种食品、机动车辆、石油产品和纺织品等。主要进出口对象可由 2019 年阿富汗的外贸统计基本情况得到反映（NSIA，2020）。

（1）货物出口。2019 年，阿富汗官方记录的货物出口额约为 8.638 亿美元，不包括走私和转口贸易。2019 年的出口额与 2018 年相比下降了 1.3%（从 8.752 亿美元降至 8.638 亿美元）。其中干果和新鲜水果占出口的 44.8%。2019 年与 2018 年相比，地毯出口增长了 11.1%。此外，2019 年阿富汗所有边境的再出口价值为 670 万美元，全部出口流向（官方记录）总值（百万美元）依次为印度（410.1）、巴基斯坦（298.0）、中国（31.0）、土耳其（25.1）、阿联酋（23.5）、伊朗（14.6）、伊拉克（14.5）、德国（11.7）、沙特（9.4）、哈萨克斯坦（2.9）、塔吉克斯坦（2.4），流向其他国家的一共为 20.5 百万美元。

（2）服务输出。2019 年商品和服务出口总额为 15.092 亿美元，与 2018 年相比下降了 6.3%。2019 年，阿富汗服务出口达到 6.454 亿美元，与 2018 年相比下降了 12.1%。

（3）货物进口（包括保险运费）。2019 年，阿富汗官方记录的货物进口额为 67.768 亿美元。2019 年的进口额与 2018 年相比下降了 8.5%（从 74.066 亿美元降至 67.768 亿美元）。2019 年主要进口的商品份额比例如图 5-15 所示，这些商品占到全部进口商品的 61.8%。

显然，阿富汗进口货物以最基本的民生用品为主（图 5-15），进口来源国主要来自周边邻国（图 5-17）。

（4）服务进口。2019 年阿富汗商品和服务进口总额为 79.894 亿美元，与 2018 年相比，下降了 9.2%。2019 年服务进口额为 12.126 亿美元，与 2018 年

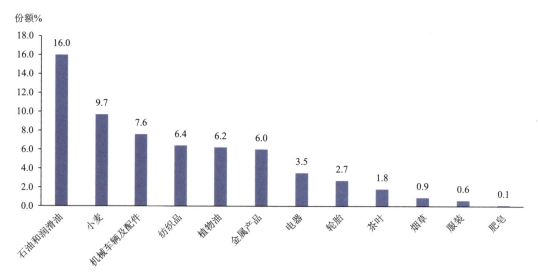

图 5-15　2019 年主要进口的商品份额比例

资料来源：NSIA，2020.

相比下降了 12.6%。

（5）免税进口。2019 年的免税进口总额为 17.912 亿美元，而 2018 年为 16.442 亿美元，增长了 8.9%。

在 2019 年阿富汗海关进出口总值中，各省贸易流通所占百分比依次为楠格哈尔 23.0%、坎大哈 21.7%、巴尔赫 14.7%、尼姆鲁兹 18.1%、喀布尔 7.8%、赫拉特 4.7%、法里亚布 3.9%、法拉 3.5%、昆都士 1.3%、帕克蒂亚 0.4%。

2017—2019 年，阿富汗对主要贸易伙伴出口总值如图 5-16 所示。图 5-17 显示了 2017—2019 年阿富汗从主要贸易伙伴进口的总值。

二、外国直接投资

根据世界银行数据，1970—2001 年间，阿富汗由于国内政治动荡（1973—1979 年，1990—1995 年）、苏联入侵（1979—1989 年）、塔利班执政（1996—2001 年）等，阿富汗几乎没有外国投资进入。2001 年后，阿富汗政府国家重建，但是外国投资仍然大起大落，2016 年起又大幅度下滑。

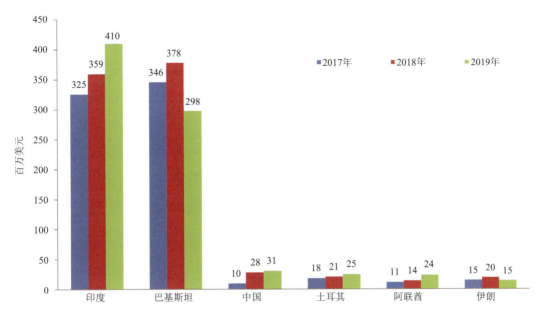

图 5-16　阿富汗对主要贸易伙伴的出口总值（2019 年）

资料来源：NSIA，2020.

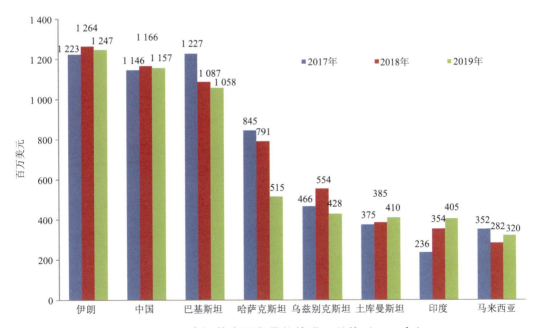

图 5-17　阿富汗从主要贸易伙伴进口总值（2019 年）

资料来源：NSIA，2020.

根据世界银行的数据，2016 年，阿富汗的外国直接投资为 0.9 亿美元，比 2015 年下降了 44.67％；2017 年，阿富汗的外国直接投资为 0.5 亿美元，比 2016 年下降了 44.94％；2018 年，阿富汗的外国直接投资为 1.2 亿美元，比 2017 年增长 131.76％；2019 年，阿富汗的外国直接投资为 0.2 亿美元（联合国数据为 0.39 亿美元），比 2018 年下降了 80.4％。

2017—2018 年，流入阿富汗的外国直接投资进一步大幅下降。2020 年新型冠状病毒感染暴发和全球政治局势不稳定引发了全球经济不稳定，2020 年仅有 1 300 万美元投资进入阿富汗。（表 5-14）此时，阿富汗的外国直接投资的总存量估计为 16 亿美元（UNCTAD，2021）。

表 5-14　阿富汗外国直接投资（2018—2020 年）

外国直接投资	2018	2019	2020
FDI（进入资金流，百万美元）	119	39	13
FDI（Stock/存量，百万美元）	1 557	1 576	1 592
绿地投资* 量（个）	2	0	0
绿地投资值（百万美元）	144	0	0

资料来源：UNCTAD，2021.

注：* 绿地投资（Greenfield Investments）为外国直接投资的一种形式，母公司通过从头开始建设新的运营设施，在外国建立新的企业。

这些主要外资项目包括 2013 年签署的连接土库曼斯坦、塔吉克斯坦和阿富汗的铁路项目。2015 年中国中标的铁路基础设施的发展和水电站的建设项目，从中国到阿富汗北部海拉坦的铁路连接线于 2016 年 9 月开工建设，货物可以在两周内从中国东部运输到阿富汗，而之前需要六个月的公路运输。这条铁路于 2019 年 9 月开通，促进了阿富汗的出口和来自中国的投资。2014 年以来，中国已经成为阿富汗最大的外来投资国。2020 年 12 月，伊朗开通了一条通往阿富汗的新铁路，加强了两国之间的货运。2021 年 2 月，阿富汗、乌兹别克斯坦和巴基斯坦达成了一个路线规划，用于连接所有三个国家的铁路项目。

自 2021 年 8 月塔利班接管政权以来，由于该国局势不稳定，商业环境急剧恶化，未来的外国援助也处于不确定性的阴云之下。阿富汗面临的结构性问题包括暴力冲突、财产保护法规薄弱、熟练劳动力严重缺乏、金融市场不发达和基础设施不足，这些都限制了该国吸引外国投资者。在世界银行最新版《营商环境报告》的 190 个经济体中，阿富汗排名第 173 位，比前一版下降了 6 位。主要因为阿富汗在纳税方面的官僚作风进一步加剧。

2005 年是阿富汗 FDI 的峰值。彼时，世界银行恰好对阿富汗四个主要产业的外国直接投资条件进行了评估（World Bank，2005）。这项研究表明，阿富汗 FDI 所面临的挑战是：改善投资的法律框架体系、改进税收体制降低税负、海关管理改革、提升交通基础设施质量降低交通运输成本、理顺复杂的产权市场、提升国家治理能力以提供有效的服务、持续改善安全环境、强化金融市场。

在交通运输与物流方面，由于几十年的冲突岁月，交通投资几无竞争，而且有持续稳定的需求，物流企业的运营利润率极高。但是，阿富汗交通领域投资的短板也很明显。首先，路况不一，阿富汗主要的环线公路仅有 65% 的路面状况较好。通往阿富汗最重要的贸易伙伴巴基斯坦的道路处于失修状态。主要公路经常以"安全原因"在没有事先通告的情况先关闭。其次，缺乏出海通道。阿富汗海外货物运输具有高昂的成本。第三，海关监管亟需改革。尽管阿富汗海关已经实现了许多流程的自动化，但系统集成尚未实现，而且能力有限。此外，一旦货物进入阿富汗边境，会进行多次海关检查，而且并非全部是官方检查。第四，农村地区管理混乱。第五，电力基础设施落后，成本高昂。

在食品和饮料加工领域，外国直接投资具有先发优势。因为在 2005 年前后，阿富汗几乎没有食品和饮料工厂，只有几个长期出口干果和坚果等特定产品的市场。可以将阿富汗长期出口干果和坚果等特定产品的市场作为平台，恢复阿富汗传统干果坚果的质量声誉，树立阿富汗品牌形象，以形成新的商机。同时，阿富汗生产蔬菜水果的成本比较低，又邻近人口众多的中国、印度和巴基斯坦，市场规模庞大。阿富汗的传统果品已在印度树立了较高声誉，也可以拓展其他的食品和饮料产品。

在地毯和纺织行业，阿富汗保留了传统的织造工艺，地毯等纺织品在国际上有一定声誉。阿富汗手工地毯享有出口免税待遇，对美国和英国市场影响较大。阿富汗具有地毯生产价格优势。但用于仓储的土地难以获得，本地羊毛收成和染料有限，大部分的地毯原料都来自巴基斯坦。阿富汗需要进一步开发地毯织造原料。此外，还要降低运输成本。2005 年前后，几乎所有阿富汗地毯都作为准成品运往巴基斯坦进行精加工处理，阿富汗需要发展和提升自身的地毯精加工能力。

在采矿业方面，阿富汗的发展潜力巨大，不仅有建筑材料的广泛需求，还有更多的无法满足的能源需求，地方建材和能源产品具有运输上的优势。

第五节　交通网络与通信业

一、交通网络

阿富汗是内陆国，无出海口，交通运输主要靠公路和航空。境内有通往伊朗和塔吉克斯坦的铁路。阿富汗北部同乌兹别克斯坦和土库曼斯坦边界上的阿姆河和昆都士河的部分河段有通航能力。2014—2015 年，公路运输产生 73.44 亿吨货运周转量。刚刚开始建设的铁路，仅有 75 千米，产生了约 1 亿吨/千米的货运周转量。内河航道仅限于阿姆河和喷赤河，拥有唯一的河港舍汗班达尔。阿富汗全国有 5 个主要机场和 39 个小型机场。喀布尔和赫拉特的国际机场符合国际民用航空组织的相应标准，马扎里沙里夫、贾拉拉巴德和坎大哈的机场将会得到升级。

（一）公路

据估计，阿富汗公路网由国家公路、区域公路、省级公路、农村公路和市政道路组成。由于阿富汗的道路分类体系尚未出台。农村公路的确切长度不得而知。在过去的 50 年里，阿富汗致力于改善和扩建道路网络，重点完善围绕兴都库什山脉的环线公路。这条环形公路北起喀布尔至昆都士和马扎里沙里夫，西至赫拉特，南至坎大哈，再返回喀布尔，全长约 2 300 千米（图 5-18）。此外，阿富汗还有托克汉姆至喀布尔等的公路。

自 20 世纪 70 年代初以来，阿富汗公路核心网络已从约 14 000 千米发展到 2015 年的约 23 000 千米。同期，铺装道路的比例从 15%增加到 41%（表 5-15）。目前，大部分国家公路和区域公路已经铺筑，但是路况时有恶化，目前约 85%

的公路状况较差。

表 5-15 显示了阿富汗道路网的发展及其路面特征，这些数字是粗略估计的。由于阿富汗公共事务部（MOPW）尚未建立道路数据库，因此，道路的准确位置、标准、现状条件和运输流量数据不详。到 2016 年，阿富汗的道路网的基本特征，尤其是其长度和位置、工程标准、修复状态和交通负荷等数据仍非常有限，这种情况进一步限制了道路维护和投资规划工作。不过，阿富汗在美国等国家的援助下已经开展了道路网络建设规划。

表 5-15　阿富汗核心道路网发展

道路类型	1971		1979		2015	
	长度（千米）	占比（%）	长度（千米）	占比（%）	长度（千米）	占比（%）
铺装道路	2 200	15.4	2 504	14.1	9 234	40.6
砂砾道路	2 900	20.2	3 904	21.9	13 037	57.2
泥土道路	9 207	64.4	11 380	64.0	492	2.2
小计	14 307	100.0	17 788	100.0	22 763	100.0
地区道路	2 291	12.9	3 242	3.1	3 599	3.9
国道	3 145	17.7	4 884	4.6	5 640	6.1
省道	8 871	49.8	9 656	9.1	13 524	14.5
核心网络小计	14 307	80.4	17 782	16.8	22 763	24.5
其他	3 481	19.6	87 830	83.2	70 000	75.5
总计	17 788	100.0	105 612	100.0	92 763	100.0

资料来源：ADB，2017.

虽然大部分环线公路已经在建或得以重建，但是常常因维护不善降低了交通通达性和机动性。萨朗山口和沙朗隧道就是典型案例。

萨朗山口是阿富汗的重要经济通道，它连接着喀布尔地区和阿富汗北部两个重要经济中心地区。沙朗隧道是阿富汗唯一一条全年可通行南北走向的通道。如果没有这个隧道，目前大约 10 小时的通行时间将增加到 72 小时左右。五十年的服役、长期军事冲突、车辆事故、火灾以及缺乏维护等等使该隧道陷入严重失修状态。加上通风不足、照明不良、路面塌陷，隧道的状况常常对通行者和车辆形成威胁，这些因素大大限制了阿富汗每天的交通流量。

图 5-18　阿富汗主要公路

资料来源：https://www.nationsonline.org/oneworld/map/afghanistan_map.htm.

（二）铁路

阿富汗现有铁路及在建、规划铁路都试图与采矿地区发生联系。

2011 年，75 千米的海拉坦—马扎里沙里夫铁路线竣工，标志着阿富汗铁路运营的开始。由于阿富汗在亚洲的中心地理区位，其丰富的矿产资源将有可能产生长距离的大宗运输，这有赖于铁路的高效率运营，阿富汗需要发展更广泛的铁路网。然而，由于现有铁路线路短，经济上不可靠，该段铁路运输量从 2012 年的约 400 万吨下降到 2014 年约 240 万吨，主要运输从乌兹别克斯坦单向进口的大宗货物，如燃料、建筑材料等。令人鼓舞的是 2016 年 9 月，中国第一列货运列车抵达了海拉坦，该列火车从中国东部的江苏省南通市出发，载有 84 个集装箱、1 200 吨物资。

该段铁路运营特许经营权已于 2012 年由阿富汗铁路局（AFRA）授予乌兹别克斯坦铁路公司的子公司管理运营。

土耳其和阿富汗于 2021 年 1 月 28 日签署了有关高速公路、铁路和航空的合作协议。该协议试图通过巴库—第比利斯—卡尔斯铁路线，利用青金石—拉祖利运输线，将阿富汗与欧洲连接起来。

青金石—拉祖利（Lapis Lazuli）运输线于 2018 年开始运营。它连接了阿富汗北部法里亚布省和土库曼斯坦的土库曼巴什，从那里通过里海到达阿塞拜疆，再通过铁路经格鲁吉亚到达土耳其。毫无疑问，巴库—第比利斯—卡尔斯铁路线的开发意义重大，它可以提升阿富汗在中东、中亚地区交通运输中的作用。

2020 年 12 月 10 日，阿富汗与伊朗开通了赫拉特—哈夫铁路，加强了两国之间的连通性。而土耳其的意图明显，它试图通过向东扩展铁路网络，继续发挥和提升其通往欧洲门户的作用。2021 年，土耳其和伊朗之间预期有 100 万吨铁路货运量，同时，土耳其还积极主动倡议恢复伊斯坦布尔—德黑兰—伊斯兰堡列车的运行。

（三）航空

目前，阿富汗有三家航空公司。阿利亚纳航空公司实力较为雄厚，主要经营国际航线，已开通至巴基斯坦、伊朗、阿联酋、印度、土耳其、德国、俄罗斯、阿塞拜疆、沙特、科威特和塔吉克等多条国际航线，2016 年 7 月恢复开通喀布尔至中国新疆乌鲁木齐航线。KAM 及 SAFI 航空公司主要经营部分国内、国际航线。阿富汗全国现有机场 44 个，其中喀布尔机场等四个机场为国际机场（表 5-16）。喀布尔国际机场是该国最繁忙的机场。

表 5-16　阿富汗机场类型

序号	所在城市	机场	省份	ICAO 机场码	IATA 机场码
		国际机场			
1	喀布尔	哈米德·卡尔扎伊国际机场	喀布尔	OAKB	KBL
2	马扎里沙里夫	马扎里沙里夫国际机场	巴尔克	OAMS	MZR
3	坎大哈	坎大哈国际机场	坎大哈	OAKN	KDH
4	赫拉特	赫拉特国际机场	赫拉特	OAHR	HEA

续表

序号	所在城市	机场	省份	ICAO 机场码	IATA 机场码
		主要国内机场			
1	加兹尼	加兹尼机场	加兹尼	OAGN	GZI
2	加拉拉巴德	加拉拉巴德机场	楠格哈尔	OAJL	JAA
3	昆都士	昆都士机场	昆都士	OAUZ	UND
		国内区域性机场			
1	巴米扬	巴米扬机场	巴米扬	OABN	BIN
2	拉什卡（波斯特）	波斯特机场	赫尔曼德	OABT	BST
3	查格查兰	查格查兰机场	古尔	OACC	CCN
4	达瓦兹	达瓦兹机场	巴达赫尚	OADZ	DAZ
5	法拉	法拉机场	法拉	OAFR	FAH
6	霍斯特	霍斯特机场	霍斯特	OAKS	KHT
7	法伊扎巴德	法伊扎巴德机场	巴达赫尚	OAFZ	FBD
8	克瓦罕	克瓦罕机场	巴达赫尚	OAHN	KWH
9	阔兰瓦蒙扬	拉泽机场	巴达赫尚	OARZ	KUR
10	梅马内	马伊马纳机场	法里亚布	OAMN	MMZ
11	尼利	尼利机场	达伊昆蒂	OANL	
12	瑙堡	瑙堡机场	巴德吉斯	OAQN	LQN
13	舍伯格汗	舍伯格汗机场	朱兹詹	OASG	
14	舍格汗	舍格汗机场	巴达赫尚	OASN	SGA
15	塔洛羌	塔洛羌机场	塔克哈	OATQ	TQN
16	塔林·考特	塔林·考特机场	乌鲁兹甘	OATN	TII
17	扎兰季	扎兰季机场	尼姆鲁兹	OAZJ	ZAJ
18	萨德·班德	萨德·班德机场	加兹尼	OADS	SBF
		军用机场			
1	巴格兰	巴格兰空军基地	帕尔万	OAIX	OAI
2	信丹德	信丹德空军基地	赫拉特	OASD	OAH
3	巴斯蒂安	巴斯蒂安营地	赫尔曼德	OAZI	OAZ

续表

序号	所在城市	机场	省份	ICAO 机场码	IATA 机场码
		小型地方机场			
1	伊什卡申	伊什卡申机场	巴达赫尚	OAEM	
2	噶兹亚巴德	噶兹亚巴德机场	楠格哈尔	OAGA	
3	噶德兹	噶德兹机场	帕克蒂亚	OAGZ	GRG
4	姆曲尔	姆曲尔机场	加兹尼	OAMK	
5	潘贾布	潘贾布机场	巴米扬	OAPJ	
6	沙拉那	沙拉那简易机场	帕克蒂亚	OASA	OAS
7	塔伊瓦拉	塔伊瓦拉机场	古尔	OATW	
8	扬基·恰勒	扬基·恰勒机场	塔克哈尔	OAYQ	
9	雅万	雅万机场	巴达赫尚	OAYW	
10	噶尔德兹	作战基地	帕克蒂亚	OAA	OASH
11	塔帕	塔帕机场	喀布尔		
12	舍博·图	舍博·图机场			
13	萨尔豪德扎	萨尔豪德扎机场			
14	特帕堡	特帕堡机场			
15	阔图布科尔	阔图布科尔机场			
16	德达迪	德达迪机场			
17	德拉兰	德拉兰机场	德拉兰区		
18	多斯特默罕默德可汗·克拉伊	多斯特穆罕默德机场可汗·克拉伊机场			
19	查里卡尔	查里卡尔机场			
20	阿伊里斯坦	阿伊里斯坦机场			

资料来源：ADB，2017.

　　2012 年 10 月，阿富汗政府通过了《民航法》，成立了阿富汗民航局（ACAA）。2015 年，阿富汗空域和空中交通管制权已经移交给 ACAA，这是阿富汗迈向自我维护运营航空部门的重要标志。但是，关键的相关服务仍然由外国供应商提供。

　　阿富汗的航空运输受到基础设施投资和建设长期不足、现有设施维护不善、私营部门参与程度低等制约。同时，较低的薪资水平难以吸引和留住合格的航空运输祝专业技术人员，还有大量工作人员亟需专业培训。在 2001—2020 年，阿富汗大多数国际和区域机场都进行了重大的修复和现代化改造：

喀布尔国际机场。2005—2014 年进行了重大恢复性和现代化改造，日本提供了总额约为 1 亿美元资助。

马扎里沙里夫国际机场。在德国和阿拉伯联合酋长国支持下得到升级改造。新的航站楼每年可接待约 40 万名乘客。

赫拉特国际机场。在意大利的支持下，于 2013 年完成升级改造。

坎大哈国际机场。2006 年以来一直被国际联军用于军事行动，目前已用于民用航空。

在亚洲开发银行和日本的支持下，查格查兰、法扎巴德、梅玛内、瑙堡、巴米扬等区域的机场已恢复运营。

二、通信与信息网络

由于长年战乱，阿富汗经济发展和教育水平低下，大部分阿富汗人长期以来无缘接触互联网。2001 年起，随着阿富汗开启重建，阿富汗政府积极制定互联网发展战略和相关法规，加强互联网基础设施建设，不断培养新技术人才，推动阿富汗信息化社会建设，取得一定成效。互联网域名、网站数量和用户不断增多，互联网服务质量日益提升。2002 年，阿富汗互联网用户仅 100 人左右。2006 年达到 30 万元左右，2012 年约 200 万人，2014 年底阿富汗个人互联网使用比例已达 6.39%。

互联网管理方面，2002 年阿富汗通信和信息技术部开始向私营投资者颁发电信牌照和频谱许可证。2003 年，阿富汗《电信和互联网政策》获得批准。2005 年 12 月，阿富汗颁布新的电信法。2006 年，阿富汗电信管理局正式成立，同年成立了全国互联网服务供应商协会，以保护互联网服务供应商的权利、协调服务商间的纠纷。2011 年，阿富汗修订了《电信法》，增加了对互联网服务供应商的要求。为此，阿富汗通信与信息技术部成立了信息系统与信息安全局，旨在保护阿富汗网络空间数据信息以及信息基础设施安全，提高应对网络威胁的能力。2014 年,《阿富汗国家网络安全战略》批准发布。

互联网基础设施方面,2003 年,阿富汗被赋予域名 ".af" 的合法控制权。由阿富汗网络信息中心管理该域名。".af" 下二级域名从 2006 年的 309 个增至 2012 年的 6 525 个。截至 2016 年 5 月,阿富汗互联网供应商已达 57 家,其总部多设在喀布尔,其中 46 家是全国性互联网供应商。2020 年,阿富汗互联网供应商已达 63 家,有 57 家提供全国性服务。这些供应商们提供卫星、微波、Wi-Fi 以及拨号连接等互联网服务。因阿富汗缺乏可靠的互联网基础设施,大部分私营互联网服务商依靠昂贵的卫星骨干网连接。

阿富汗无线、罗胜、阿联酋、MTN 等四家电信运营商在其网络覆盖地区也提供基于 GPRS/EDGE 技术的移动互联网服务。内达电信于 2014 年获得了阿富汗第 1 张互联网供应商牌照。固话运营商阿富汗电信因拥有包括国家光纤骨干网在内的国有网络基础设施,迅速成为阿富汗第一大互联网服务供应商,负责向政府部门、机构、银行、学术机构、互联网供应商和终端用户提供互联网服务。阿富汗比较大的互联网供应商还有因斯塔电信、拉纳科技、IO 全球、新世界、多网、网络地带、阿西克斯、阿富汗赛博等。阿富汗几乎所有的政府机构和媒体都建立了自己的网站,大部分网站同时提供普什图语、达里语甚至英语服务,但是阿富汗还没有一家本土的大型门户网站。2006—2013 年,因为服务价格成本下降,互联网用户以每年近 50% 的速度增长,到 2013 年已接近 250 万人。但是因为宽带互联网接入成本高,截至 2014 年阿富汗固定宽带接入用户仅为 1 500 户,大部分是移动互联网。同时,因为互联网的固定基础设备主要位于城市,因此大部分互联网用户都是城市居民。

2007 年,中国中兴通讯承担了阿富汗国家光纤骨干网建设项目。项目光缆全长 3 131 千米,设有站点 70 多个,环绕和覆盖阿富汗全境。这是阿富汗有史以来首个全国性、高容量的信息传输网络,2012 年,该项目正式投入运营,承载了包括语音、视频数据等各种业务,并与巴基斯坦、伊朗、乌兹别克斯坦、土库曼斯坦等邻国开展了国际业务接口,以保障跨区域业务运营,大大改善了阿富汗通讯网络连接服务。目前阿富汗电信公司只能在喀布尔、赫拉特、马扎里沙里夫、昆都士、坎大哈、贾拉拉巴德等大城市部分区域提供 DSL 上网服务。由于阿富汗仍时常处在电荒之中,城市停电频繁、大部分农村地区尚未通电，因此在一定程度上制约了阿富汗互联网的发展和普及。

此外，教育水平的普遍低下、互联网用户接入成本高、国内安全形势严峻等制约了互联网在阿富汗的发展和普及。

尽管阿富汗是目前世界上互联网普及率最低的国家之一。但是移动互联网3G 业务已经在阿富汗大部分地区展开，而且资费相对便宜。2015 年底，阿富汗移动电话用户总数为 2 538 万，移动电话人口覆盖率达到 88.7%，其中 191万是 3G 用户。庞大的年轻人群体以及受过良好教育的人们是未来阿富汗互联网蓬勃发展的生力军。

参 考 文 献

[1] 乐姣："阿富汗农业发展现状及中阿农业合作策略"，《农业展望》，2019 年第 5 期。

[2] Abdulrahimzai, G. R., G. R., H. R. Safi, A. A. Halimyar., 2020. Steel Structures Usage and Steel Production: A Case Study in Afghanistan. *Kardan Journal of Engineering and Technology*, Vol. 2, N0. 1.

[3] ADB, 2017. *Renewable Energy Roadmap for Afghanistan（RER2032）*. Asian Development Bank Researching Report.

[4] ADB, 2017. *Afghanistan Transport Sector Mater Plan Update（2017—2036）*. Asia Dvelopment Bank Researching Report.

[5] Afghanistan MoMP, 2019. *Mining Sector Roadmap*. Afighanistan Ministry of Mines and Petroleum Working Report.

[6] Ahmadzai, S., McKinna, A., 2018. Afghanistan electrical energy and trans-boundary water systems analyses: Challenges and opportunities. *Energy Reports*, Vol. 4.

[7] McMahon, G., *et al.*, 2011. *The Afghanistan Mining Sector as a Driver of Sustainable Growth*. World Bank Researching Report 68259.

[8] Afghanistan MIC, 2018. *Afghanistan's National Export Strategy* 2018-2022. Afghanistan MIC Working Report.

[9] Nasrat, S., Karimi, A. T., 2016. The Afghan Carpet Industry - Issues and Challenges. *Economic Alternatives*, Issue 4.

[10] Nijssen, 2010. *The Afghan Economy A Brief History*. CMFC Special Report on Economic Development in Afghanistan.

[11] NSIA, 2020. *Afghanistan-Statistical-Yearbook-2019*. Afghanistan NSIA Working Report in May, 1st-Version.

[12] UNCTAD, 2021. *World Investment Report 2021*. UN Publications.

[13] UNODC, 2004. *Afghanistan Opium Survey 2004*. UNODC Working Report in November.

[14] UNODC, 2021. *Afghanistan Opium Survey 2019*. UNODC Working Report in February.

[15] Weijer, F., 2007. *Cashmere Value Chain Analysis Afghanistan*. USAID Document.

[16] World Bank, 2005. *Investment Horizons. Afghanistan*. World Bank Working Report in April.

第六章　国内政治的地理格局

第一节　国家民族

一、国家民族建构

民族国家是现代国际体系的基本单位。近代以来，国家民族建构的成功与否是影响民族国家发展和稳定的根本条件（王鹏等，2018）。国家民族是由民族国家创造的，没有民族就无所谓国家民族。国家民族是取得国家形式的民族，即以国家为外衣的民族（刘泓，2005）。

从 1747 年杜兰尼王朝建立至 2021 年 8 月塔利班重新夺取政权之前，阿富汗的国家民族构建分为五个阶段（王鹏等，2018）。前四个阶段是近代国家民族构建（1747—1919 年）、现代国家民族构建（1919—1979 年）、国家民族构建停滞（1979—2001 年）、国家民族的重建（2001—2021 年）；2021 年 8 月，塔利班重新夺取政权之后，阿富汗的国家民族建构显然进入了一个不确定的历史时期。

（1）近代国家民族构建阶段（1747—1919 年）。1747 年，艾哈迈德·沙·杜兰尼（1722—1773 年）被推选为普什图人最高首领。他通过领土扩张将管辖范围从根据地坎大哈，扩张至加兹尼、喀布尔以及印度河流域白沙瓦、印度河口信德地区，以及印度河以西的所有地区。杜兰尼成功统一了所有普什图人的部落，建立了统一的阿富汗国家。杜兰尼被来自普什图、哈扎拉、俾路支等部族的领袖推选为国王（1747—1773 年在位），建立杜兰尼王朝。这个王朝是阿富汗地区各部族妥协的产物，王朝不是中央集权制，国王只是各派的共同首领，没有绝对的权力，伊斯兰教为国家的共同意识形态。在他的统治下，普什图人开始发展出一种民族意识（沙伊斯塔·瓦哈卜、巴里·杨格曼，2016）。这一时期阿富汗的国家民族认同基本上等于普什图认同。在杜兰尼去世后的将近 100 年中，阿富汗陷入内部权力斗争与部族之间的内战。1873 年，俄国人和英国人确立了阿富汗北部的边界，1839—1849 年、1878—1880 年爆发了两次阿富汗抗英战争；1893 年，阿富汗与印度之间的"杜兰线"确立。至此，阿富汗东部和南部的普什图人最终从阿富汗王国中分离了出去，先后成为锡克教徒等并受英国人统治，后又被整合到 1947 年印巴分治后的巴基斯坦国。

1880—1919 年，随着阿卜杜·拉赫曼汗（1880—1901 年在位）和其子哈比布拉汗（1901—1919 年在位）先后成为国王，阿富汗国家民族建设取得进步。阿卜杜·拉赫曼汗加强中央集权，以普什图人和逊尼派作为阿富汗国族的基本属性。在与外部强权的斗争中维护本国生存，在国内推行民族同化。他利用伊斯兰教为自己的统治提供支持，任命一些非普什图人担任要职，采取措施强制进行部落迁移，加强对各部落的统治。普什图吉尔扎伊部落就于 1886 年从阿富汗南部地区强制被搬迁到兴都库什山以北地区，与塔吉克、乌兹别克和土库曼等族群生活。这些政策既加强了对北方的控制，也防止了吉尔扎伊部落与杜兰尼部落争夺国家领导权。此外，阿赫迈德·拉赫曼汗对反抗的哈扎拉人进行残酷镇压，并赋以重税。

（2）现代国家民族构建阶段（1919—1979 年）。1919 年，阿曼努拉·汗子承父位（1892—1969 年，其中 1919—1929 年在位）继任国王。他通过第三次阿富汗抗英战争赢得阿富汗独立（1919 年），渴望通过改革和现代化增强这个国家实力，发起了长达十年的政治和经济改革。阿曼努拉·汗一开始就制定了清晰的目标：以土耳其穆斯林改革家凯末尔·阿塔图尔克的方式，将阿富汗建成一个独立的现代化国家。他在理论上否定了穆斯林对非穆斯林、逊尼派对非逊尼派、普什图人对其他民族的优势地位，他试图建立现代政府体制和制衡机制，加强政府对社会的影响，将国家意识形态转变为民族主义（黄民兴，2008）。1923 年，阿富汗颁布了第一部宪法，这是一份基本上不受宗教制约的法律文件，规定非穆斯林也拥有相同的权利。在此同时，阿富汗政府大力推广普什图文化，建立普什图语学校和研究机构，推动普什图语的传播。第一部阿富汗宪法是用普什图语书写，再由官方翻译成达里语和其他语言。

阿曼努拉·汗的改革在知识分子和很多城市居民中赢得了支持，但受到守旧分子和大部分农村人口的反对。其中很多改革措施都触犯到了传统社会和宗教的敏感领域，威胁到了阿富汗大部分地区掌控地方政府、社会、法律、生活框架的宗教、部落领导人权益。阿曼努拉·汗的激进措施遭到了一定程度的反叛，被迫于 1929 年在与旧势力冲突中退位。

1930 年，纳迪尔·沙（1883—1933 年，其中 1929—1933 年在位）上台。他颁布新宪法，给予逊尼派伊斯兰教哈乃裴教法学派以官方地位，两院议会部分为民选，另一部分为国王任命。纳迪尔尽可能地推进了阿富汗的现代化。他重新开放很多学校，并修建新的学校。1932 年，纳迪尔创建了文学院和医学院。这些机构后来演变成为如今的喀布尔大学。他完成建设了从喀布尔通过希伯儿山口到北方地区的现代公路，修建了几座大型水库坝，扩大了灌溉和棉花种植面积，鼓励投资和外贸。从此，阿富汗的棉花、水果、卡拉库尔大绵羊等成为重要的出口商品。总体上，纳迪尔注重宗教力量与世俗力量之间的平衡、国家与部落之间的平衡，推行中立外交。他以普什图属性、形式上的个人权利平等构建民族认同。纳迪尔的政策被其继任者——他的长子穆罕默德·扎希尔（1914—2007 年，1933 年即位、1973 年被流放）承继，其执政长达四十年之久。在这个缓慢的现代化过程中，虽然阿富汗的教育制度、女性权益和经济状况都得到改善，但绝大多数阿富汗人处在文盲状态，同时与巴基斯坦的边界纠纷升级。随着与外部世界交往的增多，阿富汗普通民众也产生了现代民族意识（姚大伟等，2008；王鹏等，2018；沙伊斯塔·瓦哈卜、巴里·杨格曼，2016）。

（3）国家民族构建停滞阶段（1979—2001 年）。1979—1989 年苏联入侵阿富汗，阿富汗陷入无休止的动荡之中。各派抗苏政治力量带有明显的族际分野："逊尼派七党联盟"中有六个政党以普什图人为主体；什叶派"八党联盟"主体是哈扎拉人。这些情况强化了不同族群的民族意识和认同，军阀也以族群划界，彼此混战。1989 年苏联撤军，阿富汗陷入军阀割据的混战中。军阀仍以族群划界，阿富汗内战实际成为族际的激烈冲突；1994 年，塔利班开始崛起，由于其绝大多数都是普什图人，代表的是普什图人的利益。

（4）国家民族的重建阶段（2001—2021年）。2001年12月，塔利班政权垮台。同月，阿富汗临时政府成立，阿富汗重建进程启动。2002年6月，阿富汗选举产生卡尔扎伊为过渡政府总统。2004年1月，阿富汗颁布新宪法，10月举行了阿富汗历史上首次总统选举，卡尔扎伊胜选并成为阿富汗历史上首位民选总统。2009年、2014年、2019年阿富汗分别举行了第二、第三、第四届总统选举。卡尔扎伊继任第二届总统，第三、四任总统穆罕默德·阿什拉夫·加尼亦为普什图人。在第四届政权机构（止于2020年8月）中，总统阿什拉夫·加尼是普什图人、首席执行官阿卜杜拉·阿卜杜拉是塔吉克人、第一副总统阿卜杜拉·拉希德·杜斯塔姆是乌兹别克人、第二副总统萨尔瓦尔·丹尼什是哈扎拉人。2001—2021年的阿富汗政权中，普什图人虽然控制了政权，但其地位有一定程度的下降，因为塔吉克、乌兹别克、哈扎拉等少数民族掌控了部分军权，地位得到了极大提升。这种状况引起普什图人的不满。

（5）国家民族构建不确定阶段（2021年至今）。2021年8月，塔利班再次夺取政权，阿富汗国家民族构建进入一个新的不确定历史时期。

二、国家民族认同

阿富汗在国家民族的构建过程中存在一系列矛盾，而且这些矛盾在短期内无法解决，这对阿富汗国家民族构建的未来形成严峻挑战（王鹏、耶斯尔，2018）。

（1）国家民族主义与族裔民族主义的矛盾。民族主义的发展可以支撑国家民族的构建，促进一个国家的各族民众对国家民族进行认同。国家民族主义是通过国家形式表现的，与国家利益相吻合或一致的民族主义，也是民族主义的国家表现（李兴，1995）。虽然自1747年起杜兰尼王朝已经形成了统一的阿富汗，1919年通过第三次阿富汗抗英战争赢得独立，但是迄今270多年，阿富汗各民族对国家利益的概念模糊不定，各民族往往把本民族利益放在首位（刘泓，2006）。

在阿富汗国家民族的构建历程中，普什图人始终占主导地位。1747年到1978年，历代执政者均为普什图人。统治者实施优待普什图人、歧视其他族群的政策，推行"大普什图主义"，将普什图人利益等同于国家利益，导致"阿富汗"与"普什图"同义，中央政权与其他少数民族区域，尤其是哈扎拉人的关系紧张，非普什图各族对"阿富汗人"的认同不强，有些甚至不愿意接受"阿富汗"作为国名。

随着世界范围内民族主义思潮的兴起，长期受普什图人歧视的阿富汗少数民族开始主张通过建立本民族控制的政府，寻求能够充分体现自身价值和利益的理想管理形式，试图以主权宣示免受主体民族的压迫，同时弘扬自己的民族文化。因此，他们关注"阿富汗国家"的兴趣正在逐渐丧失。

1979—1989 年苏联入侵期间，阿富汗政权由塔吉克、哈扎拉和乌兹别克等少数民族把持，普什图人第一次丧失了对中央政权的控制。在阿富汗抗苏运动阵营中，族际分野明显。"七党联盟"中有 6 个政党以普什图人为主体，"八党联盟"则哈扎拉人居多。1990—1995 年苏联撤军后的阿富汗陷入军阀混战，军阀皆以特定的族群划界：希克马蒂亚尔的支持者主要为普什图人，拉巴尼和马苏德依靠塔吉克人，杜斯塔姆仰仗乌兹别克民兵。1996 年，塔利班兴起后，塔吉克、哈扎拉和乌兹别克等民族的武装力量组成"北方联盟"与塔利班对抗，而塔利班的成员主要来自普什图人。

2021 年 8 月在塔利班重新掌握政权之前，阿富汗三大少数民族都建立了以本民族为主体的政党：塔吉克人主导的"伊斯兰促进会"、哈扎拉人的"伊斯兰统一党"以及乌兹别克人的"伊斯兰民族运动"。阿富汗三大少数民族因担心塔利班加入政府后威胁其现有权力和地位，强烈反对当时的阿富汗政府与塔利班和谈。

（2）中央集权与民族部落自治传统之间的矛盾。国家民族的构建必须仰赖强有力的中央政权组织机制来推行统一的国家意志。当中央集权的要求与民族部落的社会文化、政治传统处于矛盾状态时，国家民族建设的推进必然受到阻碍。阿富汗社会以血缘为基础谱系，呈现出众多相互独立的民族部落。总体上，阿富汗各个民族部落的组织规模不大，部落组织之间充满矛盾。只有面临外部干涉时，这些部落才会暂时联合起来，抵御共同的外敌；一旦威胁解除，部落联盟便宣告解体。部落政治具有很强的自治性和排他性。部落族长具有绝对权威，成员必须忠诚和服从。部落社会追求自主，反对外部干涉与控制。阿富汗部落之间对抗的实质是防止任何一方独大，维系整个部落社会的权力平衡，从而使个人及部落组织保持自治地位（吕伟，2017）。

（3）世俗政权与宗教力量的矛盾。1747 年阿富汗杜兰王朝建立后，国家力量有限，无法统合相对独立的宗教阶层。1880—1901 年，阿卜杜·拉赫曼汗国王利用伊斯兰教作为强化其统治的工具，把宗教力量统合进入国家体制取得了较大成功。1919 年，阿曼努拉·汗继位后效仿土耳其，排除宗教力量，在公共领域全面推进世俗化，以"人民主权"取代部落和宗教权威，严重损害了宗教阶层利益。1929 年，在宗教人士的鼓动下，阿富汗部落叛乱四起，阿曼努拉改革失败。1930 年，纳迪尔建立穆沙希班王朝（1930—1973 年），推行宗教"国家化"与渐进世俗化并行的政策（闫伟，2017），取得了基本成功。但其改革集中在城市，很少触碰农村地区。1978 年，塔拉基通过政变上台，仿照苏联建立世俗的政治体制，以世俗法取代伊斯兰教法，宗教人士在政府完全丧失了影响力，推动了社会生活全面世俗化。这些政策激起了宗教阶层的强烈反抗，最终导致该政权垮台。2001 年 12 月，随着塔利班政权垮台，美国主导的阿富汗政治重建带有浓厚的西方色彩。虽然阿富汗宪法规定伊斯兰教为国教、伊斯兰教法在社会生活和立法中占有一定地位，但阿富汗新政权是世俗政权。阿富汗政权的世俗性质与以塔利班为代表的反政府力量的宗教性方面的矛盾难以解决。普什图人陷入内部分裂，形成以阿富汗中央政府为代表的普什图温和派和以塔利班为代表的普什图极端派。在此同时，两派都对哈扎拉民族主义心存芥蒂。在卡尔扎伊执政时期，哈扎拉人在阿富汗政府中占据重要地位。阿富汗的总统竞选在不同族群间展开，普什图人、塔吉克人、哈扎拉人和乌兹别克人都在竞争政府权力。因此，无论哪一个族群的领袖当选，都很难从其他族群那里获得政治上的合法性，直到 2021 年，塔利班重新夺取政权。

不断发生的长期战乱，在相对封闭的地域内互相融合形成的种族、部落和家族，构成了阿富汗社会最基本的社会结构和社会关系。对于大多数阿富汗人来说，国家是一个抽象和遥远的概念，而民族、部落和家族才是具体的和值得效忠的。

第二节　民族、部落矛盾与冲突的地理格局

一、地理区位与民族文化交融、冲突

因独特的地理位置和发展历史，阿富汗的政治、社会、文化明显受到周边文明的影响。这些周边文明主要是亚洲内陆草原、沙漠地带的游牧文明和绿洲地带的农耕文明。在阿富汗这片土地上，历史上的雅利安人、塞种人、安息人、希腊人、大月氏人、突厥人、阿拉伯人和蒙古人等都曾先后进入，并留下了各自的历史痕迹。这些种族交流、融合，成为阿富汗的先民。如今阿富汗民族形态呈现多元和复杂的格局，游牧民族的社会、组织、政治对阿富汗影响深刻。在阿富汗，三分之二的居民有与部落的联系，游牧民更甚（黄民兴，2013）。地处东西方文化交接处，位于东亚、西亚、中亚和南亚接合部的阿富汗，各民族在政治、文化等方面的差异极易产生碰撞和摩擦。

阿富汗人口最多的普什图人最早主要居住在兴都库什山以南的山区和高山草原，以牧羊为生。从 19 世纪下半叶起，普什图人开始从兴都库什山脉向北迁移。普什图人多为逊尼派穆斯林，其社会风俗和生活习惯至今仍有氏族部落的遗风。

阿富汗第二大民族塔吉克人也属逊尼派穆斯林，主要居住在阿富汗东部，临近塔吉克斯坦的巴达赫尚、塔哈尔、赫拉特、朱兹詹、萨曼甘、巴尔赫、昆都士等省份以及潘季希尔等地，大多数喀布尔人也是塔吉克人。在阿富汗历史上，塔吉克族人才辈出，在国家社会生活中具有很大的影响力。阿富汗政府中许多内阁部长、银行家和大商人都来自该民族，是普什图人最大的权力争夺者。塔吉克族曾有两次短暂的执政。塔吉克人还是阿富汗北方联盟的骨干，例如北方联盟创始人之一、阿富汗前总统拉巴尼（1992—1996 年在任）、马苏德将军、法希姆将军、伊斯梅尔汗将军等。

从 13 世纪起就居住在阿富汗中央高地的哈扎拉人是蒙古移民的后裔，绝大多数信仰伊斯兰教，属于什叶派。他们控制着从喀布尔、加兹尼直到赫拉特的

山区。由于 18 世纪末至 19 世纪初的普什图扩张主义，以及逊尼派穆斯林对什叶派穆斯林的歧视，哈扎拉人被赶到贫瘠的中部山区居住。他们原先所掌握的肥沃土地被普什图族的杜兰尼、吉尔扎伊等部落占据，许多哈扎拉人被卖身为奴。19 世纪后半期，哈扎拉人有人口 34 万。目前，哈扎拉人主要分布在阿富汗九个相互分隔的地区，经济地位低下，备受歧视。

在阿富汗兴都库什山以北地区散居着中亚突厥族向南征战时遗留下来的乌兹别克人和土库曼人，他们讲突厥语，以游牧为生；另外，还有讲波斯语，居住在兴都库什山东部的帕米尔山结地区——瓦罕走廊的吉尔吉斯人；自称是亚历山大大帝的后代，人口较少的努里斯坦人居住在偏远的喀布尔东北部山区，毗邻巴基斯坦边境；以游牧为的主俾路支人主要分布在阿富汗西南部靠近巴基斯坦边境的几个省份；此外，阿富汗境内还有印度人和锡克人。

游牧民族依靠出售羊毛、羊皮、乳制品等来购买小麦。阿富汗游牧民族常与绿洲定居的农民进行商品交换，有时也会产生摩擦，进而产生武装掠夺。为了生存，久而久之，游牧民族便形成了特定的经济生产组织，以及一种半军事化的社会组织——部落和部落联盟。由多个部族所构成的社会组织及其发展形态成为阿富汗民族国家的显著特征。普什图人的部落最完整，上库曼人和乌兹别克人等民族也存在部落社会，塔吉克人的部落已经消失（黄民兴，2013）。通常状态下，阿富汗部族之间的关系是敌或友在很大程度上取决于外部的环境，当面对共同的敌人和威胁时，人们会把那些平日的琐细争论暂时搁置于一旁，而一旦外敌被赶走后，他们又会重回往日的争执和敌对状态（Thomas，2010）。

复杂的民族结构、根深蒂固和难以调和的民族矛盾，结合特殊的地缘环境和外部势力的介入，阿富汗国家民族形成的目标似乎遥遥无期。1747 年，普什图人虽然建立了统一的阿富汗国家，但各民族与部落间的隔阂仍未消除，有时也对国家统一和民族团结造成影响。根据地理边界划分的，比较牢固的阿富汗族群地域多年来一直处于战争冲突之中（刘泓，2021；Shahrani，1986）。

二、高大山地与民族、部落隔阂

阿富汗山地地区占全部国土面积的 75% 左右，山区重峦叠嶂。这种地形使居住在不同区域的民族部落（图 6-1）之间往来不便，各民族的生活、文化差异不断拉大，民族隔阂也随之不断固化。

图 6-1　阿富汗民族部落分布

资料来源：Michael R Izady，2006. 见：www. gulf2000. columbia. edu/maps. shtml.

　　普什图族集中分布在阿富汗南部和东部地区，部落遵循严格的"普什图人准则"（Pashtunwali）。普什图人有杜兰尼部落和吉尔扎伊部落两个主要部落。前者位于阿富汗南部，后者位于杜兰尼部落的北部，靠近巴基斯坦边境，两个部落之间有隔阂与矛盾，各自又有自己的亚部落（图 6-2）。

　　杜兰尼部落的亚部落有阿查克扎伊、阿里扎伊、巴拉克扎伊、穆罕默德扎伊和珀帕尔扎伊等，吉尔扎伊部落的亚部落有阿赫迈德扎伊、卡鲁提扎伊、霍塔基、瓦尔达克、贾吉、亚德兰等。另外，还有不少小的部落，如塔尼、曼噶尔、库加尼、萨菲、摩诃曼德、阿弗里迪、卡塔克、沃拉克扎伊、瓦兹里、马赫苏德、查姆卡尼和辛瓦里等。

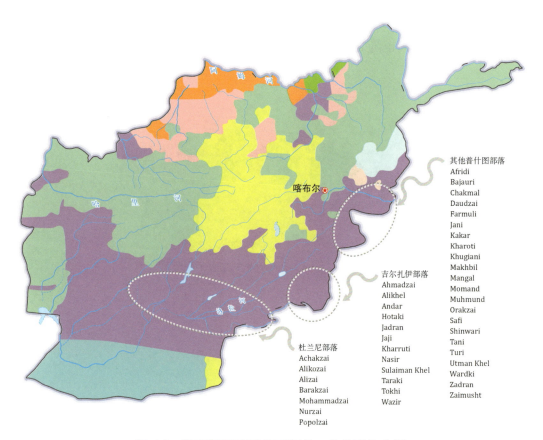

其他普什图部落
Afridi
Bajauri
Chakmal
Daudzai
Farmuli
Jani
Kakar
Kharoti
Khugiani
Makhbil
Mangal
Momand
Muhmund
Orakzai
Safi
Shinwari
Tani
Turi
Utman Khel
Wardki
Zadran
Zaimusht

吉尔扎伊部落
Ahmadzai
Alikhel
Andar
Hotaki
Jadran
Jaji
Kharruti
Nasir
Sulaiman Khel
Taraki
Tokhi
Wazir

杜兰尼部落
Achakzai
Alikozai
Alizai
Barakzai
Mohammadzai
Nurzai
Popolzai

图 6-2　阿富汗部落及其亚部落：普什图族案例

注：普什图族的部落：杜兰尼及其亚部落位于阿富汗南部。吉尔扎伊及其亚部落位于杜兰尼以北，
靠近巴基斯坦边境，再往北是靠近巴基斯坦边境地区的其他普什图部落。

资料来源：https://www.slideserve.com/nike/the-pashtuns.

努里斯坦族生活在阿富汗东部的兴都库什山脉高海拔。与世隔绝的山谷盆地，如阿林噶尔、派克、兰达伊·辛和库纳尔等地区的努里斯坦人，人口本身就少，却仍然有说五种印度-伊朗方言的 15 个部落（图 6-3）。这些努里斯坦人的语言文化与讲印度-伊朗语的邻国不同，但有着共同的根源——在大约 4 000 年前，他们的语言分化为印度-伊朗语系的三个分支：印度-雅利安语、伊朗语和印度语。努里斯坦人是阿富汗最后一批从古代印度教转变为伊斯兰教的居民，时间约为 1896 年（Strand，2018）。

努里斯坦族生活的地区是阿富汗很多民族的避难区域之一，主要位于阿富汗东北部的兴都库什山脉地区，横跨阿林格尔河、佩奇河、兰代森河和库纳尔

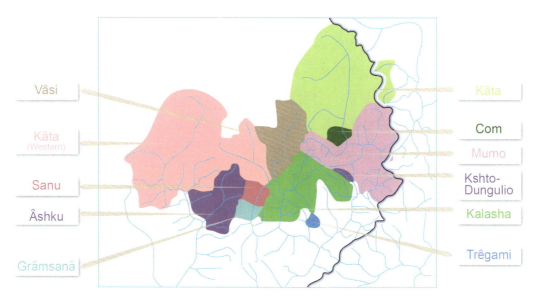

图 6-3　阿富汗努里斯坦地区的部落分布

资料来源：http://www.nuristan.info/♯TOC.

河等流域。当时，努里斯坦人为抵抗向东扩张的伊斯兰教徒逃至此地。1895—1896 年，努里斯坦人被当时的埃米尔阿卜杜·拉赫曼汗征服，被迫放弃其古老的宗教信仰，皈依伊斯兰教。

直至近年，阿富汗民族之间的矛盾、冲突仍然不断。例如，2011 年 6 月 18 日，根据"哈扎拉人"网站的报道，普什图库奇斯部落袭击了哈扎拉人，烧毁了加兹尼省纳霍区的 25 个村庄。报道说这些普什图库奇斯民兵装备精良，并且得到政府的全力支持。报道还说，普什图人的库奇斯部落长期袭击哈扎拉人，每年春天都会重演这一噩梦。在喀布尔亲苏政权执政期间，这种冲突曾短暂停止，但在之后塔利班统治期间，冲突又重新开始。哈扎拉人认为，卡尔扎伊政府（2002—2014 年）不仅无意干涉和结束这场争端，而且还利用普什图库奇斯部落的影响力来进一步压制哈扎拉人。

三、地理条件与民族、部落地区发展

一般来说，处于地理发展条件优越地区的民族和部落，其社会和经济发展得快一些，而位在边远地区的民族，其社会和经济发展相对慢一些。这样的结果往往造成地区间发展差距扩大，不同民族享受到的社会发展成果差别明显，社会与经济发展缓慢的民族群众容易产生心态失衡和不满情绪，民族之间的矛盾应运而生。例如，普什图人、俾路支人多生活在地势较低，地理条件较好的地区；农业条件最好的北部平原地区集中了乌兹别克人；土库曼人、塔吉克人主要部分在东部高山连绵、条件较为艰苦的巴达赫尚地区。主要城市地区也集聚了相当数量的塔吉克人，由于城市地区的塔吉克人重视教育、善于经营，生活条件相对较好。集中在中东部高地的哈扎拉人、努里斯坦人因地理条件限制，经济活动较为简单、收入不高，其经济和社会地位也较低。

事实上，阿富汗各民族之间在土地所有权和用水权等方面的持续冲突，一直困扰着阿富汗社会。就农业发展而言，农村塔吉克人与城市普什图人之间的关系一直很紧张，乌兹别克人和哈扎拉农民、普什图牧民之间的冲突也时有发生，而且常常伴有敌对性行动（Isby *et al.*，2010）。

四、跨界民族与境外同胞

阿富汗是一个典型的跨境民族国家。其主体民族普什图族、第二大民族塔吉克族，以及其他民族多属于跨境民族。阿富汗跨境民族人口比例之高、数量之多、分布范围之广是世界上其他国家无法比拟的。跨境民族问题不仅影响着阿富汗国内的政治、经济、文化等领域，还在本地区地缘政治格局中发挥着举足轻重的作用（熊坤新等，2016）。

普什图族跨居阿富汗和巴基斯坦，仍然保存着当今世界上最大的部落组织。普什图族人口的 40%、60% 分别居住在阿富汗、巴基斯坦两个国家，这是英国殖民者蛮横划定"杜兰线"所导致的结果，也是普什图族的主体部分在巴基斯坦境内的直接原因。1979 年苏联入侵阿富汗之前，普什图族人口占阿富汗人口总数的 51%，数量上较其他民族占有明显的优势。在苏联入侵阿富汗之后，620 多万阿富汗人沦为难民，大量逃往国外，其中有 520 多万是普什图族人。这使当时的阿富汗民族结构发生急剧变化，普什图人在阿富汗国内的地位明显下降。

塔吉克族跨居塔吉克斯坦、阿富汗、乌兹别克斯坦、伊朗、巴基斯坦和中国，是阿富汗第二大民族，人口总数约占阿富汗总人口的 25％左右。塔吉克族人在阿富汗精英阶层中占据很大比例、拥有大量的财富，主导过"北方联盟"与塔利班势力对抗，因此，塔吉克人在阿富汗的政治、经济、军事、文化生活中发挥着重要影响。

哈扎拉族是阿富汗的第三大民族，聚居在阿富汗中部的哈扎拉贾特山区。在阿富汗中部的巴米扬、乌鲁兹甘、古尔等三个省份，哈扎拉族占有数量上的绝对优势。18 世纪末至 19 世纪初，哈扎拉族被当权的普什图人排挤，被迫迁至贫瘠的中部山区。19 世纪中后期，哈扎拉人奋起反抗，被政府大军镇压，许多哈扎拉人沦为奴隶，或移居他乡。哈扎拉族和普什图族的历史矛盾由此产生。哈扎拉族经济发展落后，经济地位较低下，导致其政治话语权不被重视。迁入到城市的哈扎拉人多为城市低收入者。

乌兹别克族是阿富汗境内最大的突厥语民族，是阿富汗境内人口较多的非主体民族之一，聚居在阿富汗北部与乌兹别克斯坦接壤的地区，包括阿富汗北部的昆都士、萨曼甘、巴尔赫和法利亚布省。19 世纪以来，随着沙皇俄国对中亚的征服，乌兹别克族和中亚其他民族开始逃离家乡。特别是在第一次世界大战期间，由于食物短缺和俄国沙皇的压迫，大量乌兹别克人逃往阿富汗。1916年，沙皇又对乌兹别克人的起义进行残酷镇压，更多的乌兹别克人来到阿富汗。1979—1989 年苏联入侵阿富汗期间，当地还组织起乌兹别克武装力量等具有族裔归属感的民兵部队。伊朗和巴基斯坦也利用族际冲突，分别建立或支持阿富汗的一些政治组织。例如，伊朗帮助阿富汗什叶派穆斯林哈扎拉人中建立了具有强大影响力的"伊斯兰解放党"；巴基斯坦则支持过普什图人所主导的伊斯兰原教旨主义运动组织塔利班。阿富汗军事和政治行动中占主导地位的冲突各方，或多或少都得到境外同族的支持。1992—2001 年，族裔清洗或灭绝事件时有发生（Roy，1986）。

阿富汗跨境民族问题主要表现为普什图尼斯坦、非主体民族的分离主义两种形式。普什图尼斯坦是普什图人的祖居之地，也被称为"帕坦地区"，意为"普什图人的家园"。该地区大致包括今巴基斯坦联邦直辖部落地区、西北边境省、俾路支省和阿富汗兴都库什山以南的地区，囊括了从印度河到兴都库什山之间的广阔区域。历史上，普什图尼斯坦曾是印度的门户，也是南亚与中亚、中东交往的陆路枢纽，在地缘政治上占有极为重要的位置。直到 15 世纪以后，普什图人才向北扩张至如今的阿富汗北部地区。1747 年，普什图人艾哈迈德·沙赫建立的杜兰尼王朝第一次把普什图尼斯坦纳入阿富汗的版图。19 世纪以后，杜兰尼王朝开始走向衰落。此时，大英帝国、沙皇俄国开始在南亚与中亚进行大肆扩张，阿富汗地区成为两大帝国在中亚地区大博弈的缓冲地带。

1893 年，在大英帝国的强大压力下，阿富汗被迫接受了《杜兰协定》。该协定将瓦罕走廊至波斯的"杜兰线"作为阿富汗东南部与英属印度（即后来的巴基斯坦）的边界。"杜兰线"以南本属阿富汗的普什图人聚居区被划归英属印度，从此普什图人成为跨境民族，阿富汗也永久地失去了通往海洋的通道。英国不顾普什图人的历史联系和民族分布，以"杜兰线"划界，打断了普什图人统一与独立发展的轨迹。从此之后，普什图人的反抗从未间断。更为重要的是，"杜兰线"为如今阿富汗与巴基斯坦的领土争端埋下了巨大的隐患。

如今，阿富汗境内共有 12 个人口较多的跨境民族。其主体民族普什图族在国家的发展上发挥着关键作用，其他各非主体民族均具有脱离本国的分离主义倾向——他们对于本民族的忠诚始终高于对国家的忠诚。在民族利益和国家利益面前，他们首先考虑的是本民族利益。

第三节　行政区划

一、现行行政区划

根据《阿富汗伊斯兰共和国宪法》（2004 年）和《地方管理政策》（IDLG，2010），阿富汗地方行政区划为省（province）、城市（municipality）、区（district）、村（village）四级。

阿富汗地方管辖区为 34 个省、153 个城市、34 个省中心区（Provincial Centers districts）和 364 个农村区（Rural districts）。其中赫拉特、贾拉拉巴德、喀布尔、马扎里沙里夫和梅马内五个省中心区的管辖区内没有村的设置，其余 29 个省中心区，有的在其管辖范围内有多达 300 个村（如古尔省中心恰格恰兰市），具体情况如下：

第一，阿富汗最高地方行政区划单位是省，因而不存在跨省的行政区划单元。《阿富汗宪法》不承认分区（zones）或区域（regions）等跨省管辖权，也不承认分区或区域作为一个国家政治或地域治理单元。但是，一些中央机构会采用区域的方式来实施其规划项目，如城市发展部、农业灌溉和畜牧部等（IDLG，2010）。

第二，阿富汗的城市是一个独立的政府级别，受地方独立理事会（IDLG）的直接监管。阿富汗在 34 个省中设有 153 个城市。《地方管理政策》虽然没有具体条款明确，但在其文本中多次反复出现 provincial municipality、provincial municipalities、district municipality、district municipalities。而且，《地方管理政策》（2010）附录中被明确冠以 "City" 的只有 34 个省中心的城市。因此，包括喀布尔以及省中心城市的通名为市（City），如喀布尔市（Kabul City）、巴达赫尚省的省中心法伊扎巴德市（Fayzabad City），巴米扬省的省中心巴米扬市（Bamyan City）等；其他城市未冠以通名，如巴达赫尚省的城市达拉伊姆（Darayim），巴米扬省的城市潘贾布（Panjab）。

同时《地方管理政策》明确，在 153 个城市中，27 个城市共有 121 个市辖区（Nahias）。剩余 126 个城市没有任何下属的行政管辖区。

因此，阿富汗城市有两个类型、四种情况：（1）级别不同的城市——省级市（provincial municipality）和区级市（district municipality），但是在 153 个城市中，未冠以通名的 119 个城市没有被《地方治理政策》明确为区级市；（2）设辖区与不设辖区的城市两种类型，设区的城市（27 个），不设区的（126 个）。

第三，阿富汗的省被划分为各区，区被划分为各村。"阿富汗 34 个省分为 364 个农村区和 34 个省中心区"。"若干个村组成一个农村区。所有这些层级单位（hierarchy units）都有明确的地域边界，因此也有行政边界"。《地方管理政策》第Ⅶ部分附件Ⅲ中，明确将 34 个"省中心"列入"Name of District"一栏。因此，阿富汗的"区"有"农村区"和"省中心区"两种类型，两者合计 398 个区。

第四，根据《地方管理政策》，阿富汗现有村 37 769 个。这些村既有构成农村区的村，也包括 29 个省中心区下辖的村，其他赫拉特、贾拉拉巴德、喀布尔、马扎里沙里夫和梅马内 5 个省中心区的管辖范围内没有任何村。例如，巴达赫尚省中心法扎巴德作为省中心区辖有 104 个村；巴米扬省中心巴米扬作为省中心区有 159 个村，古尔省中心恰格恰兰作为省中心区拥有最多的村，共 300 个。

二、行政区划设置

（一）省的设置

根据《阿富汗伊斯兰共和国宪法》，阿富汗的地方行政单元为省。应根据人口、社会经济条件和地理位置，确定省的数量、面积、分区（divisions）和相关的省级组织，以及办事机构数量（阿富汗宪法第 136 条）。

《地方管理政策》明确，省是阿富汗历史和政治的产物，为一个省下任何技术定义是没有意义的。目前，阿富汗被划分为 34 个省。中央政府要设置一个新的省份需要考虑新设省对于国家安全、国家统一完整的政治影响。因此，《地方管理政策》没有关于省设置的具体条款。

（二）城市的定义与设置

阿富汗宪法第 141 条规定，要管理城市事务，应设立城市机构（municipalities），市长和市议会成员由自由、普选、匿名和选举产生，与市政有关的事项由具体法律规定。《地方管理政策》明确了"城市"的定义和设立标准的具体条款。

《地方管理政策》将阿富汗的城市定义为："城市是一个独特的法律和行政实体，具有明确的地理或地域边界，为其选民（constituents）的普遍福利而设立。"城市是阿富汗拥有预算机构的单独的预算实体。在行政和治理层级（hierrachy）中，"城市"是仅次于省的下级单元。若干城市辖区组成一个城市，若干个村组成一个农村区。所有这些层级单位都有明确的地域边界，即行政边界①。城市具有法人资格（corporate personality），有权采取公司性质的行动，例如收购/出售财产、签订合同、起诉或被起诉、使用法定名称或管理公共经济企业。如果符合一系列标准，可以设置一个新的城市。城市可以根据法律规定的程序设置、合并或废除。在某些条件下，城市可以合并；在某些条件下，城市可能会被废除。

《地方管理政策》明确表示："当前城市在法律上的定义不足以明确定义其真实的性质和特点""在现有层级结构下，这一定义排除了与城市处在同一级别的非城市地区（non-urban areas）。这两个不同类型的地方实体在负责、监督和报告制度方面造成了混乱"，"因为难以测度以及忽视城市土地总面积、地理界线、财政和服务能力、行政管辖区等因素，城市的设置条件不充分，存在争议""目前的法律框架无法为地方治理和行政提供充分的指导，包括城市和区。从中央政府到最低层级治理级别的职能纵向划分尚不清楚，部分原因是城市与省级区之间存在显著的区别，尽管两者处于同一行政层级。此外，城市还没有充分、负责任地提供服务，有效和高效管理运行的法律依据"。

阿富汗城市法（Municipalities Law）是宪法颁布前三年实施的，因此存在一系列问题，新的城市法尚未颁布。《地方管理政策》在关于城市治理方面做了一般的政策陈述，包括城市的定义，城市设置、合并和/或取消标准，以及城市的任务、核心与基本功能。

城市设置标准应包括以下几个方面：第一，必须具有明确的地理边界，如不少于 50 平方千米的土地面积，所有这些均由大地测量和地图首脑办公室（AG CHO）确定；第二，人口不少于 20 000，应由中央统计办公室（CSO）确定；第三，必须具备依靠自我财政提供基本公共设施和服务。

关于阿富汗城市的分类，《地方管理政策》仅提供了原则性条文。如这个政策明确喀布尔市是一座城市，但是因它具有额外的（特殊的）功能、权限，受总统办公室监管。喀布尔市享有中央政府部委的特殊地位，IDLG 专门为喀布尔市（Kabul City）制定政策。

---

① 原文见：Municipal districts（Nahias）comprise a municipality and villages comprise a rural district. All of these hierarchical units have well-defined territorial, and therefore administrative boundaries.（IDLG，2010）。

（三）区的设置

阿富汗宪法没有关于"区"（district）的设置规定。《地方管理政策》坦承"如果没有一部明确表达区行政实体职责的法律，区的职能将仍然模糊不清。如此将导致地方一级治理不善，因而效率低下、问责不力以及省级实体之间的协调不力。这种情况妨碍了有效的基本服务供给，使政府无法满足公民的需求。法律必须明确规定对区治理机构和这些机构内的个人实体的期望"。

在"区的治理"政策中，出现了"农村区"（rural district）一词。因此，阿富汗行政区划中的"区"一般指"农村区"，这应理解为农村地区的"区"，以区别于省中心区以及城市中的"市辖区"。当然，"市辖区"与前两者并不在同一行政层级上。

在"区的治理"政策中，还出现了"省中心区"（Provincial Center District）一词。省中心区的名称为"某某省中心"，如"巴达赫尚省中心"（Provincial Center of Badakhshan）、巴米扬省中心等。共有34个省中心。省级城市既是省中心，又是省中心区。

阿富汗34个省分为364个农村区和34个省中心区，一些省份还有非官方的区。这些区有时是由省长创建的，以便更好地将部落政治与区的边界结合起来，但通常也考虑公众需求；非官方区基本是省级行为，而非来自中央政府。这种区的确立根据事实上的区和法律上区之间的差异做出。新区的设立会给国家财政带来额外的负担，因此政府需要平衡增加区的成本与民众利益，以使民众更容易获得服务，提高安全性和凝聚力。

区是目前是阿富汗官方认可的最低级别行政单元。

（四）村的设置

阿富汗宪法没有关于"村"（village）的设置规定。《地方管理政策》也没有关于村的设置政策，只有村的治理政策，明确了村级治理实体的构成、村的行政机构——村理事会（Village Council）。

三、省的变动

阿富汗的行政区划在历史上曾几经变迁（王凤，2007）。1964 年之前，阿富汗全国分为省、区、次区共三级行政单位。省有大省和小省之分，大省称为"维拉亚特"（Wilayat），分别是楠格哈尔省、坎大哈省和赫拉特省，其省长的行政级相当于中央政府内阁部长；小省称为"胡库迈特·伊·阿拉"（Hukumat-i-A'la）。另外在阿富汗与巴基斯坦边界处设有一个次省级行政单位，称为"胡库姆兰尼"，或者"胡库迈特·伊·卡兰"。省下设区，称为"胡库迈特"（Hukumat）。区下设次区，称为"阿拉卡达里"（Alaqadari）。

彼时，阿富汗东部和北部省份数量多，省面积较小，分布比较密集；西部和南部省份数量少，各省面积较大。阿富汗全国共有 14 个省，7 个大省分别是喀布尔、楠格哈尔、帕克蒂亚、卡塔干、马扎里沙里夫、坎大哈、赫拉特，7 个为小省为巴达赫尚、希比尔甘、梅马内、帕尔万、加兹尼、格里什克和法拉。

1964 年 3 月以后，阿富汗的省级行政区划进一步细化，东部、北部和中部划分的省份更多，面积更小，一些行政区划单位名称也发生了相应变化。全国设省、次省和区三级行政单位。省称为"维拉亚特"（Wilayat），次省称为"沃鲁斯·瓦里"（Wolus Wali），区沿用 1964 年以前的次区名称，称为"阿拉卡达里"（Alaqadari）。当时，全国共设 28 个省，分别是巴达赫尚、巴格兰、巴德吉斯、巴尔赫、巴米扬、法拉、法里亚布、加兹尼、古尔、赫拉特、赫尔曼德、朱兹詹、喀布尔、卡皮萨、库纳尔、昆都士、拉格曼、卢格尔、尼姆鲁兹、楠格哈尔、帕克蒂亚、帕尔万、坎大哈、萨曼甘、塔哈尔、乌鲁兹甘、瓦尔达克和查布尔。此后的行政区划调整，陆续增加了 4 个省，分别是萨尔普勒、努里斯坦、帕克蒂卡和霍斯特。截至 20 世纪 90 年代末，阿富汗全国共设 32 个省。

2001 年阿富汗新政府上台。至 2005 年 1 月，全国又增加两个新省，分别是潘季希尔和戴昆迪。这样直至现在，阿富汗全国增加到 34 个省（2022 年）。

四、城市型行政区

阿富汗首都喀布尔市享有中央政府部委的特殊地位。其政策的制定不同于其他城市。

《地方管理政策》的城市设置条款没有明确省级市和区级市的差异。关于区级市仅仅说明"区的治理实体可能有城市"。

在省、市、区政府间关系中，城市一般是一个独立的行政级别，受地方独立理事会（IDLG）的直接监管，这是 IDLG 主要功能之一。但是，大多数省级市或区级市由省长直接监督，或由省长主持的省行政会议进行监督。在某些情况下，区级市由省级市政府或区长监督。喀布尔市享有与中央政府机构类似的地位，直接向中央政府报告，并可直接与中央一级的中央职能机构联系。但是，省政府与城市的关系并不清楚。中央政府对城市的监管存在空白和重叠，省政府对省级区的监管也存在类似问题。阿富汗省级城市可以理解为直辖市（廖敏等，2016）。根据前文，省级城市既是省中心，又是省中心区。

五、各种各级"区"

由于阿富汗没有关于"区"的设置法律和条律，其职能模糊不清。在《地方管理政策》中出现农村区、省中心区，而省中心的名称又为"省中心"，城市之下还有市辖区。在《地方管理政策》的英语版本中，这些"区"统统都以"district"表达，但是，省中心区和市辖区分别有专用达里语名称，分别为 *Markaz-i-Wolayat* 和 *Nahias*。

另外，还出现的"省辖区"的说法。一些区级市市长受区长的管辖，这说明区级市的领土是从省级区分割出来的（IDLG，2010）。在现有层级结构下，《地方管理政策》表达了与城市处在同一级别的非城市地区即为省级区，那么"省级区"就应该是"农村区"了。

参 考 文 献

[1] 黄民兴："试析阿富汗民族国家构建的阶段与特征"，《西亚非洲》，2008 年第 4 期。

［2］黄民兴：《阿富汗问题的历史嬗变》，中国社会科学出版社，2013 年。

［3］李兴："论国家民族主义概念"，《北京大学学报》（哲学社会科学版），1995 年第 4 期。

［4］廖敏、王静、何杰：《阿富汗概论》，世界图书出版有限公司，2016 年。

［5］刘泓："民族主义与国家利民族学视野中的阿富汗重建"，《民族研究》，2005 年第 5 期。

［6］刘泓："民族主义与国家利益——民族学视野中的阿富汗重建"，《民族研究》，2006 年第 5 期。

［7］刘泓：" 阿富汗的族际关系与国家重建"，《烟台大学学报》（哲学社会科学版），2021 年第 1 期。

［8］王凤：《阿富汗》，北京：社会科学文献出版社，2007 年。

［9］吕伟："阿富汗穆沙希班王朝的部落社会治理及启示"，《西亚非洲》，2017 年第 2 期。

［10］［美］沙伊斯塔・瓦哈卜、［美］巴里・杨格曼著，杨军 、马旭俊译：《阿富汗史》，东方出版中心，2016 年。

［11］王鹏、耶斯尔："阿富汗国族构建问题与前景"，《新疆社会科学》（汉文版），2018 年第 3 期。

［12］熊坤新、平维彬："阿富汗跨境民族问题及其对地缘政治的影响"，《中国民族报》. 2016 年 5 月 27 日。

［13］姚大伟、闫伟："阿富汗民族主义的演变历史及特征"，《西亚非洲》，2008 年第 4 期。

［14］闫伟："国家与宗教的博弈——现代阿富汗政教关系嬗变及反思"，《西北大学学报》（哲学社会科学版），2017 年第 2 期。

［15］Afghanistan，2004. *The Constitution of Afghanistan*. Document Ratified on January 26.

［16］Barfield，T.，2010. *Afghanistan：A Cultural and Political History*. Princeton University.

［17］IDLG，2010. *Sub-national Governance Policy*. Afghanistan IDLG Working Report in Spring.

［18］Isby，D.，2010. *Afghanistan Graveyard of Empires：A New History of the Borderlands*. Pegasus Books.

［19］Roy，O.，1986. *Islam and Resistance in Afghanistan*. Cambridge University Press.

［20］Shahrani，N. M.，1986. State Building and Social Fragmentation in Afghanistan：A Historical Perspective. In Banuazizi，A.，Weiner，M.（eds.），*The State，Religion and Ethnic Politics：Afghanistan，Iran and Pakistan*. Syracuse University Press.

［21］Strand，R. F.，2018. *A Brief Look at the Linguistic，Cultural，and Strategic Significance of Nuristan*. A Perosonal Working Document.

第七章　区域分异与区域划分

第一节　区域分异

一、地理区划

1960 年前后，阿富汗的地理区划出现了两种方案（Humlum，1959）。

1959 年，荷兰地理学家胡鲁姆把阿富汗划分为 10 个自然省（Natural Provinces）：东部、南部、中部、西部、西北部、北部、努里斯坦、巴达赫尚、瓦罕、阿富汗季风区（图 7-1）。不过，米切尔（Michel，1960）认为这个方案将贾拉拉巴德划入"阿富汗季风区"并不妥当。因为，贾拉拉巴德降雨量不到 203.2 毫米，夏季几乎干燥无雨，且很少有霜冻。在柯本-特里瓦萨（Koppen-Trewartha）气候分类系统中，贾拉拉巴德地区属于"亚热带夏季干燥草原"类型。

1969 年，路易斯·杜普里基于地理学的阿富汗区域划分受到推崇。这一方案按照当地的地理学和生态学特征，将阿富汗划分为 11 个地理区域：瓦汗走廊-帕米尔山结、巴达赫尚、中央山脉、东部山脉、北部山脉和丘陵、南部山脉和丘陵等六个地区与兴都库什山系相连（Dupree，1973）；突厥斯坦平原、赫拉特-法拉低地、锡斯坦盆地赫尔曼德河谷、西部石漠和西南部沙漠等五个地区分别从北部、西部和西南部环绕兴都库什山脉，由沙漠和平原组成（图 7-2）。历史地理环境表明，锡斯坦地区当时相当繁荣，后因过度垦殖致使沙化加剧，而且沙丘移动速度较快。

图 7-1 阿富汗地理区域：胡鲁姆方案（1959 年）

资料来源：Humlum，1959.

图 7-2 阿富汗地理区域：杜普里方案（1969 年）

资料来源：Dupree，1973.

自杜普里 1969 年的方案之后，尚无新的阿富汗地理区划方案。

二、生态区划

为了防止生物多样性进一步减少，1992 年，阿富汗政府签署并批准了《联合国生物多样性公约》（UNCBD），阿富汗将其国土划分为 15 个生态区域（表 7-1）。

表 7-1　阿富汗生态区域

序号	生态区域	生物群落
1	阿富汗东部山地针叶林	温带针叶林
2	吉萨若·阿拉伊开阔林地	温带草原、大草原和灌木丛
3	戈拉特·哈扎拉亚特高山草甸	山地草原和灌木丛
4	兴都库什高山草甸	山地草原和灌木丛
5	喀喇昆仑高原西部高山草原	山地草原和灌木丛
6	喜马拉雅山西北部高山灌木和草地	山地草原和灌木丛
7	帕米尔阿尔卑斯沙漠和冻原	山地草原和灌木丛
8	苏莱曼山脉高山草甸	山地草原和灌木丛
9	阿富汗山地半沙漠	沙漠和旱生灌木丛
10	巴德基茨·卡拉比尔半沙漠	沙漠和旱生灌木丛
11	俾路支省旱生林地	沙漠和旱生灌木丛
12	阿富汗中部山区旱生林地	沙漠和旱生灌木丛
13	波斯中部沙漠盆地	沙漠和旱生灌木丛
14	帕罗帕米修斯旱生林地	沙漠和旱生灌木丛
15	罗吉斯坦-北巴基斯坦沙质沙漠	沙漠和旱生灌木丛

资料来源：NEPA，2014；https://www.worldatlas.com/articles/ecological-regions-of-afghanistan.html.

三、其他区划

阿富汗国家统计信息局（NSIA）为便于人口估算将全国分为八个地区（表

7-2)：首都地区（五个省市）、东部地区（四个省）、东南部地区（五个省）、南部地区（五个省）、中部地区（三个省）、西部地区（三个省）、北部地区（五个省）、东北地区（四个省）。

表 7-2 阿富汗国家统计信息局（NSIA）的人口估算分区

地区	省份组成
首都地区	喀布尔、卡皮萨、帕尔万、潘季希尔、瓦尔达克
东部地区	拉格曼、库纳尔、努里斯坦
东南地区	加兹尼、帕克蒂卡、帕克蒂亚、霍斯特、洛加尔
南部地区	乌鲁兹甘、查布尔、坎大哈、尼姆鲁兹、赫尔曼德
中部地区	巴米扬、古尔、戴昆迪
西部地区	巴德吉斯、赫拉特、法拉
北部地区	萨曼甘、巴尔赫、萨尔普勒、朱兹詹、法里亚布
东北地区	巴达赫尚、塔哈尔、昆都士、巴格兰

资料来源：NSIA，2020.

1996 年，联合国为阿富汗确定了八个援助规划地区：东北部、北部、西部、中东部、东部、南部（表 7-3）。这些地区包括了 1978 年以来，阿富汗新增的三个省——萨里普尔、霍斯特和努里斯坦。

表 7-3 1996 年联合国为阿富汗确定的八个援助地区

地区	省份组成
东北部	巴达赫尚、塔哈尔、昆都士、巴格兰
北部	萨曼甘、巴尔赫、萨尔普勒、朱兹詹
西部	法里亚布、巴德吉斯、赫拉特、法拉
中东部	巴米扬、古尔
中部	卡皮萨、帕尔万、喀布尔、洛加尔、瓦尔达克
东部	库纳尔、努里斯坦、拉格曼、楠格哈尔
南部	帕克蒂亚、帕克特卡、霍斯特、加兹尼
西南部	查布尔、乌鲁兹甘、坎大哈、赫尔曼德、尼姆鲁兹

资料来源：NSIA，2020.

2001 年，阿富汗塔利班当局被推翻后，联合国根据其援助计划，将阿富汗划分了三大区域，共七个地区（表 7-4）。此方案涵盖了目前阿富汗 34 个省。

表 7-4　2001 年联合国为阿富汗确定的七个援助地区

区域	地区	省份组成
北部区域	东北部	巴达赫尚、巴格兰、昆都士、塔哈尔
	西北部	巴尔赫、法拉亚布、朱兹詹、萨曼甘、萨里普尔
中部区域	中东部	库纳尔、拉赫曼、楠格哈尔、努里斯坦
	中央部	喀布尔、卡皮萨、洛迦尔、潘季希尔、帕尔万、瓦尔达克
	西部	巴德吉斯、巴米扬、法拉、古尔、赫拉特
南部区域	东南部	加兹尼、霍斯特、帕蒂卡、帕克蒂卡
	西南部	戴昆迪、赫尔曼德、坎大哈、尼姆鲁兹、乌鲁兹甘、查布尔

此外还有研究者为阿富汗划分了一种广义的文化与历史区域：巴达赫尚、巴尔赫、库拉桑、巴米扬、喀布尔、卡皮日里斯坦、皮德蒙（阔帕乌亚）、阿富汗尼斯坦（普什图赫瓦）、西斯坦、雷吉斯坦（沙漠）。但因缺乏可靠的文献资料，这种划分的依据和缘由不详。

杜普里 1969 年的方案总体上在考虑可达性情况下，强调了区域之间的联系和交流。这个区划方案（图 7-2）可以通过阿富汗地形、阿富汗四大流域、阿富汗主要农业种植区域、阿富汗民族部落分布、阿富汗游牧活动布局等的结合得到验证。本书参考杜普里 1969 年的方案，同时考虑将胡鲁姆 1959 年方案中的东南部戈马勒、霍斯特两个东缘季风河谷地区划分出来，形成阿富汗 6 大地理区域，12 个地区。

杜普里方案制定于半个世纪以前。1970 年代，阿富汗内乱不断；1979—1989 年苏联入侵阿富汗；1989—2001 年阿富汗又经历了阿富汗共和国、阿富汗伊斯兰国、阿富汗伊斯兰酋长国（塔利班政权）三个短暂的政权更迭时期；2001 年底，美国发动阿富汗反恐战争，阿富汗重建；2021 年，美国及其联军撤出阿富汗，塔利班重新掌握政权。半个世纪以来，阿富汗战乱频发，经济活动几乎停滞不前，民不聊生。阿富汗的地理环境和面貌或有所变化。

第二节　东部中高山区域

一、瓦罕谷地-帕米尔山结地区

瓦罕谷地位于阿富汗东北部，西起阿姆河上游的喷赤河支流帕米尔河，东接中国新疆塔什库尔干塔吉克斯坦自治县，北依帕米尔高原南缘并与塔吉克斯坦相邻，南傍兴都库什山脉最险峻高耸的东段并与巴基斯坦及巴控克什米尔相接。瓦罕谷地长350千米，宽16—64千米不等，将塔吉克斯坦与巴基斯坦分隔开来。其西段喷赤河谷为"下瓦罕"，东帕米尔河和瓦罕河谷东部及其支流地区为"上瓦罕"。沿着上瓦罕向东，有三座巨大的山脉在帕米尔结连接在一起，形成独特的山结景观。

实际上，瓦罕谷地就是通常所说的"瓦罕走廊"①，位于阿富汗境内巴达赫尚省下属的瓦罕区。两山之间并不宽阔的谷地被媒体、民间称为"走廊"，颇为牵强。在地理上，瓦罕地区更合适称为"瓦罕谷地"。

瓦罕谷地是阿富汗、巴基斯坦、中国、塔吉克斯坦四国相邻地区。它南面与巴基斯坦有300千米的边界线。与中国有92.45千米（阿富汗文本称76千米，表2-1）边境线，与塔吉克斯坦拥有1 260千米的边界线（表2-1）。在历史上，瓦罕谷地是丝绸之路的一个重要通道。

瓦罕谷地超过四分之三的区域海拔在3 000米以上。许多山峰海拔高达6 000米以上。山顶遍布雪原、冰川。山脉之间若干宽阔平坦的山谷为人类提供了有限的通道和居住地。

这一独特的区域在地理上属于大帕米尔山系的一部分。瓦罕谷地居住着大约15 000人，主要是瓦罕人和吉尔吉斯人。

---

① 有学者认为，中国媒体报道经常提到"瓦罕走廊"为东西走向，长约400千米，其中在我国境内长约100千米，是完全错误的表述。人们通常认为的中国境内的"瓦罕走廊"实际为新疆塔县的卡拉其古河谷：西起中国、阿富汗边境的瓦罕基尔山口，东至公主堡长达90千米，属于塔克敦巴什帕米尔，是我国的边防重地。该河谷与阿富汗境内的"瓦罕走廊"地区之间有高大的分水岭，明显不属于同一地理单元。不能称为'瓦罕走廊'的东段。见 https://www.thepaper.cn/newsDetail_forward_14064206。

　　瓦罕谷地有两个相对较为宽阔的山谷。一个在伊什卡什，3.22 千米宽，4.83 千米长。另一个在潘贾堡，长宽均不到 1.61 千米。"帕米尔结"恰当地描述了以喀喇昆仑山、昆仑山和喜马拉雅山在此汇合的拳头状山系。

　　根据胡鲁姆的数据，瓦罕地区 82.9% 的面积在 3 000 米以上，17.1% 在 1 800—3 000 米之间。永久性积雪覆盖了海拔 5 000 米以上的地区，并拥有众多冰川，3 500—4 500 米之间的高山有山隘通过（Dupree，1973）。

　　每年除六、七、八三个月以外，瓦罕谷地地区均被大雪封闭。除了巡边人员和在这里居住的塔吉克族，人迹罕至。除了中国境内有部分公路外，其他大部分地区几乎没有道路。在潘贾堡以东的高原上即使有牦牛助力，通行也非常困难。在阿布潘贾沿线人口稀少的地方，骆驼和马是主要的交通工具。一条天然道路沿阿布伊潘贾高山峡谷从瓦汗入口延伸至潘贾堡。偶有卡车在伊什卡什和潘贾堡之间通行。然而通常情况下，河流窄小，宽不足 100 米。

　　巴罗吉尔、多拉安（巴基斯坦人称卡赫）等几个季节性的山隘从瓦罕通往巴基斯坦的亨扎和奇特拉尔。基利克（或称瓦赫吉尔）山口从克什米尔通往中国的新疆，这是古时意大利人马可波罗所经之道，也是成吉思汗时期重要的贸易、通信通道。

　　2014 年，阿富汗在瓦罕地区建立了第二座国家公园——瓦罕国家公园，面积达 10 878 平方千米，覆盖了瓦罕区全境。这里主要有狼、猞猁、棕熊、雪豹、石貂、帕拉斯猫等动物，同时也是野山羊、红狐和世界上最大的野羊——马可波罗羊的家园。

　　瓦罕谷地的特殊地理位置使其具有重要的地缘政治意义。有美国研究者认为，目前瓦罕走廊附近有三个独立的地缘政治博弈：俄罗斯与中国的中亚问题，中国与西方在本地区"一带一路"倡议的问题，印度与巴基斯坦的克什米尔问题（Foster，2019）。巴基斯坦学者认为，如果"瓦罕走廊"开放，尤其会对印度以及美国参与阿富汗本地区事务产生严重影响，因为阿富汗正处在能源丰富的中亚国家、里海地区和石油丰富的赫尔莫兹海峡之间的十字路口（Munir，2018）。印度学者认为，瓦罕走廊的开放将对印度产生广泛的地缘政治影响（Shahi，2022）。

二、巴达赫尚中高山地区

巴达赫尚地区是阿富汗巴达赫尚省的主体部分，位于阿富汗东北部，在兴都库什山与阿姆河之间。它从瓦罕山谷的入口向西南延伸到科塔-伊-安胡曼，北部以阿姆河为边界，向中亚地区突出一块巨大区域。包括除了瓦罕谷地以外的巴达赫尚省所有地区以及塔赫尔省的北部山地。

这一地区山体高大崎岖，以巨大的山峰、峡谷等为特征。平均海拔 4 000—5 000 米，最高峰超过 6 000 米。冰川分布在北部和南部，冰渍湖比比皆是。该地区有许多险峻的山隘，易守难攻。3 000 米以上的高海拔地区占地形的27.5％，1 800—3 000 米的占 36.2％；600—1 800 米的占 32％；300—600 米的占 42％，西部临近土耳其斯坦平原地区（Dupree，1973）。

巴达赫尚地区北部陡峭、崎岖的霍伊夸·贾穆罕默德山脉在许多地方被霍克查河深切入谷底岩石 9—25 米。陡峭山坡使得落石、岩屑遍布。河谷中分布着多个砾石阶地。这些阶地年复一年被春季融水冲刷、侵蚀。

巴达赫尚地区虽然荒凉，但景观壮阔美丽。其地质基础为变质岩和火成岩，岩石多被切割成 V 形山谷。这些山谷将本地区大部分生物汇集其中。一些开阔的山谷有晚更新世时期的冰渍湖遗迹，多位于塔赫特-伊-苏莱曼巨大山体以北的基什姆西侧。

巴达赫尚地区有几个重要的湖泊。夏季，游牧民族聚集于本地区最大的湖泊——谢瓦湖四周，冬天他们则返回靠近昆都士西部的察哈尔·达拉土耳其斯坦平原或东部的拉格曼地区，而大多数拉格曼地区游牧民族在夏季则前往中央山脉地区放牧。

巴达赫尚省与塔哈尔省、潘季希尔省、努里斯坦省等省为邻，北部和东部与塔吉克斯坦的戈尔诺-巴达赫尚自治省和哈特伦省接壤。巴达赫尚省 2004 年总人口为 1 048 600 人，土地面积 44 059 平方千米。其大部分地区属于兴都库什山脉和帕米尔山脉。省会为法扎巴德，管辖 28 个区。居民多为讲波斯语的塔吉克人，且多数为逊尼派穆斯林。

巴达赫尚北部的山谷中拥有丰富矿藏。青金石开采已在萨伊桑矿有上千年历史，是当地古代最大、最著名的矿藏。在历史上，它是世界上最大的天青石产地。巴达赫尚地区在赛格尼曼山中还产巴莱斯红宝石，但是采掘难度较大。

本地区冬季极为严酷，是阿富汗最寒冷的地区。有大鹰、郎奈鹰及其他飞禽。村镇多建于山坡之上，地势险要。居民善射善猎。但是，本地区缺乏基本的医疗、交通设施，许多地方还难以通达。

巴达赫尚地区经济以农业为主。山谷中通过灌溉可种植水稻、小麦、玉米、棉花、芝麻、胡桃等。山区有大麦、豆类以及有葡萄、果树和坚果树种植，饲养牲畜。目前，巴达赫尚是世界上最贫穷的地区之一。罂粟种植是该省唯一的真正收入来源。

巴达赫尚地区人类活动历史较早。在上古的印度河文明和两河-埃兰文明时期，巴达赫尚就已经存在。青金石贸易开辟了中亚最古老的两条商路——从巴达赫尚到伊朗高原、印度河流域，被称为"青金石之路"，也是丝绸之路最古老的原型之一。

三、努里斯坦中部高山地区

东部努里斯坦地区是一个并不宽阔的山谷地区，通行困难，其周边地区有一些新修建的道路。该地区在行政区划属努里斯坦省。

本地区由 5 个主要的南北向山谷和大约 30 个东西向山谷组成。5 个南北向山谷从东到西分别是巴什加尔-兰岱-辛库纳尔河、威加尔、佩奇-帕伦-坎蒂瓦、阿林加尔-库拉姆、达拉-伊努尔。大约有 30 个横向山谷通向主要山谷地区。

努里斯坦山谷地区基底主要由片麻岩、闪长岩和花岗伟晶岩组成。有中生代石灰岩层、板岩以及近期沉积物。5 个南北河谷的溪流汇入库纳尔河流向西南，最终汇入喀布尔河。

阔塔尔伊乌纳是一个相对容易从喀布尔通往东部哈扎拉贾特的通道。本地区也有通道从帕克蒂亚通往巴基斯坦的库拉姆山谷。

本地区通常十月开始下雪，暴风雪天气较多。此时，2 100—2 400 米以上的大部分通道、山口被封堵。永久雪线在海拔 3 000—4 600 米之间变化，冬季雪线向下延伸至约 1 800 米；夏季，海拔超过 3 600 米的地方偶尔出现阵雪。雪原和冰川在 4 300 米以上。冬季风暴可达大风程度，持续在山谷中肆虐。春季、夏季和秋季会出现比较稳定的强风，尤其在海拔较高的地区。海拔 1 800 米以下的区域风力较小。当地居民熟知所有的季节性风的强度，对其有凶煞、温和等不同称呼。

每年三月到五月，气温急剧上升，积雪消融，溪流急下常汇为洪流。在海拔超过 2 100 米的地区，四月份的天气还非常寒冷，但低于 2 100 米的地方正午时分平均气温可达 13—18℃，加之干燥、阳光充足，感觉舒适。五月，海拔 3 350米的地方出现回暖天气，但气温波动较大，时而出现冰冻。冬季（12—3月）东部山区寒冷多雪，平均温度在零度左右，有时降至−30℃。本地区夏季温暖舒适。秋天（10—11月）在 1 800 米以上的高度即出现寒冻。北坡的积雪逐渐减少，南坡仍然有 13℃左右的温暖天气，不过因海拔高度会产生较大的温差。海拔从 3 350 米下降到 1 520 米，气温可能从 21℃上升到 26℃。在有雪原和冰川的地方，如果无风，白天的温度可能会达到 18℃；随着海拔高度的增加，风、寒加大。

努里斯坦和巴克蒂亚地区曾是阿富汗森林覆盖最多地区，潘季希尔山谷曾拥有大片森林。在十三世纪，森林大量被砍伐、用以冶炼银、铜和其他矿石。

东部山脉地区植被主要由稀疏的草被和矮小的灌木丛组成。靠近贝格拉姆，在恰里卡尔南部的里伊拉万有沙丘存在，是本地区的地理异常区。

第三节　中央山脉区域

一、中部中高山地区

中部中高山地区主要由兴都库什山脉构成。该地区面积约 41.4 万平方千米，由深谷和高山组成，一些山峰高达 6 400 米以上。高山山口通常位于海拔 3 600—4 600 米之间，意义重大。例如，位于喀布尔西北部兴都库什山支脉巴巴山的谢巴尔山口，以及通往印度次大陆、地处喀布尔东南的阿富汗与巴基斯坦边境的开伯尔山口。

中部中高山区位于哈扎拉贾特中部和西部地区，大致从什巴尔阔塔尔延伸至霍伊巴巴。这里有什巴和萨朗两个主要通道。本地区一直到1930年左右才有第一条可通行的公路。这条迂回通过什巴山口穿越兴都库什的公路，实现了阿富汗人长久以来的梦想。公路的大部分路径沿戈尔班德和苏尔赫·阿布河谷走向。20世纪60年代末，在苏联的援助下，在海拔3 363米的萨朗山口以南修建了一条穿越兴都库什山脉中心部位的隧道，即萨朗隧道。这一重大工程堪称奇迹。

本地区在行政区划上包括帕尔万省中部河谷地区、瓦尔达克省绝大部分、加兹尼省山脉地区、坎大哈省北部山地、赫尔曼德省北部山地、乌鲁兹甘省、戴昆迪省、巴米扬省南部山地、古尔省南部山地。

兴都库什山主脉从东北到西南呈扇状分布，许多近乎平行的山谷也从该地块向外呈扇形展布。中部的两条主要通道可以南北通行，西面是什巴河，东面是萨朗河。山峰一般在4 200—5 200米之间，平均海拔2 058米。霍伊巴巴山脉的顶峰位于沙赫·弗拉迪，距离阿克萨拉特山口约30千米。最高峰库伊阔克扎罗·扎格希查海拔5 125米。总体上，中央山脉北坡比南坡要平缓。

什巴山口以西的霍伊巴巴山是一个崎岖、贫瘠的高海拔台地。这里是喀布尔河、希赫曼德·阿甘达布河和哈里河等几个阿富汗重要的河流发源地。

兴都库什山的低海拔山坡多被岩屑覆盖。河谷冬季长期被由山上滑落的巨石和砾石堆积。春天积雪融化，石块、砾石又被迅速冲移。在为数不多的宽阔山谷中，通常为人居住和耕作之所。高海拔地区的山谷通常作为夏季牧场。

中部中高山地区的气候为湿润大陆性气候，炎热干燥，气温年较差大。4—9月间为最干燥季节，夏季炎热（至少一个月平均温度超过22℃），降水稀少。

中部中高山地区相当数量的山谷、低山地区都属于"阿富汗中部山区旱生林地生态区"[①]。其南部是沙漠，北部海拔更高、更湿润的地区有高山草甸分布。这里森林覆盖不足1%，植被几乎全部为稀疏草被。65%的土地被裸露的岩土及其稀疏植被覆盖。海拔1 150—1 800米处有野生黄连木群落（大西洋黄连木）。这一区域的年平均降水量可达250—400毫米。在海拔2 000—2 800米的高处，分

---

① https://dbpedia.org/page/Central_Afghan_Mountains_xeric_woodlands.

布有杏树，这是向亚高山植被过渡带的标志。此处拥有极度濒危帕格曼山地蝾螈。本区域还有一个大型盐湖——阿布-伊-伊斯塔德湖，是一些候鸟在西伯利亚和印度恒河平原之间迁徙的重要春季休憩地；还有大量的火烈鸟种群。

二、中部北侧山脉及丘陵地区

本地区是一片广阔的山地高原和山麓丘陵地带，但有的山峰超过 3 000 米。主要山脉有班德托尔克斯坦山、帕洛帕米索山、库伊·仓噶尔山和菲卢兹库山。从西到东的主要谷地是摩尔加布山谷、班德埃米尔巴尔卡布山谷、安达拉布-萨伊甘-索尔卡布山谷和昆都士山谷。在行政区划上，本地区包括塔赫省中南部山地、巴格兰省、帕尔万省中部河谷以北地区、巴米扬省北部山地、萨曼甘省、萨尔普勒省中南部山地、法尔雅布省南部山地、果尔省哈利河谷以北山地、巴德吉斯省南部山地、赫拉特省北部山地。

这个广阔的高原和山麓地带从东经 70 度向西开始延伸至伊朗边界。低矮的山体多由裸露的石灰岩、页岩和砂岩构成，顶部多浑圆。本地土壤通常层薄多石，但在地势较低的、新近形成的冲积平原上有淤泥质黏土和黄土沉积。冬季和春季，这些土壤常常发生土层增厚。

斑德-伊-突厥斯坦山位于梅马内以南，海拔 3 350 米，近东西向延展约 200 千米，其北坡急速下降至突厥斯坦平原边缘。在山麓地带，常常有黄土砂（a loessy-sand）覆盖岩石。

斑德-伊-突厥斯坦山的南部是穆尔加布河谷，是一个与山脉平行的起伏状石灰岩地区，宽度不超过 6—8 英里。

本地区东部的帕罗帕米苏斯山、科伊昌加尔山和费罗兹科山将阿富汗突厥斯坦平原与中央山脉的高山峡谷分隔开来。该地区谷深，山顶浑圆。基底主要由变质岩构成，山峰多高达 3 500 米。

费罗兹霍山的东部是昆都士，安达拉布和苏尔克·阿布三条山谷。它们有的狭窄、有的宽阔底平。安达拉布山谷呈东西向多什展布。在朵阿布和布洛拉之间，苏尔克·阿布山谷穿越一系列狭窄的山谷。在布洛拉之上，苏尔克·阿布山谷成为一个重要的分界线：东面是什巴山口，西面则是巴米扬、尼尔科塔尔和阿克·里巴特等重要城市。

表 7-5 为北部山脉和山麓丘陵地区以及土耳其斯坦平原的植被垂直分布情况。

表 7-5　北部山脉和山麓丘陵地区及土耳其斯坦平原地区天然植被

海拔高度	植被特征
＞4 000 米	无
3 500—4 000 米	短草的山地草甸，季节性生长开花植物；
2 500—3 000/3 500 米	山地短草灌丛生、开花植物、小灌木（黄檀属、紫云英属、阿斯特拉加属卢斯大戟属）；
1 800—2 500 米（西）、1 800—3 000 米（东）	灌木丛中散布树木、草、开花植物、丛生的小灌木、橡树和针叶树（包括刺柏）；在更高海拔处有柳树和杨树，包括东部的枫树和榛树；
900—1 500 米 / 1 800—2 000 米	草丛、小灌木丛和开心果树；
900—1 000 米	芦苇和草地，偶有开心果树；
谷底与河岸	骆驼刺（草）、梧桐、杨树、柳树、栽培桑树，阿姆河沿岸芦苇

资料来源：Dupree，1973.

本地区的穆尔加布河位于阿富汗西北部，自东向西流，出山口即转西北流 100 余千米进入塔吉克斯坦。在瑙堡以南约 80 千米的中山地区发源有穆尔加布河的最大支流古斯克河，其自发源地西流 100 余千米后进入低山地区，逐渐转西北流，在距阿富汗与土库曼斯坦边境大约 50 千米处转北流后进入土库曼斯坦境内，继续北偏西流约 130 千米左入穆尔加布河。

第四节　北缘突厥斯坦平原区域

北缘突厥斯坦平原地区位于兴都库什山脉的北部山麓及其以北地区，是海拔 300—400 米的平原地区。本地区的南缘地势从 1 220—1 830 米的北部山麓低山丘陵突然下降到 370 米，在 80 千米范围内甚至下降至 300 米不到。流沙和沙丘广布，分布有黄土沉积物和盐壳。这些干燥的沙漠化地区通常包围在沼泽化的冲积阶地与北部的阿姆河洪积平原之中。

在行政区划上，本地区包括塔赫尔省西北部平原地区、昆都士省、巴尔赫省北部平原地区、萨尔普勒省北部山前平原地区、朱兹詹省、法里亚布省北部平原、巴德吉斯省西北部平原地区、赫拉特省北部平原地区。

在北部距离阿姆河不到 32 千米的安德奎附近分布有流动性沙丘。东部靠近基斯特·塔帕的沙地距离塔吉克斯坦边境仅 3 千米，流动沙丘长且高（有的高达 9 米）。阿姆河河漫滩平坦、规模大，从 3.2—16 千米不等。沼泽、冲积阶地相对高度在 3—6 米间。塔什库尔干北部和安德奎西南部有大片盐滩，冬季变成沼泽，夏季则成为干燥硬盐壳。

本地区冬季（12—2 月）气温变化很大。有时 15—21℃ 的暖日会被连续 3—4 周的冰冻天气打断。春季 3 月和 4 月的气温通常会低至零度，5 月有时会有连续的高气温，日较差可能会达到 28℃，时而有雪、雨夹雪或冷雨天气，难有积雪。春季平均气温逐渐升高，3 月的日间温度有时超过 26℃，4 月超过 32℃，五月则会高于 37℃。春季多有雷雨，并导致洪水风险形成。南部山区的积雪在 4—5 月融化有时会导致灾难性的洪水发生。夏季气温波动很大，白昼气温通常可达 40℃，夜晚则气温迅速降低，体感冰冷。6—9 月气温变化最小。9 月中旬的夜间通常会出现冰冻现象。秋天（10—11 月）与春天雷同，气温多变，炎热与寒冷可能变化在倏忽之间。本地区年平均降水量一般不超过 250 毫米，秋冬时段雨天较多。

夏末秋初，北风将中亚地区的黄土吹送到本地区，使得土壤肥力支撑了这里精耕细作的农业生产，也使季节性花草茂盛，滋养草场和游牧。但是，被吹送过来的黄土常常悬浮在空气中，细小的颗粒似乎可以穿透一切，包括人们的皮肤和衣服，有时甚至遮挡了午后的阳光。

第五节 东部山谷及山麓丘陵区域

一、东部山脉及河谷地区

东部山脉及河谷地区包括喀布尔、科希斯坦-潘季希尔、戈尔班德山脉等地区。这里在更新世期间山脉遭受了强烈的冰川和河流侵蚀。造山运动期间的频繁构造应力在这里形成了巨大的断层体系。戈尔班德、喀布尔、潘季希尔等大多数山谷在第三纪形成断层。因此，本地区地震频发，每年会有大约 50 次不同强度的震动。许多山谷狭窄，但一些较为宽的山间盆地可以开展农业活动。

本地区地形复杂，多高海拔山峰（6 000 米）和巨大山谷。在行政区划上，本地区包括喀布尔省、楠格哈尔省、库纳尔省、拉格曼省、卡皮萨省、潘季希尔省以及帕尔万省东南部。主要有喀布尔河谷、科希斯坦-潘季希尔山谷、戈尔班德山谷区域主导本地区的地貌格局。

（1）喀布尔河谷。喀布尔河谷是一个高海拔河谷盆地，海拔从 1 500 米到 3 600 米不等，更新世沉积物广布、冲积层深厚，周围环绕着崎岖、古老的结晶和变质古生代岩石山脉。帕格曼山位于喀布尔西北部，东南部是萨菲德科赫山，西部是科伊巴巴山。喀布尔河流经唐伊加鲁峡谷（阿富汗最壮观的峡谷之一），东南流向贾拉拉巴德。

喀布尔河，也称喀巴尔河，是阿富汗东部的主要河流，位于阿富汗东部和巴基斯坦西北部，发源于喀布尔市以西 72 千米的桑格里克山，向东流经喀布尔和贾拉巴德，在开伯尔山口以北进入巴基斯坦境内，继续东流约 140 千米后，在白沙瓦东南部（在伊斯兰堡西北）的阿托克注入印度河。全长 700 千米，流域面积 92 000 平方千米。

喀布尔河有 560 千米在阿富汗境内，穿越 11 个省份，集水面积约为 54 000 平方千米，覆盖人口超过 700 万。喀布尔河流域面积虽然仅占阿富汗土地面积的 12%，但是其 240 亿立方米的年径流量占到了阿富汗全国的 26% 左右。喀布尔河的径流量一般在 33—460 立方米/秒，靠近巴基斯坦边界的下游流量可达 700 立方米/秒（22 立方千米/年）。但是，近年来的干旱常常导致喀布尔市域河段干涸。

喀布尔河有洛加尔河、潘季希尔河、库纳尔河和阿灵格河四条一级支流。洛加尔河是喀布尔市附近的支流，流量不大，大部分水用于灌溉，灌区面积达 66 748 平方千米。潘季希尔河的主要支流是戈尔班德河。喀布尔河流域还包括沙米尔/凯图河、库拉姆河和戈马勒河等至少六条支流或者季节性河流。流域有数十座大小水库和电站[①]。

实际上,喀布尔河干流在一年当中的大部分时间里只不过是一条细流,但当夏季来临、积雪融化,流域水量陡增。积雪融水补给约占到其总径流量的72%。源于巴基斯坦奇特拉尔的奇安塔尔冰川的马斯图吉河是喀布尔河最大的支流——库纳尔河上源河流。马斯图吉河南流进入阿富汗,与自努里斯坦流出的巴什加尔河汇合后称为库纳尔河。库纳尔河在贾拉拉巴德附近汇入喀布尔河,尽管库纳尔河水量较喀布尔河为多。河流沿岸查萨达区附近萨德里亚布的渔业活动较为活跃。

喀布尔河(流域)跨越两个主要气候类型。其上游为大陆性温暖夏季气候,7月平均气温约为25℃,1月平均气温低于0℃,年降水量不足500毫米。尽管其源头周围山坡的降水量较高,下游在巴基斯坦境内穿越干燥的沙漠气候地区,初夏的最高日温度通常超过40℃。由于地形复杂,全年降水量变化很大,流域内的降水量集中在冬季。

喀布尔河的大部分水流被用以灌溉两岸地区农田,一些河段经常因此在夏季干涸。贾拉拉巴德和巴基斯坦白沙瓦地区河段的居民也大量用水灌溉土地。潘季希尔河汇入喀布尔河不远处建有一座水电站。

喀布尔河谷是阿富汗和巴基斯坦之间的天然通道。自1945年以来,建有白沙瓦-贾拉拉巴德州-喀布尔穿羽公路穿越山谷部分地区。喀布尔市域的河段只有平底船才可通航。

喀布尔河流域有54种鱼类,其中约35种较为常见,多属于鲤鱼和糠虾科鱼类。河流沿岸的湿地是各种候鸟的越冬栖息地。主要有鹤、细尾鸭、斯普勒鸭、威吉恩鸭、绿头鸭、加加尼鸭、丛生鸭和红腹野鸭,通常也会观察到尖尾鸭、铲嘴鸭、赤颈枭、白眉鸭、簇绒红腹鸭。有时也能看到田凫、苍鹭、白鹭、海鸥、燕鸥、灰鹤。灰鹤曾经是常客,但目前其种群数量已大幅下降。

喀布尔河流域大约生活着900多万人,是阿富汗人口密度最高的地区之一。

(2)科希斯坦-潘季希尔山谷。这个狭长的山谷从喀布尔北部查里卡尔周围的库伊达曼开阔盆地向东北延伸,包括宽阔的科达曼和查里卡尔盆地。在尼日

---

① https://www.thethirdpole.net/en/regional-cooperation/kabul-river-basin/.

劳和塔高方向有陡峭的山谷，谷坡有梯田开展农业生产。本区域的地质基底主要由侵蚀严重的石灰岩组成，东部有片麻岩和火成岩。潘季希尔山谷是巴达赫尚地区避暑和在拉格曼-贾拉拉巴德地区过冬的游牧部落的主要南北通道。自1961年起，这些游牧民族有许多人越过边境进入巴基斯坦，在白沙瓦山谷过冬，并向南移动。

（3）戈尔班德山谷。位于东西走向的查里卡尔山口到什巴山口之间。这个山谷盆地比潘季希尔更为平坦，阶地更高。西部靠近布洛拉有石灰岩分布，靠近巴米扬地区则为砂岩和砾岩，地形有悬崖峭壁。东部更多的是变质岩基底。表7-6为阿富汗中部、东部、南部山脉与丘陵地区的天然植被基本情况。

表7-6　中部、东部、南部山脉与丘陵地区的天然植被

海拔高度	植被特征
＞4 300 米	无
3 560—4 300 米	短草的山地草甸、季节性生长开花植物；
3 050 米	山地灌木丛、草和季节性开花植物、小型分散灌木（杜松树、矮柳、玫瑰湾、黄芩、大戟）；
努里斯坦和巴克缇娅林区：2 450—2 750 米至3 050—3 350 米	松树、雪松、冷杉、落叶松和红豆杉的针叶林，有一些阔叶树（柳树、杨树）；常春藤仅见于努里斯坦；
1 370—1 550 米至2 450—2 750 米	灌木丛和阔叶栎林（包括冬青栎），有发育良好的灌木丛和一些核桃、桤木、白蜡树、杜松；在5 000—6 000 米以上，包括针叶树形成混交林；
贾拉拉巴德地区：1 370—1 550 米	亚热带灌木丛和开花植物和灌木，包括一些棕榈树，尤其是贾拉拉巴德镇周围；
谷底与河岸	梧桐、杨树、柳树和桑树灌丛；非耕地处生长有许多灌木

资料来源：Dupree，1973.

二、东南部山脉及山麓丘陵地区

这个地区主要包括塔纳克河谷和阿甘达布河谷两岸的卢格尔省、瓦尔达克省东部、帕克蒂亚省、帕克蒂卡省、加兹尼省东南部河谷地区、查布尔省全境、坎大哈省的阿甘达布河·多里河谷及其以北地区。

这里的山脉多呈东北-西南走向，海拔在 2 500—3 000 米，广阔的山谷居于其间，宽广的冲积平原在山谷延伸，暂时性河道无处不在，还有一些冲积扇和集水盆地，地区有沙丘分布。

三、东缘南亚季风河谷地区

这个地区由不连贯的戈马勒河谷和阿富汗东缘霍斯特河谷两个部分组成。其气候特点与周边山脉地区明显不同，是东部山脉地区仅有能够得到南亚季风吹送的地方。

（1）东缘戈马勒河谷。戈马勒河发源于阿富汗加兹尼省东南部[①]，长约 400 千米。河流进入阿富汗东南部的帕克蒂卡省的东部和南部地区后基本呈南北走向。帕克蒂卡省在该河谷地区设置了戈马勒区（McMahon，1897）。本地的戈马勒河段流量因季节而异，上源来自帕克蒂卡省萨尔霍扎区的山区，南流后转向东南，形成一个宽阔的河谷，戈马勒区地形由此塑造成形。戈马勒河东流入境巴基斯坦，最终流入印度河。

戈马勒河的主要支流是兹霍布河和昆达河，两河都是巴基斯坦兹霍布区的主要河流。兹霍布河位于巴基斯坦俾路支省，发源于距离约 400 千米的查里莫合塔拉扎伊山口，同时苏莱曼山脉的冰雪融水也形成补给，河流为西南-东北流向。河谷冲积平原宽阔。在卡珠里卡查德附近流入戈马勒河。从地图上判断，兹霍布河应为戈马勒河正源。兹霍布市在接近戈马勒河的兹霍布河右岸。

昆达河位于阿富汗帕克蒂卡省与巴基斯坦俾路支省交界处，发源于托巴卡卡尔山脉的中部最高峰萨基尔东北。河流相当长的部分构成了巴基斯坦和阿富汗界河。该河自西南向东北流，汇入与来自阿富汗境内的南来戈马勒河。

戈马勒河其他小的支流还有巴斯卡河、楚汗河、斯里·托伊河、萨瓦尔河、苏拉布河等。

在历史上，戈马勒河谷通过瓦兹尔斯坦山脉和苏莱曼山脉之间的便捷通道

[①] 注：此为作者通过网络以"Gomal River"为关键词查询结果。作者查阅涉及戈马勒河历史地图、当代地图等发现，"戈马勒河发源于加兹尼省东南部"一说有误。作者进一步通过查询学术资源表明，迄今尚无学术文献研究戈马勒河发源地。根据戈马勒地区的卫星影像、地势图等判断，以"戈马勒河"为名的河流上源来自帕克蒂卡省萨尔霍扎区（Sar Hawza Distric）的山区是正确。

将印巴次大陆与中亚地区相连，河谷主要是向东开放的。除了与俾路支高原接壤的西南部分外，山谷也向南开放。数千年来，贸易商队、商人、传教士和移民经由这些通道进入印巴次大陆。河谷东方是旁遮普邦的印度河和印度河泛滥平原（McMahon，1897）。

阿富汗戈马勒河谷地区既设有戈马勒区、也设有戈马勒市。戈马勒市是阿富汗帕克蒂卡省首府。其名称均源于戈马勒河。戈马勒区是帕克蒂卡省面积最大的一个区，占据了阿富汗境内戈马勒河谷全部地区。

巴基斯坦境内的戈马勒河谷平原土地肥沃，盛产小麦、水稻、甘蔗，还种植葡萄、橙子、苹果和石榴，林木密度很高。这里主要居住着普什图人的几个部落居如塔伊布克尔、布希塔尼、米阿尼、噶瓦基。多年来，大量马哈苏德部落与来自南瓦济里斯坦署的布尔基部落定居于此。

（2）东缘霍斯特河谷。霍斯特河谷位于阿富汗东部边缘，地处阿富汗-巴基斯坦边境。地形以霍斯特河谷及其周围的山脉为主，基本构成了霍斯特省地理单元。

霍斯特省东部与巴基斯坦开伯尔-普赫图赫瓦省的北瓦济里斯坦区、库拉姆区接壤。历史上，霍斯特省曾是帕克蒂亚省的一部分，霍斯特周围的较大区域仍被称为洛亚帕克蒂亚，意为"大帕克蒂亚"。霍斯特省由巴克、古尔布字兹、贾基、美丹、阔斯特马顿、曼朵扎伊、穆萨克尔、纳迪尔沙、恰兰达、萨巴里、沙马尔、斯波拉、塔尼、特里·扎伊等 13 个区组成。

霍斯特省的平均海拔在 1 180 米以上。高山分布在该省西部，山区或半山区占霍斯特省约 40%，平坦或半平坦地区位于该省中部和东部地区，面积超过全省的三分之一（37%）。本地区属于干旱、半干旱气候，年平均气温为10.4℃，年平均降水量为 478 毫米。这里虽然土壤发育还在早期阶段，肥力低下，有机质含量通常小于 2%，但却是阿富汗最高产的农业区之一。由于降水量少，作物种植生产必须进行灌溉。主要农作物是小麦、玉米、水稻、三叶草和绿豆（Wali et al.，2019；Atif et al.，2017）。

霍斯特省有多条河流。发源于洛基安河的库拉姆河流经霍斯特区，然后进入图利斯荒野或库拉姆山谷。库拉姆河流经阿富汗帕克蒂亚省、霍斯特省，巴基斯坦联邦直辖部落地区古勒姆特区、北瓦济里斯坦特区及开伯尔-普什图省。

它汇集沙费德山南麓的诸多河流，最终成为印度河右岸的支流。库拉姆河在贾拉拉巴德西南边约 80 千米处穿越阿富汗-巴基斯坦边界，成为古代由喀布尔、加德兹到达今巴基斯坦西北部地区的重要路径。这条通道经过位于帕拉希纳西边约 20 千米，海拔 3 439 米的佩瓦山口，每年冬季会因大雪封山而迫关闭数月。库拉姆河流过 320 千米后于巴基斯坦的伊沙凯尔附近注入印度河。

霍斯特河谷牧草地从南部的戈尔布兹区一直延伸到北部的贾吉梅丹区。霍斯特河谷和巴克地区依靠雨浇地进行种植，也有集中灌溉的耕作农业，农业用地约 14 911 公顷。该地区天然林地沿阿富汗与巴基斯坦边境一直延伸到帕克蒂雅省的边境地区分布，面积约为 123 500 公顷。

霍斯特省有 64.77—95 万人（2021 年估计），排在阿富汗各省第 16 位。除了 1% 为各种少数民族外，主要人口是普什图人。有克斯特瓦普什图、曼戈尔、瓦兹里、苏来曼克儿、扎德兰、卡洛蒂等部落。其东部地区居民点较多，而西部地区较为贫瘠，人口稀少。

历史上，霍斯特省多次发生普什图人叛乱，以致当地普什图民众认为自己区域是"喀布尔传统的造王者"。苏联 1979 年入侵阿富汗，霍斯特在战争期间被视为"政权的堡垒"。2001 年以美国为首的联军发动阿富汗战争，霍斯特一直处于美军的控制之下，但它同时又是阿富汗东南部本地民众试图驱逐美军的叛乱活动温床。

霍斯特省人口的总体识字率（6 岁以上）从 2005 年的 28% 下降到 2011 年的 15%。总体净入学率（6—13 岁）从 2005 年的 38% 下降到 2011 年的 37%。尽管如此，霍斯特省拥有霍斯特大学、谢赫·扎耶德大学等，后者还是阿富汗唯一一所拥有计算机科学专业的大学。该地在霍斯特-加德兹之间有公路通过，但路况较差，四条省道从霍斯特市辐射至周边地区。

霍斯特省会霍斯特市位于喀布尔以南约 150 千米处，距离加德兹约 100 千米，东距巴基斯坦边境约 40 千米，平均海拔 1 005.84 米。2015 年人口约 10.61 万。霍斯特市属于半干旱气候，因其位于霍斯特盆地内，相对于周围高地的山谷气候温和。一月份的平均气温为 4.8℃，其北部、西部和南部周边城镇海拔较高（按逆时针方向分别为帕拉奇纳、塔里·曼噶、阿尔约布、查母卡尼、可汗德克赫、噶德兹、祖玛、沙拉那、泽克、乌尔滚、安古尔·阿达、卡尼格拉姆和拉兹马克）。霍斯特的冬天要温和得多，但是清晨霜冻频繁。霍斯特山谷向东南方向开放，朝向海拔较低的米兰沙。潮湿的南亚季风在夏季时节带来丰沛降水，伴有偶发性干旱，但其年降水量 475 毫米中很大一部分来自南亚季风，其他时间仍然炎热干燥。

第六节　西北河谷低地区域

一、赫拉特-法拉低地地区

赫拉特-法拉低地地区实际上是其西侧伊朗高原库拉桑地区的延伸，大致由北面的哈利河谷、南部的喀什河谷、东侧的中央山脉合围而成。包括赫拉特北部山地以南地区、法拉省全境、尼姆鲁兹省查什河以北地区。

本地区地势相对较低，由广阔的干旱冲积平原、盆地、低山丘陵和山脉组成。总体上山体浑圆、山谷宽阔平坦、冲积扇和沙漠广布。本地区平均海拔在 1 000 米左右，有水的地方耕作较好。

赫拉特附近的低山山体以变质岩为主，在哈里河北部有中生代石灰岩和页岩。南部大量存在中生代石灰岩和页岩、第三纪砂岩、碎屑岩以及火山侵入岩。沙漠盆地中的砂质黏土上覆盖着松散的砾石和鹅卵石。在伊朗-阿富汗边界附近有许多盐滩和泥滩，它们比阿富汗北缘的突厥斯坦平原的盐滩更为广阔。

本地区冬季（12—2 月）夜间通常有结冰现象，但 12 月和 1 月的气温出现过 21℃以上，二月有过 26℃的记录。春季（3—5 月）比冬季气温变化更大，3 月时常有霜冻天气，但平均温度逐渐升高，到五月可达 21℃左右。夏季（6—9 月）干热。白天气温有时达到 45℃。例如，六月的法拉午夜有 45℃的记录。9 月开始气温明显下降，白天相对温暖，夜晚甚至寒冷。在秋冬过渡季节（10—11 月），白天的暖热逐渐消退，夜晚更加冰冷，这种情况尤其表现在赫拉特地区。

赫拉特地区的年降水量平均为 180 毫米，冬季时有雨雪，但积雪甚少。虽然春天雨少，但是河水因冰雪融水而迅速上涨，因此往往早在每年二月就会导致洪水，至四月达到高潮。夏季有雷暴和骤雨，秋天几乎无降水。

法拉-喀什位于阿富汗西南部，靠近伊朗。这里的法拉省是一个幅员辽阔、人口稀少的地区，面积约为 4.8 万平方千米，下辖 11 个区，人口不足 60 万人，属于多民族的农村部落社会。该地区北部以赫拉特为界，东北部以古尔为界，东南部以赫尔曼德为界，南部以尼姆鲁兹为界，西部以伊朗为界。法拉地区 80% 的人口是普什图人，属于阿利扎伊、巴拉克扎伊、努尔扎伊部落。这里也有少数塔吉克人和哈扎拉人生活。本地区通过伊朗边境城镇马希鲁德可进入伊朗境内。该省普尔花园、卡费花园、苏丹埃米尔神社和卡佛城堡是比较著名的观光景点。

2005 年 5 月以来，法拉省的道路和教育系统得到很大改善，美国在法拉机场建立了一个军事基地，原机场得到扩建。

法拉省的首府法拉位于阿富汗西南部，地形开阔，是一座规模不大的城市，坐落于法拉河边，居民大多为塔吉克人。法拉河历史上是法拉地区的农业和商业中心。20 世纪 30 年代，随着坎大哈-赫拉特过境公路的修建，法拉貌似恢复了往昔的地区重要性。法拉南部的开阔地带有沙漠分布，夏季炎热多尘。

二、达什特-伊-玛戈石漠地区

达什特-伊-玛戈石漠地区干旱、荒芜，冲积物广布。该地区包括尼姆鲁兹省与赫尔曼德省，赫尔曼德河以北的达什特伊马戈地区。

达什特伊卡斯和达什特-伊-玛戈两个沙漠细沙常被风吹走，石块出露。本地平均海拔约 700 米。达什特喀什、达什特-伊-玛戈及其邻近地区几无人居住，是一个炎热、缺水、贫瘠、布满鹅卵石的沙漠地区，与阿富汗西南部沙漠地区类似。这些沙漠高度通常在 305—915 米，几厘米厚的火山灰与火山熔岩交替出现。春天的山洪暴发对砂质黏土、淤泥质洼地严重冲蚀。这些黏土和淤泥上覆盖着大量胶结的黑色风蚀玄武岩卵石。赫尔曼德河的溢流在整个沙漠边缘形成浅塘。

本地区夏季正午最高温度可达 45℃ 或更高，但气温昼夜变化较大，夜间有时还会结冰。

本地区动植物分布有限。沙漠植物属旱生植物，适应极端干旱和盐碱环境。只有多刺、根深叶茂的植物常年存在。最常见、分布最广的是骆驼草或骆驼刺。

第七节 西南平原区域

一、锡斯坦盆地-赫尔曼德山谷地区

锡斯坦盆地-赫尔曼德山谷地区为海拔 500—600 米左右的河谷冲积平原，周围为沙质和石质荒漠，范围包括赫尔曼德从西向东再向东北方向延伸的尼姆鲁兹省南部的锡斯坦盆地部分、赫尔曼德省的赫尔曼德河谷盆地。

锡斯坦盆地的大部分低洼地区（平均海拔约 520 米）都位于伊朗。东部边界沿着一个陡峭的悬崖穿过"死亡沙漠"——达什特-伊-玛戈沙漠边缘。锡斯坦盆地是一个间歇性湖泊，淡水和微咸水沼泽地区，分布在石漠和沙质沙漠之间，构成了深入内陆的赫尔曼德流域的一部分。淡水从哈蒙河溢出，进入高德-伊-基勒时已干枯。高德-伊-基勒则是一个暂时性的咸水湖。

平坦肥沃的平原、古老的湖床环绕着现代湖泊。一些火山在早更新世曾有过喷发，熔岩流和火山帽曾经覆盖了盆地大部分区域。红色和绿色黏土交替出现，夹杂着砾石和砂石，覆盖在黏土上。

发源于中部山区的赫尔曼德河水系穿过该地区的中心部位。春天，洪水往往覆盖广阔的地区。不过，自 20 世纪 50 年代中期以来，赫尔曼德河上的卡加卡伊大坝、阿尔甘达布河上的达拉大坝对洪水起到了适度的调控的作用。柽柳灌木丛大量生长在尚未开垦的赫尔曼德河漫滩上。

这里有一种季节性自然现象，即凶恶的"120 天的风"。由于阿富汗北部平原与南部和西南部低地沙漠之间的气压差，以及阿富汗中部山脉和伊朗埃尔伯兹山脉的阻挡，风沿着伊阿边境的天然走廊呼啸而下，在赫拉特到巴基斯坦俾路支省一带会掀起猛烈沙尘暴。风速每日不同，每周各异，有时超过 100 节。每年从 7 月份开始，风力逐渐增强，一直吹过 9 月。其他强冷风在秋季、冬季和春季从中亚以南的高压区和土耳其斯坦平原吹过，但很少有超过"120 天的风"的风力。这种现象大大强化了阿富汗西南部的荒凉。阿富汗北部和南部低地的另一种现象是"沙尘风"（khakbad），即小型沙旋风。有时，可以看到数十个微型龙卷风在沙漠和半沙漠地区摇摆。

赫尔曼德河位于阿富汗西南部和伊朗东部，长约 1 150 千米（ADB，2019），发源于阿富汗中东部的巴巴山，向西南方向流经阿富汗一半以上的地区，然后向北流经伊朗领土一小段距离后注入阿富汗-伊朗边界的锡斯坦沼泽。它有阿尔甘达布河、塔纳克等多条支流，集水面积超过 16 万平方千米。赫尔曼德河是阿富汗最重要的河流之一。在距离格雷什克 80 千米的卡贾克建有一座水库。在该城上游，还有一座大坝将水引至一条运河。水库以下的赫尔曼德河大部分被用来灌溉。河流沿岸土地肥沃、人口稠密。阿富汗和伊朗之间的长期存在着赫尔曼德部分水域的主权争端。

赫尔曼德河谷地区是阿富汗最大的灌溉系统所在地，也是该国最高产的农业区之一。但是，它却可能是约世界 70% 的罂粟贡献者。这里主要属于赫尔曼德省管辖，由于赫尔曼德省居民没有可行的替代农作物种植被迫种植罂粟。该地区的主要民族是普什图族。在这些人中有一些人是土著居民，也有许多人因20 世纪 50 年代、60 年代和 70 年代的土地定居计划而来到这里。

一位曾任美国国际开发署（USAID）的赫尔曼德分析专家里查德·B. 斯考特专门建立了在线"斯考特赫尔曼德山谷档案库"，存有大量当地有关文献资料①。

二、雷吉斯坦沙漠地区

雷吉斯坦沙漠地区包括赫尔曼德省的赫尔曼德河河谷东南地区以及坎大哈省南部所组成的雷吉斯坦地区以及达斯特-珀格达，达斯特阿布。当地地表分布有更多沙丘。大部分沙源可能来自赫尔曼德-西斯坦盆地和西部石漠地区。

赫尔曼德河的南部和东部是雷吉斯坦。这是一片流动沙丘区域，其下为卵石砾岩层。移动沙丘的高度在 15—30 米之间。不过，在雷吉斯坦中部分布着一

---

① www.helmandvalley.org/

些固定沙丘。沙丘之间的平坦区域，被当地人称为"pat"，俾路支语意为沙漠，对通行者形成障碍。不稳定的砂质黏土在潮湿时会变成糊状，pat 在干燥时会变成一个坚硬的平底锅状区域，但下面仍呈糊状。

北部和西部的赫尔曼德河系、东部的查曼-坎大哈公路以及南部的巴基斯坦的查噶伊山对这个沙质沙漠地区形成包围。

参 考 文 献

［1］ADB，2019. *Arghandab River Basin Integrated Water Resources Management Study*. Asia Development Bank Research Report in April.

［2］Atif，R.，J. Babic.，2021. Baseline Study on Pine Nuts Industry in Khost City，Afghanistan. *Asian Journal of Agricultural Extension Economics & Sociology*. Vol. 39，No. 7.

［3］Dupree L. 1973. *Afghanistan*. Princeton University Press.

［4］Foster，K. 2019. The New Road to Conflict-Geopolitics of the Wakhan Corridor. *Harvard International Review*. on Dec 5.

［5］Humlum J.，1959. *La Geographie de l'Afghanistan*. Scandinavian University Books. Copenhague-Cyldendal.

［6］McMahon，A. H. 1897. The southern borderlands of Afghanistan. *Geographical Journal*，no. 4.

［7］Michel，A.，1960. On writing the geography of strange lands and faraway places Afghanistan，for example. *Economic Geography*，Vol. 36，No. 4.

［8］Munir，Muhammad & Shafiq，M.，2018. Geostrategic Significance of Wakhan Corridor for Afghanistan，China and Pakistan. *Margalla Papers*，Vol. 22，No. 1.

［9］NSIA.，2020. *Estimated Population of Afghanistan 2020-21*.

［10］Shahi，D. K.，2022. Geopolitical and Geostrategic Significance of Wakhan Corridor. *International journal of Research in Social Science*，Vol. 12，No. 7.

［11］Wali，E.，Tasumi，M.，Shinohara，*et al.*，2019. Mapping Crop Types and the water requirements over small-sized irrigated fields on the Khost Province of Afghanistan. *Journal of Rainwater Catchment System*. Vol. 24，No. 2.

附　录

阿富汗省级行政区划统计（2020—2021 年）

代码	省	面积（km²）	占全国面积（%）	居住人口密度（km²）	区的数量（个）	临时区的数量（个）
	全国	652 864.00	100.0	49	365	23
1	喀布尔	4 523.90	0.7	1 111	14	
2	卡皮萨	1 908.00	0.3	260	6	
3	帕尔万	5 715.10	0.9	132	9	
4	瓦尔达克	10 348.30	1.6	61	8	
5	卢格儿	4 568.00	0.7	99	6	
6	楠格哈尔	7 641.10	1.2	231	21	1
7	拉格曼	3 977.90	0.6	127	4	1
8	潘季希尔	3 771.60	0.6	45	6	1
9	巴格兰	18 255.20	2.8	59	14	
—10	巴米扬	18 029.20	2.8	27	6	
11	加兹尼	22 460.50	3.4	63	18	
12	帕克蒂卡	19 515.90	3.0	41	18	
13	帕克蒂亚	5 583.20	0.9	112	10	4
14	霍斯特	4 235.30	0.6	155	12	
15	库纳尔	4 925.90	0.8	118	14	1
16	努里斯坦	9 266.70	1.4	17	7	
17	巴达赫尚	44 835.90	6.9	24	27	

续表

代码	省	面积 （km²）	占全国面积 （%）	居住人口密度 （km²）	区的数量 （个）	临时区的数量 （个）
18	塔哈尔	12 457.80	1.9	88	16	
19	昆都士	8 080.90	1.2	145	6	3
20	萨曼甘	13 437.80	2.1	32	6	
21	巴尔赫	16 186.30	2.5	86	15	
22	萨尔普勒	16 385.60	2.5	41	6	
23	古尔	36 657.40	5.6	20	9	
24	戴昆迪	17 501.40	2.7	38	7	1
25	乌鲁兹甘	11 473.70	1.8	33	5	1
26	查布尔	17 471.80	2.7	23	10	
27	坎大哈	54 844.50	8.4	26	15	2
28	朱兹詹	11 291.50	1.7	57	10	
29	法里亚布	20 797.60	3.2	53	13	
30	赫尔曼德	58 305.10	8.9	24	12	2
31	巴德吉斯	20 794.00	3.2	28	6	
32	赫拉特	55 868.50	8.6	34	15	4
33	法拉	49 339.10	7.6	14	10	
34	尼姆鲁兹	42 409.50	6.5	5	4	1

注：根据阿富汗国家统计和信息局、地方治理和城市发展部独立董事会的数据，全国总人口为 3 289.017万人。

资料来源：NSIA. *Afghanistan Statistical Yearbook-2020*. 2021.4，1st-Version.